Hinterm Horizont geht's weiter ...

Erfahrungsberichte transnationaler gewerkschaftlicher Zusammenarbeit

Bundesarbeitskammer (Hg.)
Hinterm Horizont geht's weiter ...
Erfahrungsberichte transnationaler gewerkschaftlicher Zusammenarbeit

Auslandspraktikum der Sozialakademie der Arbeiterkammer Österreich
2011, 60. Lehrgang

ÖGB VERLAG

IMPRESSUM

Die Inhalte in diesem Buch sind von den Herausgebern und vom Verlag sorgfältig erwogen und geprüft, dennoch kann keine Garantie übernommen werden. Eine Haftung der Herausgeber bzw. des Verlages und seiner Beauftragten für Personen-, Sach- und Vermögensschäden ist ausgeschlossen.

Der Verlag weist ausdrücklich darauf hin, dass die namentlich gekennzeichneten Beiträge die Meinungen der einzelnen AutorInnen darstellen und sich nicht mit der Meinung von Verlag oder Herausgebern decken.

Verlag und Herausgeber haben sich bemüht, alle Rechteinhaber ausfindig zu machen, dennoch wurden sie in Einzelfällen nicht fündig. Allfällige Ansprüche bleiben gewahrt.

Rechtsstand: September 2011

In drei Schritten zum E-Book

Mit diesem Buch haben Sie nicht nur ein gedrucktes Buch erworben, sondern auch ein E-Book. So kommen Sie zu Ihrem E-Book:

1. Gehen Sie auf die Webseite www.oegbverlag.at/e-book
2. Füllen Sie das Webformular aus. Sie benötigen dazu insbesondere den 12-stelligen Registrierungscode, den Sie auf der Innenseite des vorderen Umschlages finden.
3. Laden Sie das E-Book herunter.

Konzeption/Layoutentwurf/Umschlaggestaltung: Dietmar Kreutzberger, Reinhard Schön, Dipl.-Designerin (FH) Natalia Nowakowska

Layout/Grafik: Dietmar Kreutzberger, Gerhard Regenspurger

Lektorat: Mag.[a] Marga Achberger

Fotos: zu den Praktikumsberichten: LehrgangsteilnehmerInnen, zur Präsentation der Auslandspraktika im Bildungszentrum: Erwin Parzer, AK Wien; Fotos der TeilnehmerInnen: Harri Mannsberger bzw. AK Wien

Medieninhaber:
Verlag des Österreichischen Gewerkschaftsbundes GmbH, Wien

1020 Wien, Johann-Böhm-Platz 1

www.oegbverlag.at, office@oegbverlag.at

Verlags- und Herstellungsort: Wien

Printed in Austria

ISBN 978-3-7035-1542-2

Inhalt

Herbert Tumpel und Erich Foglar, Vorwort ... 11

Brigitte Daumen und Georg Sever, Hinterm Horizont geht's weiter: junge GewerkschafterInnen entdecken Europa ... 13

Knut Giesler, Das SOZAK-Auslandspraktikum aus der Sicht eines Gastgebers ... 19

Thom Kinberger, Beitrag des SOZAK-Lehrgangssprechers ... 21

Liste der TeilnehmerInnen und ihrer Hauptorganisationen ... 27

Beiträge der TeilnehmerInnen des 60. Lehrgangs der SOZAK

Angelsächsische Länder
Mona Badran, Unite London ... 29
Thomas Friedl, UNISON London ... 35
Michael Huber, Mandate Trade Union Dublin ... 37

Benelux-Länder
Christian Biegler, AK-Büro Brüssel ... 49
Andreas Guttmann, Schweißtechnik Hamm und voestalpine Hilversum ... 59
Thom Kinberger, ÖGB-Büro Brüssel ... 69
Robert Könitzer, DGB-Büro Brüssel ... 81

Skandinavien
Benjamin Fürlinger, IF Metall Stockholm ... 95
Robert Hofer, Unionen Stockholm ... 107
Andreas Krammer, Central Organisation of Finnish Trade Unions (SAK) Helsinki ... 119

Deutschland
IG Metall
Petra Gege, IG Metall Hannover ... 125
Daniel Hubmann, IG Metall Frankfurt und GEW Frankfurt ... 135
Erika Machac, IG Metall Wuppertal ... 143

ver.di
- Beatrix Eiletz, ver.di Berlin-Brandenburg ... 155
- Reinhard Gratzer, ver.di Hamburg ... 169
- Christine Payrleitner, ver.di Niederbayern ... 187
- Sabine Schwarzendorfer, ver.di München ... 195

Arbeitskammern
- Christoph Appé, Arbeitskammer Saarland ... 207
- Sandro Beer, Arbeitnehmerkammer Bremen ... 215

Weitere Organisationen
- Walter Lambacher, Heimvolksschule Springe/Hannover ... 223
- Andrea Übelhak, Deutsche Rentenversicherung München ... 235

Polen
- Malgorzata Peterseil, Solidarnosc Warschau und Olsztyn ... 243

Schweiz
- Martin Bramato, Unia Zürich ... 245

Kontakte, Links und Literaturhinweise ... 259
Präsentation der Auslandspraktika im Bildungszentrum ... 297
Ausblick ... 303

Vorwort

Österreich liegt im Herzen Europas. Seit unserem Beitritt zur EU haben sich unser Blick und unser politisches Handeln auf Europa ausgedehnt, und europäische Entscheidungen wirken in unser Land hinein. Es ist daher nur logisch, dass auch die Vertretungen der ArbeitnehmerInnen ihren Blick erweitert haben und über den Horizont, über die österreichischen Staatsgrenzen hinweg, Interessen europäischer ArbeitnehmerInnen vertreten. Solidarität ist auch hierbei der Grundgedanke gewerkschaftlicher Arbeit, sie endet nicht an Staatsgrenzen.

Die Sozialakademie von AK und ÖGB vollzieht diesen Schritt ebenfalls und bietet den TeilnehmerInnen Auslandspraktika in ArbeitnehmerInnen-Organisationen an. Betriebliche und gewerkschaftliche Arbeit und Strukturen anderer Länder kennenzulernen steht dabei im Vordergrund. Für Betriebsrätinnen und -räte sowie PersonalvertreterInnen ist der Blick über den eigenen Tellerrand wesentlich, um den Zusammenhalt zu stärken und um zu verstehen, wie Gewerkschaftsarbeit in anderen Ländern funktioniert. Der Aspekt der Vernetzung spielt dabei ebenfalls eine wichtige Rolle: Wenn wir einander kennen, wenn wir den Kontakt permanent aufrechterhalten und wenn wir wissen, wie unsere Organisationen funktionieren, dann haben es unsere Gegenüber oder GegnerInnen ungleich schwerer, uns zu spalten. Unseren Horizont zu erweitern heißt, uns stärker zu machen.

Herbert Tumpel,
Präsident der Bundesarbeiterkammer

Erich Foglar,
Präsident des Österr. Gewerkschaftsbundes

Brigitte Daumen und Georg Sever (SOZAK-Lehrgangsleitung)

Hinterm Horizont geht's weiter: junge GewerkschafterInnen entdecken Europa

Die Europäische Union steckt in einer der schwersten Krisen seit ihrer Gründung und kein Tag vergeht, an dem nicht eine Krisenmeldung die andere ablöst. Die Wirtschaftskrise hat weitreichende Folgen für die Arbeitsmärkte der EU-Staaten und beeinflusst somit die Lebens- und Arbeitsbedingungen vieler EuropäerInnen negativ. Naturgemäß fällt es daher schwer, in Tagen wie diesen die Bürgerinnen und Bürger vom „Projekt Europa" zu überzeugen, geschweige denn zu begeistern.

Von Europa überzeugen und begeistern wollte das „Projekt Auslandspraktikum in der Sozialakademie" die teilnehmenden Kolleginnen und Kollegen aber durchaus. Dass dies auch gelungen ist, so viel vorab, ist der tatkräftigen Unterstützung vieler GewerkschafterInnen sowie Kolleginnen und Kollegen in Österreich und in zehn europäischen Staaten zu verdanken.

„Hinterm Horizont geht's weiter", das bedeutete für die 24 TeilnehmerInnen des 60. Lehrgangs der Sozialakademie ein Monat Leben und Arbeiten in einem anderen europäischen Land, Erfahrungen bei europäischen Gewerkschaften, in Betrieben oder bei Interessenvertretungen zu sammeln und Europaskepsis abzubauen.

Doch zurück zum Beginn. Im Folgenden möchten wir die Ausgangsvoraussetzungen und Bedingungen, die bei der Einführung des einmonatigen Auslandspraktikums im Rahmen der Ausbildung an der Sozialakademie galten, schildern und erläutern. Daran anschließend beschreiben die LehrgangsteilnehmerInnen ihre Erfahrungen, die sie während des einmonatigen Aufenthalts gemacht haben.

Das Auslandspraktikum: integraler Bestandteil des SOZAK-Gesamtkonzepts

Die Stärkung der gewerkschaftspolitischen Handlungskompetenz, also wirtschaftliche, rechtliche, soziale und kulturelle Interessen von ArbeitnehmerInnen besser durchsetzen zu können, ist das Hauptziel der Vollzeitausbildung an der Sozialakademie der Arbeiterkammer. Die Erreichung dieses Zieles ist sehr eng mit der sich rasch verändernden Arbeitswelt verknüpft, das bedeutet, dass die Lehrgangsinhalte laufend zu überprüfen und an neue Anforderungen von ArbeitnehmervertreterInnen anzupassen sind. So müssen sich etwa Betriebsrätinnen/-räte und Gewerkschaftssekretärinnen/-sekretäre immer mehr mit der stärker werdenden Europäisierung und Internationalisierung auseinandersetzen.

Die Dynamik in der politischen Gestaltung Europas nimmt stetig zu, die Unternehmen sind mehr denn je grenzüberschreitend tätig, und das hat vielfältige Auswirkungen auf ArbeitnehmerInnen und ihre InteressenvertreterInnen. Eine wesentliche Aufgabe gewerkschaftlicher Bildungsarbeit ist es, auf diese Entwicklungen einzugehen, GewerkschafterInnen sowie Betriebsrätinnen und Betriebsräte stärker anzuregen, international zu denken und zu handeln.

In den vergangenen Jahren hat sich der Anteil der gewerkschaftlichen Bildungsarbeit auf europäischer und internationaler Ebene zwar bereits verstärkt, meist ist sie jedoch immer noch das Geschäft weniger ExpertInnen. Ziel sollte es aber sein, ArbeitnehmervertreterInnen auf allen Ebenen grenzüberschreitend aktiv werden zu lassen, um die Zusammenarbeit der Gewerkschaften auf europäischer Ebene zu verbessern und eine immer noch vorhandene Europaskepsis abzubauen.

Diese Möglichkeit bietet die Sozialakademie seit dem Studienjahr 2010/11 ihren TeilnehmerInnen und schickt sie im Rahmen ihrer zehnmonatigen Ausbildung für ein Monat in europäische Länder, wo sie bei Gewerkschaften, in Betrieben oder ArbeitnehmerInneninteressenvertretungen den internationalen Gedanken leben. Dieses Auslandspraktikum – angehängt an die neunmonatige Blockphase – ist integraler Bestandteil des SOZAK-Gesamtkonzepts. Neben einer Erweiterung führt dies zu einer sinnvollen Abrundung der Ausbildung, denn viele theoretische Inputs des Lehrganges zielen direkt auf die internationale gewerkschaftliche Handlungskompetenz ab. Durch die praktischen Erfahrungen im Ausland werden diese noch besser verstanden. Selbstverständlich werden die SOZAK-TeilnehmerInnen intensiv auf das Auslandspraktikum vorbereitet. Bei der umfassenden fachlichen Ausbildung in Volkswirtschaft, Betriebswirtschaft, politischer Ökonomie, Sozialpolitik/Sozialversicherung, Politik, Arbeitsrecht und Arbeitsverfassung wird verstärkt auf internationale Themen eingegangen. So wird die soziale, wirtschaftliche und (gewerkschafts)politische Situation in Österreich verstärkt mit jener in anderen Ländern verglichen und bei Gruppenarbeiten werden vermehrt europäische Fallbeispiele herangezogen. Durch den bevorstehenden Aufenthalt im Ausland werden die LehrgangsteilnehmerInnen angeregt, sich noch intensiver mit den Gegebenheiten anderer Länder – speziell ihrem Zielland – auseinanderzusetzen und ihre diesbezüglichen Kenntnisse zu vertiefen, was für ihre aktive Arbeit in den Gewerkschaften und Betrieben positive Auswirkungen verspricht. Auch der Englischunterricht wird verstärkt durchgeführt und nimmt Hemmungen, englischsprachige oder skandinavische Staaten als Zielländer anzupeilen.

Eine EU-Intensivwoche und eine Studienreise nach Brüssel, bei der die SOZAK-BesucherInnen neben den europäischen Institutionen auch die internationale Arbeit von ÖGB und AK kennenlernen, stellen wichtige Bestandteile des Lehrgangs dar und sind eine Vorbereitung auf das Auslandsmonat.

Unterstützung durch die Gewerkschaften – die konkreten Bedingungen

Bei der Vorbereitung auf das Auslandspraktikum werden die SOZAK-TeilnehmerInnen von der Lehrgangsleitung und ihren zuständigen Gewerkschaften, die bei sämtlichen Schritten voll eingebunden sind, unterstützt. In enger Absprache mit den BildungssekretärInnen und den Internationalen SekretärInnen legen die Lehrgangsleitung und die SOZAK-TeilnehmerInnen die Zielländer und -organisationen fest, wobei neben der Berücksichtigung individueller Interessen vor allem auf die gewerkschaftlichen Interessen geachtet wird. Schließlich sollen die Erkenntnisse möglichst vielen Kolleginnen und Kollegen in den Betrieben und den Organisationen für ihre praktische Arbeit von Nutzen sein.

Dementsprechend werden die PraktikantInnen vor ihrer Abreise mit konkreten Arbeitsaufträgen ausgestattet. Die Aufträge sollen einerseits eine Orientierung geben, was sich die Gewerkschaften von dem Auslandspraktikum erwarten, und andererseits den TeilnehmerInnen damit noch stärker bewusst machen, worauf sie in diesem Monat bei ihrer Arbeit in einem ausländischen Betrieb oder einer europäischen Gewerkschaftsorganisation zu achten haben.

Jeder/jede SOZAK-TeilnehmerIn erhält während des Auslandsmonats eine bzw. einen von der Lehrgangsleitung und der Gewerkschaft ausgewählte/n Betriebsrätin bzw. Betriebsrat oder GewerkschaftssekretärIn in der jeweiligen ausländischen Organisation zur Seite gestellt, welche/r sie betreut und auch bei allfälligen organisatorischen Angelegenheiten unterstützt. Diese/r hilft auch bei der Erfüllung der Arbeitsaufträge und ist bei der Erweiterung ihres ausländischen

Netzwerks behilflich. Die fachkundige Betreuung ist ein wichtiger Bestandteil, denn nur so ist gewährleistet, dass das SOZAK-Auslandspraktikum den größtmöglichen Mehrwert für die TeilnehmerInnen und die entsendenden Organisationen mit sich bringt.

Die TeilnehmerInnen organisieren die Reise und ihren Aufenthalt selbstständig. Finanziert werden die Praktika zur Gänze durch die Arbeiterkammern, den PraktikumsgeberInnen entstehen aus ihrer Beteiligung keine finanziellen Verpflichtungen.

Zurück in Österreich werden die Ergebnisse mit den VertreterInnen der Gewerkschaften diskutiert und von jedem/jeder TeilnehmerIn in einem ausführlichen Praktikumsbericht zusammengefasst. Diese Berichte stehen den Gewerkschaften und BetriebsrätInnen für ihre Arbeit zur Verfügung. Damit sollen die Kenntnisgewinne nicht nur auf die AuslandspraktikantInnen beschränkt bleiben, sondern so vielen Kolleginnen und Kollegen wie möglich in ihrer täglichen Arbeit zu Gute kommen und helfen, die ArbeitnehmerInnen bestmöglich zu vertreten.

Die Lernziele

Die Lernziele eines derartigen Praktikums sind vielfältig. Durch das Auslandspraktikum lernen die TeilnehmerInnen Arbeits- und Lebensbedingungen anderer Länder ebenso wie die Strukturen der jeweiligen Gewerkschafts- und Interessenvertretungsorganisationen kennen. Außerdem machen sie sich mit den politischen, ökonomischen und sozialen Rahmenbedingungen, unter denen die dortigen ArbeitnehmervertreterInnen tätig sind, vertraut. Des Weiteren ist es wichtig, dass die TeilnehmerInnen erfahren, welche Organisierungs- und Mobilisierungskonzepte unsere Partnerorganisationen und -betriebe erfolgreich anwenden. Das solidarische Handeln soll gestärkt und ein Informations- und Kooperationsnetzwerk geschaffen werden, das in der Folge auch die österreichischen Gewerkschaften sowie Betriebsrätinnen und Betriebsräte für sich nutzen können. Außerdem lernen sie, ihre Erfahrungen und Kenntnisgewinne aus diesem Auslandspraktikum für ihre Kolleginnen und Kollegen sowie ihre Organisationen aufzubereiten, um es für diese optimal nutzbar zu machen. Das Auslandsmonat in der SOZAK ist ein wichtiger Schritt in der gewerkschaftlichen Bildung hin zu mehr Internationalität, europäischer Vernetzung und länderübergreifender Handlungsfähigkeit von Gewerkschaften und Betriebsratskörperschaften.

Wohin die Reise ging …

Zunächst wurde die Idee des Auslandspraktikums von den TeilnehmerInnen mit gemischten Gefühlen aufgenommen, war es doch für manche von ihnen ein gewagter Schritt, vier Wochen im Ausland zu leben und zu arbeiten, dazu kam bei einigen noch die Kommunikation in einer fremden Sprache.

Die 24 TeilnehmerInnen des 60. SOZAK-Lehrgangs erkannten aber gleichzeitig die Chancen, die dieses Unterfangen mit sich brachte: vier Wochen eine neue Kultur, ein neues Gewerkschaftssystem kennenzulernen, neue Modelle der Betriebsrats- und Gewerkschaftsarbeit zu studieren und für die eigene Arbeit nutzbar zu machen, neue Freundschaften zu schließen und vieles mehr. Über den Horizont zu blicken wurde als große Möglichkeit für die eigene Entwicklung gesehen und dementsprechend wahrgenommen.

Die TeilnehmerInnen des 60. Lehrgangs der Sozialakademie verbrachten ihre Auslandspraktika (30. Mai bis 24. Juni 2011) bei Gewerkschaften und Betriebsratskörperschaften in zehn verschiedenen europäischen Ländern (Belgien, Deutschland, Finnland, Großbritannien, Irland, Niederlande, Polen, Schweden, Schweiz und Türkei). Dabei befassten sie sich unter anderem mit dem deutschen Rentensystem, der Arbeit europäischer Betriebsratskörperschaften, mit der Betreuung von Handelsangestellten in Deutschland, mit der Mitgliederwerbung und -betreuung der Unionen in Schweden, mit gewerkschaftlichen Maßnahmen gegen rigorose Sparmaßnahmen in Irland oder den Organizing-Konzepten der Unia in der Schweiz.

Während ihres Auslandspraktikums betrieben die SOZAK-TeilnehmerInnen Blogs, um sich untereinander auszutauschen. Zurück in Österreich präsentierten die SOZAK-LehrgangsteilnehmerInnen am 29. Juni 2011 im Bildungszentrum der AK Wien ihre Erfahrungen vor einem internationalen Publikum. Bei den Ständen dieses „Marktplatz Europa", an denen sich die BesucherInnen im persönlichen Gespräch über die Auslandserlebnisse informieren konnten, hatten die SOZAK-TeilnehmerInnen Materialen der jeweiligen Gewerkschaften sowie eine Kurzversion ihrer Auslandsberichte zur Mitnahme aufgelegt.

Danksagung

An dieser Stelle möchten wir uns bei all jenen ganz herzlich bedanken, die zum Gelingen des Projektes „Auslandspraktikum an der Sozialakademie" beigetragen haben. Ein besonderer Dank gilt dabei den PraktikumsgeberInnen in den verschiedenen Ländern, ohne deren Bereitschaft, die TeilnehmerInnen aufzunehmen und sie in ihre Abläufe einzubinden, die Durchführung der Praktika nicht möglich gewesen wäre.

Das SOZAK-Auslandspraktikum aus der Sicht eines Gastgebers

Als die Anfrage vom Vorstand der IG Metall kam, ob wir eine Praktikantin von der Sozialakademie der Arbeiterkammer nehmen würden, war die spontane Antwort: Ja. Ich finde es immer wieder spannend, andere gewerkschaftliche Strukturen kennenzulernen und mit unseren Strukturen vergleichen zu können. Bei einem internationalen Austausch geht es für mich immer darum, die guten Ideen des einen in die Arbeit des anderen zu transferieren. Nur über den gemeinschaftlichen und offenen Austausch wird dies möglich.

Wir hatten in der Zeit vom 30. Mai bis 24. Juni 2011 die Gelegenheit, Erika Machac etwas von unserer langjährigen Gewerkschaftsarbeit in Wuppertal – 2011 immerhin schon 120 Jahre – zu zeigen:

» von der Vielfältigkeit der Betriebsbetreuung und Beratung der Arbeitnehmervertreterinnen und Arbeitnehmervertreter in Betrieben,
» von der Aktivierung von ehrenamtlichen Kolleginnen und Kollegen,
» von der Struktur der Gewerkschaftsarbeit vor Ort,
» und für uns das Wichtigste: Wie können wir neue und aktive Mitglieder für unsere IG Metall gewinnen?

Ein Zitat unseres Vorsitzenden Berthold Huber gilt wohl für alle Gewerkschaften: „Ob wir unsere Ziele erreichen, hängt einzig und allein von der Kraft ab, die wir selbst entwickeln. Nur unsere eigene Stärke zählt! Das müssen wir verinnerlichen! Das müssen wir leben! Dafür brauchen wir – wenn es notwendig ist – eine Revolution in unseren Köpfen!" Ich hoffe, wir konnten ein wenig unsere „kleine" Revolution vermitteln und sie lebt in vielen Köpfen weiter.

Viele Grüße nach Österreich aus der Friedrich-Engels-Stadt Wuppertal,

Knut Giesler,
1. Bevollmächtigter,
IG Metall Wuppertal

Beitrag des SOZAK-Lehrgangssprechers

Thom Kinberger

Europe in flames!
Get ready – preparation for unionists.

What kind of words of peace and welfare according to Europe you haven't heard? What does it take to make you believe? I don't know, but I had the extraordinary privilege to spend some time in Brussels, deep inside the centre of power of the European Union. And I got a feeling about the relationships between institutions and the possibilities of a small state like Austria. That's maybe the most important insight and was previously totally unknown to me.

So, what about the current condition of the European Union and the challenge for an unionist?

Today we are in the position of a doctor treating an all but hopeless case. As a doctor, it is his duty to keep the patient alive, and therefore to assume that the patient has at least a chance of recovery. As a scientist, it is his duty to face the facts, and therefore to admit that the patient will probably die. Our activities as Socialists only have meaning if we assume that Socialism can be established, but if we stop to consider what probably will happen, then we must admit, I think, that the chances are against us. If I were a bookmaker, simply calculating the probabilities and leaving my own wishes out of account, I would give odds against the survival of the union within the next couple of years. As far as I can see, there are three possibilities ahead of us:

1. That the U.S.A will decide to use the economic atomic bomb while they have their rating agencies and the others haven't. This would solve nothing. It would do away with the particular danger that is now presented by China, but would lead to the rise of new empires, fresh rivalries, more financial crisis, more wars, etc. In any case this is, I think, the least likely outcome of the three, because an economic terror is a crime not easily committed by a country that retains any traces of democracy.

2. That the present economic supremacy of the United States will continue until China, and several other countries, have economic atomic bombs as well. Then there will only be a short breathing-space before whizz! go the rockets, wallop! go the bombs, and the financial centres of the world are wiped out, probably beyond repair. Even if any one state,

or group of states, emerges from such a war as technical victor, it will probably be unable to build up the machine civilization anew. The world, therefore, will once again be inhabited by a few million, or a few hundred million human beings living by subsistence agriculture, and probably, after a couple of generations, retaining no more of the culture of the past than a knowledge of how to smelt metals. Conceivably this is a desirable outcome, but obviously it has nothing to do with Socialism and Democracy.

3. That the fear inspired by the financial crash, the end of the euro and a new depression to come will be so great that everyone will refrain from using them. This seems to me the worst possibility of all. It would mean the division of the world among two or three vast super-states, unable to conquer one another and unable to be overthrown by any internal rebellion. In all probability their structure would be hierarchic, with a semi-divine caste at the top and outright slavery at the bottom, and the crushing out of liberty would exceed anything that the world has yet seen. Within each state the necessary psychological atmosphere would be kept up by complete severance from the outer world, and by a continuous phony war against rival states. Civilizations of this type might remain static for thousands of years.

Most of the dangers that I have outlined existed and were foreseeable long before the turbo capitalism was invented. The only way of avoiding them that I can imagine is to present somewhere or other, on a large scale, the spectacle of a community where people are relatively free and happy and where the main motive in life is not the pursuit of money or power. In other words, democratic Socialism must be made to work throughout some large area. But the only area in which it could conceivably be made to work, in any near future, is Europe. Apart from Australia and New Zealand, the tradition of democratic Socialism can only be said to exist – even there it only exists precariously – in Scandinavia, Germany, Austria, Czech Republic, Switzerland, the Low Countries, France, Britain, Spain, and Italy. Only in those countries are there still large numbers of people to whom the word 'Socialism' has some appeal, and for whom it is bound up with liberty, equality, and internationalism. Elsewhere it either has no foot-hold or it means something different. In North America the masses are contented with capitalism, and one cannot tell what turn they will take when they realize that capitalism begins to collapse. In China there prevails a sort of neo-communism which could only develop into democratic Socialism against the will of the ruling minority. Into Asia even the word 'Socialism' has barely penetrated.

The Asiatic nationalist movements are either capitalists in character, or look towards the U.S.A. In most of South America the position is essentially similar, so is it in Africa and the Middle East. Socialism does not exist anywhere, but even as an idea it is at present valid only in Europe. Of course, Socialism cannot properly be said to be established until it is world-wide, but the process must begin somewhere, and I cannot imagine it beginning except through the federation of the European states, transformed into Socialist republics without colonial dependencies. Therefore a Socialist United States of Europe seems to me the only worth-while political objective today. Such a federation would contain about 500 million people, including perhaps half the skilled industrial workers of the world. I do not need to be told that the difficulties of bringing any such thing into being are enormous and terrifying, and I will list some of them in a moment. But we ought not to feel that it is of its nature impossible, or that countries so different from one another would not voluntarily unite. An European union is in itself a less improbable concatenation than the former Empires.

Now as to the difficulties. The greatest difficulty of all is the apathy and conservatism of people everywhere, their unawareness of danger, their inability to imagine anything new – in general, as Bertrand Russell put it recently, the unwillingness of the human race to acquiesce in its own survival. But there are also active malignant forces working against European unity, and there are existing economic relationships on which the European peoples depend for their standard of life and which are not compatible with true Socialism. I list what seem to me to be the four main obstacles, explaining each of them as shortly as I can mange:

American hostility. If the United States remain capitalist, and especially if it needs markets for exports, it cannot regard a Socialist Europe with a friendly eye. Since 1940 Britain has kept its feet against the European dictators at the expense of becoming almost a dependency of the U.S.A. Indeed, Britain can only get free of America by dropping the attempt to be an extra-European power. The English-speaking Dominions, the colonial dependencies, and even Britain's supplies of oil, are all hostages in American hands. Therefore there is always the danger that the United States will break up any European coalition by drawing Britain out of it.

Imperialism. The European peoples, and especially the British, have long owed their high standard of life to direct or indirect exploitation of the coloured peoples. This relationship has never been made clear by official Socialist propaganda, and the British worker, instead of being told that, by world standards, he is living above his income, has been taught to think of himself as an overworked, down-trodden slave. To the masses everywhere 'Socialism' means, or at least is associated with, higher wages, shorter hours, better houses, all-round social insurance, etc. etc. But it is by no means certain that we can afford these things if we throw away the advantages we derive from colonial exploitation. However evenly the national income is divided up, if the income as a whole falls, the working-class standard of living must fall with it. At best there is liable to be a long and uncomfortable reconstruction period for which public opinion has nowhere been prepared. But at the same time the European nations must stop being exploiters abroad if they are to build true Socialism at home. But this entails something else. If the United States of Europe is to be self-sufficient and able to hold its own against China and America, it must include Africa and the Middle East. But that means that the position of the indigenous peoples in those countries must be changed out of recognition – that Morocco or Nigeria or Abyssinia must cease to be semi-colonies and become autonomous republics on a complete equality with the European peoples. This entails a vast change of outlook and a bitter, complex struggle which is not likely to be settled without bloodshed. When the pinch comes the forces of imperialism will turn out to be extremely strong, and the British worker, if he has been taught to think of Socialism in materialistic terms, may ultimately decide that it is better to remain an imperial power at the expense of playing second fiddle to America. In varying degrees all the European peoples, at any rate those who are to form part of the proposed union, will be faced with the same choice.

The Catholic Church. The Church is the likeliest bridge between different interests. In any case the Church will make every effort to capture and sterilize any movement aiming at European unity. The dangerous thing about the Church is that it is not reactionary in the ordinary sense. It is not tied to laissez-faire capitalism or to the existing class system, and will not necessarily perish with them. It is perfectly capable of coming to terms with Socialism, or appearing to do so, provided that its own position is safeguarded. But if it is allowed to survive as a powerful organization, it will make the establishment of true Socialism impossible, because its influence is and always must be against freedom of thought and speech, against human equality, and against any form of society tending to promote earthly happiness.

When I think of these and other difficulties, when I think of the enormous mental readjustment that would have to be made, the appearance of a Socialist United States of Europe seems to me a very unlikely event. I don't mean that the bulk of the people are not prepared for it, in a passive way. I mean that I see no person or group of persons with the slightest chance of attaining power and at the same time with the imaginative grasp to see what is needed and to demand the necessary sacrifices from their followers. But I also can't at present see any other hopeful objective. But I believe that it is only in Europe, if anywhere, that democratic Socialism could be made a reality in short enough time to prevent a new crisis.

Of course, there are reasons, if not for optimism, at least for suspending judgement on certain points. One thing in our favour is that an international financial collapse is not likely to happen immediately. Within that time some unexpected things might happen. For example, a powerful Socialist movement might for the first time arise in the United States as 'capitalistic', with the implication that this is something unalterable, a sort of racial characteristic like the colour of eyes or hair. But in fact it cannot be unalterable, since capitalism itself has manifestly no future, and we cannot be sure in advance that the next change in the United States will not be a change for the better.

The actual outlook, so far as I can calculate the probabilities, is very dark, and any serious thought should start out from that fact.

Well, that 'current' outlook isn't really current, indeed it is over 60 years old. George Orwell wrote that essay 1947 for the Partisan Review, abetted 'Toward European Unity'. I've just replaced some words (China instead of UDSSR, financial crisis instead of atomic bomb, …) and what we get is really scary. Nevertheless, internationalism is the keyword for unionists, no matter which party you prefer. It's time to act that way! The SOZAK internship provides us with the tools and the know-how. The Financial Transactions Tax, the Occupy Wall Street Movement, etc. are just first steps. Whatever future may hand us, let's fight with a dogged persistence! They throw us into flames, but now from the ashes we arise! In union we stand!

Liste der TeilnehmerInnen und ihrer Hauptorganisationen

Name	Dienstgeber, Funktion	Bundesland/ Gewerkschaft	Praktikumsgeber
APPÉ Christoph	Arbeiterkammer Kärnten, Referent	K/GÖD	Arbeitskammer Saarland
BADRAN Mona	Anker Snack & Coffee, BR	W/GPA-djp	Unite London
BEER Sandro	Österreichische Post AG, VPA-Vorsitzender	W/GPF	Arbeitnehmerkammer Bremen
BIEGLER Christian	ÖGB, PRO-GE NÖ, Jugendsekretär	NÖ/PRO-GE	BAK-Büro Brüssel
BRAMATO Martin	ÖGB Kärnten, Regionalsekretär	K/ÖGB	Unia Zürich
EILETZ Beatrix	Volkshilfe gemn. BetriebsGmbH, BR	Stmk/GPA-djp	ver.di Berlin-Brandenburg
FRIEDL Thomas	Wiener Gebietskrankenkasse, BR	W/GPA-djp	UNISON London
FÜRLINGER Benjamin	ÖGB, PRO-GE-Wien, Jugendsekretär	W/PRO-GE	IF Metall Stockholm
GEGE Petra	Mahle Filtersysteme, BRV-Stv.	K/PRO-GE	IG Metall Hannover
GUTTMANN Andreas	voestalpine Stahl Donawitz, BR	Stmk/PRO-GE	Schweißtechnik Hamm (Deutschland)/ voestalpine Hilversum (Niederlande)
GRATZER Reinhard	Diözese Linz, Pastoralamt, ZBRV-Stv.	OÖ/GPA-djp	ver.di Hamburg
HOFER Robert	AMAG, BR-Stv.	OÖ/GPA-djp	Unionen Stockholm
HUBER Michael	ÖGB, GPA-djp, Regionaljugendsekretär	Sbg/GPA-djp	Mandate Trade Union Dublin
HUBMANN Daniel	Constantia Teich AG, BR	NÖ/PRO-GE	IG Metall Frankfurt und GEW Frankfurt
KRAMMER Andreas	ÖGB, PRO-GE, Jugendsekretär	OÖ/PRO-GE	Central Organisation of Finnish Trade Unions (SAK) Helsinki
KINBERGER Thomas	Stiegl Getränke + Service GmbH, BRV	Sbg/PRO-GE	ÖGB-Büro Brüssel
KÖNITZER Mag. Robert	Siemens AG Österreich, BR	W/GPA-djp	DGB-Büro Brüssel
LAMBACHER Walter	Modelleisenbahn GmbH, BRV	NÖ/GBH	Heimvolkshochschule Springe/ Hannover
MACHAC Erika	Siemens AG Österreich, BR	W/PRO-GE	IG Metall Wuppertal
PAYRLEITNER Christine	ÖGB, Landesorganisation OÖ, Regionalsekretärin	OÖ/ÖGB	ver.di Niederbayern
PETERSEIL Malgorzata	Adecco GmbH, BR	W/PRO-GE	Solidarnosc Warschau und Olsztyn
SCHWARZENDORFER Sabine	ÖGB, GPA-djp OÖ, Regionalsekretärin	OÖ/GPA-djp	ver.di München
SOYTÜRK Mag. Mehmet	ÖGB, GPA-djp, Regionalsekretär	W/GPA-djp	TEKSTIL und Türkiye Gazeteciler Sendikasi, Istanbul,
ÜBELHAK Andrea	AK Wien, BR	W/AK	Deutsche Rentenversicherung München

Beiträge der TeilnehmerInnen des 60. Lehrgangs der SOZAK

Angelsächsische Länder

Mona Badran,
Unite London (England)

Mein Praktikum bei der Gewerkschaft Unite the Union bot mir die Möglichkeit, mich mit der teilweise sehr unterschiedlichen Struktur der Gewerkschaft in Großbritannien, ihren Aufgaben und Zielen auseinanderzusetzen. Ich bekam hier wertvolle Inputs zum Beispiel in Sachen Kommunikation.

Organisation der Gewerkschaft

Die Gewerkschaft Unite the Union ist in etwa mit der GPA-djp in Österreich zu vergleichen – sie ist als Interessenvertretung unter anderem für Versicherungen, Banken und den Handel zuständig. Unite gibt es erst seit wenigen Jahren. Sie wurde als Zusammenschluss mehrerer Interessenvertretungen – deren größte waren Amicus und T&G –, gegründet, um die politischen Interessen der Fachgewerkschaften zu bündeln und die gewerkschaftliche Vertretung der ArbeitnehmerInnen zu erleichtern.

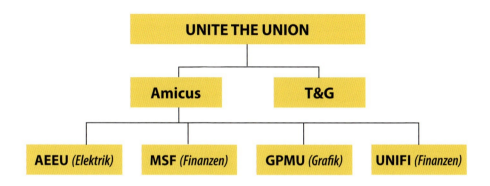

Unite verzeichnet aktuell knapp 1,2 Millionen Mitglieder. Auch in England existiert eine politische Struktur mit haupt- und ehrenamtlichen MitarbeiterInnen:

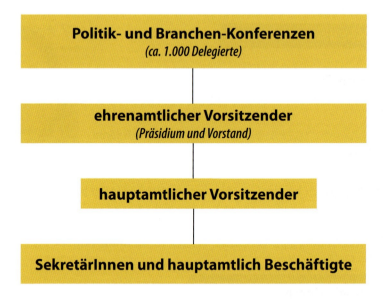

Die Wahlbeteiligung ist leider gering, bei den jüngsten Wahlen des ehrenamtlichen Vorsitzenden lag sie bei zehn Prozent.

Zusammenarbeit mit der Labour Party

Da die Gewerkschaft auch länderübergreifend agiert, verfügt sie über eine internationale Abteilung, in der sich mein Büro befand. Der Leiter der Abteilung, Simon Dublins, war während des Praktikums meine Kontaktperson und führte mich in Struktur sowie Organisation der Unite ein. Er verschaffte mir auch die Möglichkeit, im Parlament ein Gespräch mit Byron Taylor, dem Mitglied einer Organisation namens TULPO (The Trade Union and Labour Party Liaison Organisation), zu führen, bei dem ich einen Einblick in die breite und komplexe Zusammenarbeit von Gewerkschaft und Labour Party bekam. Von der Gewerkschaft wird nämlich eine Person in die – vor vielen Jahren selbst von den Gewerkschaften gegründete – Labour Party entsandt. Sie arbeitet in der TULPO und hat dort die Aufgabe, Forderungen der Gewerkschaften so gut es geht auf die politische Ebene – also in die Partei – zu bringen. Die Beteiligung der

Union in der TULPO kam zustande, weil die Zusammenarbeit zwischen den Gewerkschaften und der Labour Party in der Vergangenheit nicht immer gut funktioniert hat – ein drastisches Beispiel dafür ist die Aufhebung des „Streikrechts". Die unzureichende Kooperation von Labour Party und freiwilliger Interessenvertretung hatte zur Folge, dass eine Vielzahl der Mitglieder aus der Gewerkschaft austrat, weil sie dieser die Schuld für die schlechte Zusammenarbeit gab. Wie mir berichtet wurde, ist es noch ein sehr weiter Weg, bis man die gemeinsamen Ziele erreicht, was sich auch bei einem wichtigen Thema dieser Kooperation – dem Gesundheitssystem – zeigt. Wer gut verdient, bekommt schneller einen Platz in einem Spital und auch eine bessere medizinische Versorgung als Personen mit geringerem Einkommen. Hier gibt es viel Verbesserungsbedarf.

Aktuelle Themenschwerpunkte der Unite

Unite the Union legt in England ihren Fokus derzeit darauf, Mitglieder zurückzugewinnen und den Organisationsgrad zu erhöhen. Der durchschnittliche Organisationsgrad in einem Unternehmen liegt bei etwa 20 bis 40 Prozent. Um diesen zu erhöhen, wurden in England hauptamtliche MitarbeiterInnen zu OrganizerInnen geschult. Organizing erzeugt eine Art Schneeballeffekt: Jeder/jede OrganizerIn bekommt eine gewisse Anzahl an Personen zugeteilt, die er/sie rund um die Uhr mit Updates und Neuigkeiten versorgt und umgekehrt. AnsprechpartnerInnen eines/einer Hauptamtlichen bekommen selbst wiederum jeweils fünf Personen zugeordnet, mit denen sie regelmäßig Kontakt haben. Entscheidend bei diesem System ist, dass jede dieser Personen durch und durch überzeugt und motiviert ist und der Kontakt kontinuierlich gehalten wird.

Ein weiterer sehr wichtiger Bereich bei Unite ist der Handel, insbesondere liegt der Schwerpunkt hier auf den Lohnverhandlungen für Handelsangestellte. In England gibt es keine jährlichen Kollektivvertragsverhandlungen, zahllose Unternehmen bzw. Branchen haben noch gar keinen Kollektivvertrag. Lohnverhandlungen werden – auch das ein großer Unterschied zwischen Österreich und England – ausschließlich vom Betriebsrat oder den Angestellten selbst geführt. Weder gibt es einen/eine HauptverhandlerIn über die Gewerkschaften noch ein Komitee. Ein/e SekretärIn wird nur dann beigestellt, wenn wirklich „der Hut brennt".

Im Durchschnitt verdienen Handelsangestellte 1.300 Pfund brutto (rund 1.560 Euro), allerdings liegen die Lebenshaltungskosten höher als in Österreich. Dazu kommt, dass es in Großbritannien kein Urlaubs- und Weihnachtsgeld gibt. Eine Regionalsekretärin der ArbeitnehmerInnenvertretung erzählte mir, dass viele Angestellte seit vier Jahren keine Lohnerhöhung mehr bekommen hätten.

Bildung in der Unite

Dem Thema Bildung wird in der Unite the Union umfassende Bedeutung zugeschrieben. Ich hatte das Vergnügen, ein sehr interessantes Gespräch mit dem Leiter der Bildungsabteilung Jim Mowatt – er war vor seiner Tätigkeit in der Gewerkschaft als Universitätsprofessor tätig und hält auch heute noch ab und zu Lehrveranstaltungen ab – zu führen. Dabei erhielt ich tiefgehende Informationen zur Bildung in England.

Im Jahr 1970, so Jim Mowatt, habe einer von 20 jungen Menschen die Universität besucht, im Jahr 2000 war es einer von zwei. Mit diesem Vergleich wollte Mowatt verdeutlichen, dass es Eltern mit geringem Einkommen in der Vergangenheit einfach nicht geschafft hätten, ihren Kindern eine gute Ausbildung zu ermöglichen. Nach wie vor gibt es im Bildungsbereich noch einiges zu verbessern: Nur 20 Prozent der Kinder lernen in der Schule eine Fremdsprache, und diese 20 Prozent besuchen Privatschulen. Die Unite bietet Mitgliedern deshalb seit Neuestem Gratis-Sprachkurse an.

Außerdem gibt es für Betriebsrätinnen und Betriebsräte sowie Mitglieder eine Vielzahl von Seminaren und Kursen, von denen ich selbst zwei besuchen konnte. Pro Jahr werden ungefähr zehn Millionen Pfund in Bildung investiert, damit BetriebsrätInnen und Angestellte ihre Anliegen bestmöglich vertreten können.

Auch spezielle Seminare und Kurse für Frauen stehen auf dem Programm. Ende Juni 2011 etwa fand eine Women's Week statt, an der ich zwei Tage teilnahm. Dabei wurden Frauenthemen diskutiert, Verhandlungstechniken erprobt etc. Dass Frauen im Fokus stehen, hat seine Gründe: Auch in England verdienen Frauen viel weniger als Männer für gleichwertige Arbeit. Mit Bedauern musste ich zudem feststellen, dass es zwar ein Frauenkomitee gibt, in den verschiedenen Vorständen bzw. Präsidien jedoch nur eine, oftmals sogar keine Frau sitzt. So etwas wie eine Quotenregelung existiert, wie mir erzählt wurde, in England nicht.

Große Unterschiede gibt es auch, was die Jugend betrifft. In England kennt man keine Lehrlinge wie in Österreich. Ebenso wenig gibt es Jugendvertrauensrätinnen und -räte, Jugendvorstände bzw. Jugendvorsitzende. Sehr dürftig sieht es auch in Sachen Bildungsaktivitäten aus: Bis auf ganz wenige Ausnahmen bietet man keine Ausbildungen, Workshops und Kurse für Jugendliche an. Jim Mowatt betonte allerdings, dass er die Bildungsmöglichkeiten speziell für Jugendliche verbessern und Angebote installieren will.

Die ArbeitnehmerInnenvertretung finanziert eine einjährige Ausbildung, die der Sozialakademie hierzulande entspricht. Dieser Lehrgang wird an der Universität abgehalten, ist aber für jede/n zugänglich – auch für Personen, die zwar nicht Betriebsrätinnen bzw. -räte, dafür aber Gewerkschaftsmitglieder sind.

Erfolgreiche Kommunikation

Neben dem komplexen Bereich Bildung wurden mir Inhalte und Ziele einer weiteren Abteilung nahegebracht: Amanda Campbell gewährte mir Einblick in die erfolgreichen Methoden der „Werbeabteilung", der sie als Leiterin vorsteht. In dieser Abteilung wird Rohmaterial – etwa über Demonstrationen, Verhandlungen, Streiks und vieles mehr – für die Kommunikation bearbeitet und etwa in Form von CDs aufbereitet. Einige Kolleginnen und Kollegen zeigten mir auch Werbematerial – wie zum Beispiel Autoaufkleber oder, was ich sehr witzig fand, Pfundmünzen mit dem Logo der Gewerkschaft drauf – für das man in der Abteilung ebenfalls zuständig ist.

In den vergangenen Jahren ist man, wie mir Amanda Campbell demonstrierte, in Sachen Kommunikation mit den Mitgliedern neue, erfolgreiche Wege gegangen: Neben Briefen, Flyern oder auch Plakaten in den verschiedenen Büros von Unternehmen kommen in letzter Zeit vor allem E-Mails zum Einsatz. Seither sind der Zulauf zu Demonstrationen und die Anteilnahme an den verschiedensten Kampagnen größer. Um die rund 1,2 Millionen Mitglieder der Unite auf dem Laufenden zu halten, werden ihnen heute im Zuge einer Kampagne, bei Demos oder allgemein bei Veränderungen unter anderem über einen SMS-Newsletter Informationen zugeschickt. Das eröffnet die Möglichkeit, enorm viele Mitglieder in kurzer Zeit zu informieren. Die SMS sind stets kurz und bündig gehalten, für weitere Informationen können sich die Mitglieder E-Mails zuschicken lassen oder auf der Website (www.unitetheunion.org) nachschauen. Ob sie nur Infos von der Unite bekommen wollen oder auch über Themen der Labour Party, können die Gewerkschaftsmitglieder auf dieser Seite einstellen.

Hierzu ein Beispiel: Da es – wie erwähnt – keine jährlichen Kollektivvertragsverhandlungen gibt, haben zahllose im Handel Beschäftigte keine Lohnerhöhung von ihren ArbeitgeberInnen bekommen. Auch eine der größten britischen Handelsketten, Sainsbury's, hat ihren MitarbeiterInnen Jahr für Jahr Verbesserungen ihrer Situation und eine Lohnerhöhung versprochen, aber nichts passierte. Davon konnte ich mich selbst überzeugen, als ich bei einer Lohnverhandlung dabei war. Trotz einer Warnung der Betriebsrätinnen und -räte, härtere Maßnahmen zu ergreifen, blieben die Geschäftsführer weiterhin tatenlos. Die Gewerkschaft schaffte es daraufhin dank SMS-Newsletter, innerhalb von zwei Tagen hunderte Leute zu mobilisieren und auf die Straßen zu bringen. Dadurch bekam zwar ein Teil der MitarbeiterInnen eine Lohnerhöhung, doch leider nur ein kleiner …

Ein anderes Beispiel für gut funktionierende Kommunikation ist das bereits beschriebene Organizing, durch das etwa in einem Betrieb in nur vier Monaten die Zahl der Gewerkschaftsmitglieder von zehn auf 30 Prozent erhöht werden konnte! Diese Art des Mitgliederwerbens bzw. der Kommunikation funktioniert unter anderem deshalb so gut, weil jede/r dieselben Aufgaben hat, jede/r mit einer gleichen Anzahl von Personen fortlaufend in Kontakt ist und es keine Hierarchien gibt: Das Um und Auf liegt darin, einander zuzuhören – 30 Prozent sprechen und 70 Prozent zuhören.

Österreich als Vorbild?

Der Betriebsratsvorsitzende einer Bank lud mich – nachdem ich ihm im Vorfeld einiges über unsere gewerkschaftliche Struktur erzählt und mit ihm über meine Einschätzung des Organizing-Konzepts gesprochen hatte – dazu ein, bei einer Betriebsratssitzung einen Überblick über unsere Organisationsstruktur, Kollektivverträge und arbeitsrechtliche Grundlagen zu geben. Als ich diese erläuterte und von Urlaubs- und Weihnachtsgeld oder der Möglichkeit einer Pflegefreistellung berichtete, waren die MitarbeiterInnen fasziniert: Drei Viertel der Betriebsrätinnen und Betriebsräte hatten nicht gewusst, dass es so etwas irgendwo gibt. Insbesondere die Pflegfreistellung war für sie neu, denn in England müssen Angestellte Urlaub nehmen, um ihr erkranktes Kind pflegen zu können. Auch Urlaub hat man eine Woche weniger als in Österreich.

Es war toll anzusehen, viele Anwesende nach meinem kurzen Vortrag äußerst motiviert waren, Ähnliches auf den Weg zu bringen. Sie luden mich dazu ein, in zwei bis drei Jahren wiederzukommen, um mich zu vergewissern, dass sie ihr Ziel auch erreicht hätten – denn mit diesem neu gewonnenen Wissen würden sie sich noch mehr anstrengen als bisher.

Thomas Friedl,
UNISON London (England)

Während meines Englandaufenthaltes wurde ich sehr freundlich und hilfsbereit von Kolleginnen und Kollegen der Gewerkschaft UNISON betreut, welche mich auch tatkräftig bei der Planung der Inlandsreise unterstützten. Die UNISON-Gewerkschaft ist die größte englische Gewerkschaft mit zirka 1,3 Millionen Mitgliedern aus dem Bereich des öffentlichen Dienstes und beschäftigt sich intensiv mit dem englischen Gesundheitssystem (NHS = National Health Service), da sehr viele ihrer Mitglieder dort beschäftigt sind. Die Aufenthalte in London, New Castle und Manchester ermöglichten mir, einen guten Einblick in das englische Gewerkschafts- und Gesundheitssystem aus der Perspektive eines neutralen Außenstehenden zu erlangen. Ich habe die sich mir bietende Gelegenheit genützt, um auch über unsere Systeme zu reflektieren. Obwohl die Unterschiede auf den ersten Blick tiefgreifend scheinen, sind die Ähnlichkeiten und Problemstellungen auf den zweiten Blick nicht zu übersehen. Wie auch in Österreich kämpft die Gewerkschaft gegen eine neoliberale Wirtschaftspolitik und für den Erhalt eines staatlichen und für alle BürgerInnen zugänglichen Sozial- und Gesundheitssystems. Wichtigster Unterschied zum österreichischen Gewerkschaftssystem ist die Abkehr von einer Servicing- zu einer Organizing-Gewerkschaft, die bedeutendste Differenz zum österreichischen Gesundheitssystem stellt die Finanzierung über allgemeine Steuern dar.

Der Aufbau der gewerkschaftlichen Strukturen und die für mich noch neuen Begriffe „Organizing" und „Campaigning" haben mich während meines gesamten Aufenthaltes in England beschäftigt.

Organizing wird als Werkzeug zur Rekrutierung neuer Mitglieder, zur Kostendämpfung und zur Fokussierung auf die wichtigen Anliegen der Mitglieder verwendet. Wichtigster Ansatz dabei ist, niemals etwas für Mitglieder zu tun, was diese für sich selbst tun könnten. Damit wird eine wesentlich stärkere Bindung der Mitglieder zur Organisation und deren Zielen geschaffen, da das einzelne Mitglied viel stärker eingebunden ist.

Campaigning ist ein Teil des Organizing, da die Gewerkschaftsmitglieder auf regionaler Ebene versuchen, sich mit anderen Institutionen und freiwilligen Organisationen zusammenzuschließen, um gemeinsam ihre Ziele durchzusetzen.

Zweiter wesentlicher Teil meines Praktikums war die Analyse des englischen Gesundheitssystems, für dessen Erhalt die englischen Gewerkschaften mit Kampagnen („Million Voices" und „Our NHS – Our Future") kämpfen. Die Dynamik in der Diskussion über das NHS war enorm und gleichzeitig ist faszinierend, welche Erfolge die englischen Gewerkschaften mit Organizing und Campaigning erzielen konnten.

Abschließend bleibt mir nur mehr, mich für diese einmalige Gelegenheit zum Kennenlernen eines anderen europäischen Landes inklusive Gewerkschaftsstruktur zu bedanken!

Michael Huber,
Mandate Trade Union Dublin (Irland)

Die Organisation der Mandate Trade Union

Die Mandate Trade Union ist eine von 55 irischen Gewerkschaften. Sie ist mit ca. 45.000 Mitgliedern die drittgrößte Gewerkschaft in Irland und hat eine Organisationsdichte von ca. 40 Prozent im Bereich des Einzelhandels. Zielgruppe sind hauptsächlich die Handelsbeschäftigten und die in Bars Tätigen. Neben der hauptamtlichen Struktur gibt es ehrenamtliche gewählte VertreterInnen. Es findet alle zwei Jahre ein Kongress statt, in dessen Rahmen der/die PräsidentIn gewählt wird. Ein/e PräsidentIn kann maximal für zwei Perioden den Vorsitz übernehmen. Ein weiteres Gremium ist das National Executive Committee, in welchem die wichtigsten politischen Entscheidungen getroffen werden. Im National Finance Committee, welches ebenfalls auf dem Kongress gewählt wird, werden alle wichtigen Finanzentscheidungen getroffen.

Anders die hauptamtliche Struktur der Mandate Trade Union. Als General Secretary fungiert John Douglas, der die Geschäfte leitet. Ihm zur Seite stehen zwei Assistant General Secretarys, Gerry Light und Linda Tanham. Sie kümmern sich hauptsächlich um die Verhandlungen mit Handelsfirmen, die in ganz Irland verteilt sind. National Coordinator Aileen Morrissey ist für die Bildung zuständig, während sich National Coordinator Brian Forbes den Bereich Organizing and Campaigning koordiniert. Für die Betriebsbetreuung stehen als Bereichsleiter Division Officials und die unterstellen Officials zur Verfügung. Das Herz, welches den Apparat am Laufen hält, sind die vielen administrativen MitarbeiterInnen. Die Mandate Trade Union hat ihren Hauptsitz Mitten im Zentrum von Dublin. Verschiedene Divisions – verteilt in der gesamten Republik Irland – ermöglichen die flächendeckende Betreuung des Bereiches.

Die irischen Gewerkschaften sind weitestgehend unabhängig von den politischen Parteien, nur wenige Einzelgewerkschaften fühlen sich klar einer Partei zugehörig. Die Mandate Trade Union ist allerdings unabhängig und ihr Ziel ist es, in Form von Gesprächen und Meinungsbildung Mehrheiten in den politischen Parteien zu finden, um so Gesetze ändern zu können. Hierbei werden alle Parteien in den Diskussionsprozess eingebunden. So konnte durch eine Kampagne während des Wahlkampfs der Druck auf alle PolitikerInnen so erhöht werden, dass die Wiedererhöhung des Mindestlohnes gesichert wurde. Dieser war vor der Wahl von 8,65 Euro pro Stunde auf 7,65 Euro pro Stunde gesenkt worden.

Aktuelle Themenschwerpunkte der Mandate Trade Union

Die irischen Gewerkschaften beschäftigen sich derzeit allgemein mit sehr vielen äußerst schwierigen Themen. Die Krise hat tiefe Spuren hinterlassen und hinter vorgehaltener Hand wird auch davon gesprochen, dass es noch viel schlimmer werden könnte. Eigentlich haben in den letzten zwei Jahren so gut wie alle großen Gewerkschaften einen Wechsel in deren Arbeitsweise vorgenommen. Wo zuvor der Service für die Mitglieder die wichtigste Rolle spielte, rückt nun mehr und mehr das Organizing und Campaigning in eine zentralere Position. Aber der Service für die Mitglieder wird auch weiterhin einen hohen Stellenwert in der Gewerkschaftsarbeit haben, denn die irischen Gewerkschaften haben erkannt, dass diese ohne eine starke Beteiligung der Gewerkschaftsbasis nicht mehr funktionieren kann.

Die wichtigste Frage, die sich derzeit stellt, ist: „Wer wird die Folgen der Krise bezahlen müssen?" Hierzu entstehen immer mehr Bündnisse von irischen Gewerkschaften und Organisationen, um das Schlimmste von den Ärmsten der Bevölkerung abzuwenden. Die Abschaffung des Sonntagszuschlages, Erhöhung der Steuern oder die Kürzung von Sozialleistungen sind nur wenige der Maßnahmen, auf die man sich derzeit vorbereiten muss.

Die Kampagne „The Poor Can't Pay" ist nur eine von vielen. Hier haben sich verschiedenste Organisationen zusammengeschlossen, um unter anderem die Wiedererhöhung des Mindestgehaltes zu erreichen. Unter *www.thepoorcantpay.ie* kann man mehr über die Kampagne erfahren.

Angriffe auf ArbeitnehmerInnen und ihre Gewerkschaften

Die Angriffe auf Gewerkschaften und ArbeitnehmerInnen kommen in Irland derzeit von allen Seiten. Unternehmen wollen sich auf Kosten der Beschäftigten sanieren. Auch die Regierung versucht, Geld in die leeren Kassen zu bekommen. Das funktioniert nach Ansicht vieler am einfachsten, wenn man es auf die breite Masse absieht. Die Gewerkschaften kämpfen derzeit an allen Fronten gegen Angriffe auf die arbeitenden Menschen. Dabei wird der Weg zum Arbeitsgericht oder zum Rights Commissioner Service immer öfter in Kauf genommen, um zumindest den Status Quo aufrecht zu erhalten. Die Devise lautet unter allen Gewerkschaften: „Nur gemeinsam können wir diese Situation bewältigen!"

Gewerkschaftliche Bildung und internationale Vernetzung

Wie auch in den österreichischen Gewerkschaften gibt es in vielen irischen Gewerkschaften Verantwortliche für die Bildung. Allerdings wird sich die Bildungsarbeit in Zukunft etwas schwieriger gestalten, weil der irische Staat sparen muss und die Unterstützung für gewerkschaftliche Seminare (bisher ungefähr 50 Prozent der Kosten) gestoppt hat. Derzeit findet ein intensiver Diskussionsprozess im Irish Congress of Trade Unions (ICTU) statt, welche Seminare zukünftig gebündelt werden können. Ein Alleingang der Gewerkschaften ist auf lange Sicht nicht möglich.

Die Mandate Trade Union betreibt ein eigenes Organizing and Training Center (OTC), in dem verschiedenste Seminare angeboten werden. In Irland sind alle dieser Seminare offiziell durch das Further Education and Training Awards Council (FETAC) – ein irischer Ausschuss, welcher die Bildungseinrichtungen in Irland überwacht – anerkannt. Das OTC hat das FETAC-Zertifikat, weshalb alle Seminare, auch die für Shop Stewards (ähnlich unseren Betriebsrätinnen und -räten), anerkannt werden können. Ein Shop Steward kann den dreitägigen Einsteigerkurs mit einer Prüfung absolvieren, so Punkte in den verschiedenen Bildungslevels sammeln und die nächste Stufe erreichen. Verschiedene Gewerkschaften bieten Kurse an, um auf das für den Besuch einer Universität nötige Bildungslevel zu kommen.

Zum Vergleich:

» Abschluss Level 6 = Matura in Österreich
» Abschluss Level 8 = Bachelor
» Abschluss Level 9 = Master
» Abschluss Level 10 = Doktor

Für die Shop Stewards werden bei der Mandate Trade Union Einsteiger- und Aufbaukurse angeboten. Nach dem Absolvieren dieser beiden Basisseminare besteht die Möglichkeit, verschiedene Angebote zu nützen, wie zum Beispiel einen „Train the Trainer"- oder einen „Health and Safety"-Kurs. Organisiert werden die meisten Seminare und Veranstaltungen im OCT von Aileen Morrissey, National Coordinator of Training bei der Mandate Trade Union.

Lehrgänge wie die Sozialakademie oder die BetriebsrätInnenakademie sucht hier vergeblich. Aufgrund der sehr schlechten Freistellungsmöglichkeiten für ArbeitnehmervertreterInnen ist die Nachfrage nach längeren Lehrgängen eher beschränkt. Einige FunktionärInnen bzw. Mitglieder nutzen allerdings die verschiedenen gewerkschaftlichen Colleges, um auf ein höheres Bildungslevel zu gelangen. Diese Lehrgänge dauern ca. ein Jahr und sind wie die österreichischen Abendschulen aufgebaut, im Unterricht werden gewerkschaftliche Aspekte berücksichtigt.

Die Mandate Trade Union bietet weiters regelmäßig Weiterbildungskurse für die SekretärInnen (Officials) an. Auch stehen Veranstaltungen zum Thema Gleichberechtigung oder zu aktuellen politischen Themen auf der Tagesordnung. So hatte ich die Chance, eine halbtägige Veranstaltung der Gewerkschaft SIPTU zum Thema „Cleaners and Securities" zu besuchen.

Die internationalen Aktivitäten der Mandate haben leider Grenzen. So gibt es einen Mitarbeiter, der für internationale Beziehungen zuständig ist, allerdings stellt das nur einen kleinen Bereich seiner umfangreichen Tätigkeit dar. Zu UNI-Veranstaltungen fahren hauptsächlich der General Secretary oder seine Vertretung. Die Mandate beteiligt sich auch an verschiedenen internationalen Bündnissen für Beschäftigte in Handelskonzernen, welche International tätig sind.

Austausch, Organizing und Mitgliedergewinnung

Die Grundsätze der Mandate Trade Union umfassen den Schutz ihrer Mitglieder und die Erhöhung von deren Gehältern. Was sich leicht liest ist wirkliche Knochenarbeit. Die Organisationsstruktur gliedert sich in lokale Bereiche, jeder/jede SekretärIn hat ein bestimmtes Gebiet zu betreuen. Für Firmen, die national agieren, hat man sich verschiedene Ebenen einfallen lassen: das Local Store Forum (TeilnehmerInnen sind Shop Stewards und Filialleitung), das Regional Store Forum (TeilnehmerInnen sind Shop Stewards aus verschiedenen Filialen einer Region, SekretärInnen von Mandate sowie VertreterInnen der Filialen einer Region) und das National Store Forum (TeilnehmerInnen sind gewählte Shop Stewards aus dem ganzen Land, SekretärInnen von Mandate und VertreterInnen der Firmenleitung).

Diese drei Ebenen ermöglichen einen dauernden Austausch zwischen ArbeitnehmervertreterInnen und Unternehmen. Die Treffen finden je nach Ebene in unterschiedlichen Abständen statt. So trifft sich das Local Store Forum beispielsweise bei einer Firma monatlich, das Regional Store Forum einmal im Quartal und das National Store Forum zweimal im Jahr.

Die SekretärInnen sind hauptsächlich für die Betreuung und Servicierung der Shop Stewards und der Mitglieder zuständig. Zu ihren Aufgaben gehört unter anderem auch die Vertretung vor den verschiedenen Instanzen des irischen Labour Courts, welche große Unterschiede zum österreichischen Rechtssystem aufweisen. Der Labour Court in Irland ist und den Legal Courts untergeordnet und mit einer Schlichtungsstelle bei uns vergleichbar. Um das System umfassend zu erklären, würde man vermutlich ein eigenes Buch schreiben müssen, allerdings können wir uns in Sachen Labour Court so einiges abschauen.

Neben den SekretärInnen gibt es in der Mandate noch eine eigene Organizing-Abteilung. Deren Ziel ist es, Betriebe mit diesem Konzept gewerkschaftlich zu organisieren. Beim Organizing ist es erforderlich, lange in einer Firma zu recherchieren. Zum Beispiel besucht die dortige Organizerin regelmäßig die „Zielfiliale", um Themen herauszufinden, welche die Beschäftigten gerade interessieren.

Dieser neue Weg der gewerkschaftlichen Arbeit ist auch in Irland ganz neu, ich habe aber einige Gewerkschaften kennengelernt, die auf diese neue Form umsteigen. Dabei wird jedoch nicht die gesamte Organisation umgekrempelt, sondern ein alternativer Weg eingeschlagen. Sekretärinnen und Sekretäre arbeiten eng mit OrganizerInnen zusammen, um einen möglichst großen Erfolg zu erzielen. Bei SIPTU zum Beispiel gibt es Schwerpunktkampagnen. So sind zehn OrganizerInnen nur damit beschäftigt in Form von Kampagnen Reinigungsfachkräfte zu organisieren. Eine weitere Abteilung in derselben Größe versucht in gleicher Weise ChampignonpflückerInnen zu organisieren. Was Organizing heißt, kann man auf der Homepage www.letsorganize.at erfahren, die im Rahmen eines SOZAK-Projektes entstanden ist.

In Sachen Mitgliederwerbung setzt man in der Mandate auf aktive Mitglieder und darauf, mit einer Masse Druck auszuüben. Einzelnen Personen, die die Gewerkschaft unterstützen wollen, wird klar gemacht, dass eine Veränderung nur möglich ist, wenn alle aus einer Filiale oder einem Betrieb beitreten, ansonsten sind gewerkschaftliche Aktionen für die Beschäftigten gefährlich. Begünstigt wird gewerkschaftlichen Organisierung in Irland durch den Umstand, dass einige Unternehmen sogenannte Closed Shops sind. In diesen Betrieben ist es vorgeschrieben, dass die Beschäftigten der Gewerkschaft beitreten – bereits bei der Unterzeichnung des Arbeitsvertrages wird dort eine Mitgliedsanmeldung für die Gewerkschaft ausgefüllt. In Closed Shops sind die Arbeitsbedingungen besser als in anderen Firmen, da die Gewerkschaft größeren Druck bei Verhandlungen ausüben kann.

Die Mandate hat im Jahr 2008 einen Richtungswechsel beschlossen. Nach Jahren der eigenen Analyse merkte man, dass Service alleine nicht mehr genügt, um als Gewerkschaft zu wachsen. In einem Bundeskongress wurde dann eine neue Linie beschlossen:
» Alle Gremien und VertreterInnen sind basisdemokratisch zu wählen.
» Recruting und Organizing werden als wichtige Bestandteile der gewerkschaftlichen Arbeit aufgenommen (zuvor nur Service).
» Campaigning wird stärker ins Zentrum gerückt.
» Die Mitglieder bekommen mehr Mitspracherecht in allen Angelegenheiten.
» Verbesserung der Kommunikation: Informationen über bevorstehende Verhandlungen (wo, wann und wer) werden an die Mitglieder gesendet und der Ausgang der Verhandlung wird ihnen umgehend bekanntgegeben.

Dies sind nur ein paar Punkte, wie man versucht, die Gewerkschaft attraktiver zu gestalten. Hinzu kommen noch eine neue Homepage, ein neues Logo und neue Materialen für die Shop Stewards. Ich konnte über die Veränderung mit einem Shop Steward sprechen. Er hat mir erklärt, dass vor dem Kongress 2008 doch ein gewisses Unbehagen vorhanden war. Vor allem mit den Themen Organizing und Campaigning konnte man noch nicht so viel anfangen. Der Kollege war anfangs der Meinung, dass der Service darunter leiden könnte. Heute denkt er ganz anders: „Ob ich den neuen Weg heute gut finde? Es ist der EINZIGE!"

Aktuelle Aktionen und Kampagnen

Eine Aktion, die mir besonders gut gefallen hat, war die „The poor can't pay"-Kampagne, welche nach wie vor in Irland läuft. Zum Hintergrund: Im Rahmen

verschiedenster Maßnahmen wurde das Mindestgehalt, welches in Irland per Gesetz geregelt wird, von 8,65 Euro auf 7,65 Euro gekürzt. Als Grund nannte man, dass sich die Betriebe keine hohen Gehälter mehr leisten könnten. Nach Bekanntwerden der Maßnahmen hat sich eine große Koalition von verschiedensten Gewerkschaften und Organisationen gegründet, um die Kampagne ins Leben zu rufen. Nachdem mit dem Stichtag 1. Februar 2011 die Senkung des Mindestgehaltes in Kraft getreten war, rief die Koalition den „Ireland's day of shame" (Irlands Tag der Schande) aus. An der Demonstration beteiligten sich alle Organisationen. Sie vereinbarten im Rahmen der Kampagne eine Aktion, im Zuge derer alle KandidatInnen, die zur Wahl in Irland im Frühjahr 2011 antraten, befragt wurden, ob sie im Fall ihrer Wiederwahl das Mindestgehalt wieder anheben würden. Sehr viele der Befragten versprachen dafür einzutreten, andere wieder erklärten, dass dies notwendige Maßnahmen seien, um durch die Krise zu kommen. Nach der Befragung wurden den Mitgliedern die gesammelten Ergebnisse zur Kenntnis gebracht: Die Mandate schrieb allen ihren GewerkschafterInnen einen

Brief, in dem sie über die Ergebnisse der Befragung der KandidatInnen zum Parlament informierte. Die Mitglieder sollten sich dann selbst ihre Meinung bilden können. Das Ergebnis war, dass mit 1. Juli 2011, also genau fünf Monate nach der Senkung, das Mindestgehalt wieder auf 8,65 Euro angehoben wurde. Diese Kampagne zeigt gut, welchen Druck Gewerkschaften ausüben können, wenn sie Wahlkämpfe für sich nutzen. Aufgrund des fehlenden Naheverhältnisses zu politischen Parteien kann man, um Dinge zu ändern, auf alle Mehrheiten im Parlament zurückgreifen. Die „The Poor Can't Pay"-Kampagne läuft allerdings noch länger weiter, weil die Regierung neue Angriffe auf die Niedrigverdienenden in Irland plant.

Es ist bei den irischen Gewerkschaften normal Allianzen zu bilden. Aufgrund der sehr großen Anzahl an Einzelgewerkschaften, die alle unabhängig voneinander agieren, ist dies meiner Meinung nach auch notwendig. Derzeit arbeitet man an einer neuen Allianz, die an die „The Poor Can't Pay"-Kampagne anknüpfen soll – die „Coalition To Protect The Lowest Pay" (Koalition zum Schutz der NiedrigstverdienerInnen). Ich hatte das Vergnügen, bei einer Planungssitzung dabei zu sein, in der eine Aktion ausgearbeitet wurde: Es wurde eine Landkarte mit allen Abgeordneten des Parlaments aufgelegt und deren Sprechtage ermittelt. Bei der Sitzung wurden KoordinatorInnen bestimmt, die mit AktivistInnen zu den Sprechtagen gehen sollten, um die/den Abgeordnete/n auf die Situation der

NiedrigstverdienerInnen hinzuweisen. Sehr beeindruckend, wenn man sieht, wie eine Aktion so detailliert und strategisch ausgearbeitet wird. Die Kampagnen werden immer mit einer eigenen Homepage und einem tollen Kommunikationsnetzwerk ausgestattet.

Die Mandate Trade Union führt derzeit eine eigene Kampagne – die Online-Aktion „Retail Worker Beware!" (Handelsangestellte Vorsicht!) – durch. Mitglieder können auf der Homepage auswählen wo sie wohnen, anschließend wird ihnen automatisch angezeigt, welche Abgeordneten zum Parlament in ihrer Region ansässig sind. Es besteht dann die Möglichkeit, eine vorformulierte E-Mail direkt von der Homepage aus an die eigenen Abgeordneten zu verschicken. Nachdem in Irland die Abgeordneten zum Parlament direkt gewählt werden und nicht als eine gesamte Liste, hat diese Form der Aktion einen großen Erfolg. Ich denke allerdings, dass dies auch in Österreich Früchte tragen könnte.

Während meines Aufenthaltes in Dublin lernte ich einige Aktionen und Kampagnen kennen. Das Wichtigste ist allerdings, wie ich festgestellt habe, der Zusammenhalt aller Gewerkschaften. Die Iren haben erkannt, dass die schwerste Finanzkrise dieses Landes nur gemeinsam überstanden werden kann. Ich staune jedes Mal aufs Neue, wenn ich überlege, dass hier 55 Einzelgewerkschaften gemeinsam Kampagnen ausarbeiten müssen. Wie ich erfahren habe, waren vor einigen Jahren die Beziehungen zwischen den einzelnen Gewerkschaften noch etwas angespannt. Die Krise hat allerdings alle dazu gebracht, einmal zu überlegen, wo der eigentliche Gegner sitzt.

Ich werde auf alle Fälle meine Erfahrungen mit dem strategischen Ausarbeiten der Aktionen mitnehmen. Je detaillierter ein Aktionsplan im Vorhinein ist, desto besser sind die Erfolgschancen. Auch die Allianzen haben mich sehr beeindruckt: große Bündnisse zu schließen, um ein Ziel zu erreichen. Bei allen Allianzen gab es keine Gewerkschaft oder Organisation, die unbedingt mit ihrem Logo auf der ersten Seite stehen musste. So konnten schon viele Eitelkeiten beseitigt werden, und jeder sieht sich heute selbst als ein Teil des Ganzen an. Ebenfalls werde ich meine Erfahrungen mit dem E-Mail-Verteiler an die Abgeordneten nicht vergessen. Vielleicht kann so eine Aktion auch in Österreich einmal die eine oder andere Entscheidung beeinflussen.

Insgesamt gesehen sind viele Elemente, etwa bei der Methodik der Arbeit, den Kampagnen oder den Zielen von Aktionen, jenen in Österreich sehr ähnlich. Trotzdem stellt die gewerkschaftliche Arbeit Sekretärinnen und Sekretäre, Kampagnen-KoordinatorInnen und OrganizerInnen in Irland vor größere Schwierigkeiten, da die Rahmenbedingungen dort nicht so gut sind, wie bei uns. So war zum Beispiel die Organizerin von Mandate extrem überrascht, als ich ihr von unserem Arbeitsverfassungsgesetz berichtete und von den Möglichkeiten, die uns die Arbeiterkammer bietet. Sie meinte, dass sich mit den Ressourcen, welche wir zur Verfügung haben, die Arbeit von OrganizerInnen viel einfacher gestalten würde und alle Kampagnen sehr erfolgversprechend wären. Ich hoffe, dass wir irgendwann einmal die Möglichkeit haben, dies zu testen!

Kommunikation in der Mandate Trade Union

Die Kommunikation bei der Mandate Trade Union funktioniert auf allen Ebenen. Über das Mitgliedersystem können direkt SMS und E-Mails an das jeweilige Mitglied versendet werden und bei Aussendungen an Gruppen besteht die Möglichkeit, verschiedene Filter zu verwenden, eine SMS an eine bestimmte Gruppe ist somit kein Problem. Zum Beispiel können bei einer Verhandlung in einem Unternehmen die Mitglieder des jeweiligen Unternehmens über SMS und E-Mail jederzeit auf dem Laufenden gehalten werden.

Ebenfalls große Priorität legt man auf die Kommunikation via Facebook. Über eigens angelegte Profile und Gruppen steht die Gewerkschaft mit ihren Mitgliedern im sozialen Netzwerk in Kontakt.

Mein Fazit zur Arbeit der irischen Kolleginnen und Kollegen

Ich hatte in der Zeit in Irland sehr viele Aha-Erlebnisse. Etwa, dass aufgrund der sehr komplizierten Rechtsstruktur die Sekretärinnen und Sekretäre sehr viel Zeit für Rechtsfälle benötigen. Da das Rechtssystem im arbeitsrechtlichen Bereich mehr auf die Beziehung zwischen ArbeitnehmerInnen und ArbeitgeberInnen abzielt, ist hier Rechtsanwalt erforderlich, die Verhandlungen werden von den SekretärInnen selbst übernommen.

Ebenfalls habe ich gelernt Aktionen und Kampagnen viel strukturierter und strategischer zu planen. Mein Besuch bei SIPTU und in dessen War-Room war sehr aufschlussreich und hat gezeigt, wie so eine Planung aussehen kann. Hier wird nichts dem Zufall überlassen.

Auch das Organizing ist ganz anders aufgebaut, als ich mir das vorgestellt hätte. Nicht alle Ebenen nutzen diese Strategie für ihre Arbeit. Es wird lediglich für die Organisierung von Betrieben verwendet, welche noch keine gewerkschaftlichen Strukturen besitzen. Für mich sehr spannend zu sehen war, dass die SekretärInnen und die OrganizerInnen sehr eng zusammenarbeiten. Nach dem erfolgten Organizing-Prozess sollten die Strukturen beibehalten werden. Viele Beschäftigte kümmern sich daher als OrganizerInnen um eine Kampagne und rekrutieren eine Große Anzahl von AktivistInnen, welche auch weitere Aktionen immer wieder unterstützen. Das Interessante an dieser Sache ist für mich, dass über einen längeren Zeitraum eine Branche definiert wird und dann dort die verschiedenen Schritte einer Organizing-Kampagne zur Durchführung gelangen.

Vor allem bei der Recherchearbeit betreiben die irischen Kolleginnen und Kollegen großen Aufwand. In Österreich könnten wir uns bei einem Organizing-Projekt sehr viel Zeit sparen, weil es aufgrund unserer Struktur möglich ist, viele Daten bereits im Vorhinein zu bekommen. So können Arbeitsplatzkarten und Beschäftigtenlisten innerhalb kürzester Zeit erstellt werden.

Es war für mich außerdem sehr aufschlussreich zu sehen, wie die Sekretärinnen und Sekretäre den Kontakt zu den Mitgliedern halten. So sind regelmäßige Betriebsbesuche an der Tagesordnung. Auch regelmäßige Mitgliederversammlungen werden geplant. Diese allerdings sind bei uns leichter zu organisieren, da wir im Arbeitsverfassungsgesetz die Möglichkeit von Betriebsversammlungen haben. In Irland gibt es leider nur einen sehr geringen Schutz für die Beschäftigten, welche sich gewerkschaftlich betätigen. Ein eigener Schutz für VertreterInnen ist ebenfalls nicht vorhanden.

Mir hat es sehr gut gefallen, dass die irischen Gewerkschaften ihre Verhandlungsergebnisse durch die Mitglieder bestätigen lassen müssen. So kann es auch geschehen, dass sich Mitglieder gegen eine Verhandlung aussprechen, wenn diese zu schwach ausgefallen ist – und dann heißt es: wieder zurück zum Verhandlungstisch. Nicht nur das Bestätigen der Verhandlungsergebnisse, sondern auch das Verhandeln selbst verläuft etwas anders als bei uns. In Österreich treten Betriebsrat bzw. Gewerkschaft und ArbeitgeberInnen in Verhandlungen. Anschließend wird das Ergebnis präsentiert und so kann es leider oft passieren, dass Betriebsrat und Gewerkschaft in die Situation kommen, einen eigentlich guten Verhandlungserfolg aufgrund von Kompromissen verteidigen zu müssen. Die Mandate Trade Union stand vor einem ähnlichen Problem. Daher sendet sie nun vor jeder Verhandlung eine Information an die betroffenen Mitglieder, dass Gespräche anstehen, und gibt das Thema, den Ort und die Zeit der Verhandlung bekannt. Nach dem Ende einer Besprechungsrunde wird ebenfalls sofort eine Information über den Stand der Dinge an die Mitglieder gesendet. Ist eine Verhandlung abgeschlossen, folgt als Erstes eine Information an die Mitglieder. So sind diese immer auf dem neuesten Stand und können bei Problemen auch schneller mobilisiert werden. Mitglieder haben außerdem die Möglichkeit, ein Feedback zurückzuschicken.

Am wichtigsten in dem einen Monat war für mich, zu sehen, dass die vielen verschiedenen Fachgewerkschaften sehr gut zusammenarbeiten, denn: „Ein gespaltenes Haus kann nicht von selbst stehen!" Die irischen Gewerkschaften haben erkannt, dass kleine Streitigkeiten sie nicht weiterbringen. Da alle größeren Kampagnen über Allianzen laufen, ist es nicht nötig, dass sich eine Einzelgewerkschaft in den Vordergrund stellt. In der Krise ist das gemeinsame Vorgehen das Wichtigste und verspricht am meisten Erfolg.

Was mir das Auslandspraktikum persönlich gebracht hat …

Für mich persönlich stand die große Frage der Sprache im Vordergrund. Nachdem ich seit sieben Jahren kein Englisch mehr gesprochen habe, gab es doch eine Hemmschwelle, die ich erst überwinden musste. Jedoch habe ich für mich selbst die Entscheidung getroffen es einfach zu versuchen. Ich dachte mir, dass Gewerkschafter es auch im beruflichen Leben nicht immer einfach haben, wieso also sollte ich es mir im Ausland einfach machen. Im Nachhinein muss ich sagen, dass es sich wirklich gelohnt hat. Nach einer sehr anstrengenden ersten Woche war für die Sprache für mich längst nicht mehr so problematisch.

Ich denke mir heute, dass jeder und jede, der/die sich entschließt ein Praktikum im Ausland zu absolvieren, selbst entscheiden kann, wie viele Informationen er/sie mitnimmt. Man kann sich hinsetzen und abwarten, was für einen vorbereitet wurde, oder selbst das Zepter in die Hand nehmen und sich darum kümmern, dass einem viel erklärt wird.

Meine täglichen Berichte können unter *www.hubermike.wordpress.com* eingesehen werden.

Benelux-Länder

Christian Biegler,
AK-Büro in Brüssel (Belgien)

Organisation, Aufgaben[1] und Prioritäten des Arbeiterkammer-Büros in Brüssel

Die Bundesarbeitskammer (BAK) ist die gesetzliche Interessenvertretung von rund 3,2 Millionen ArbeitnehmerInnen und KonsumentInnen in Österreich. Sie vertritt ihre Mitglieder in allen sozial-, bildungs-, wirtschafts- und verbraucherpolitischen Angelegenheiten sowohl auf nationaler als auch auf der EU-Ebene. Darüber hinaus ist die BAK Teil der österreichischen Sozialpartnerschaft.[2]

Bereits im Jahr 1991, also vier Jahre vor dem EU-Beitritt Österreichs, beschloss die Kammer für Arbeiter und Angestellte mit dem Österreichischen Gewerkschaftsbund (ÖGB) in Brüssel ein Büro einzurichten. Dies geschah in der Ständigen Vertretung Österreichs in Brüssel, in der alle heimischen Sozialpartner einen Platz haben. Seit diesem Zeitpunkt fungiert das AK-Europabüro als politische Plattform, die eng mit dem ÖGB-Europabüro zusammenarbeitet und sich insbesondere mit den Bereichen europäische Sozialpolitik, Beschäftigung, ArbeitnehmerInnenrechte, Wirtschaftpolitik und politische Union auseinandersetzt.

Zu den Aufgaben des AK-Büros in Brüssel gehört es, die Bundesarbeitskammer gegenüber den europäischen Institutionen in Brüssel, den in Brüssel basierten Interessengruppen sowie EntscheidungsträgerInnen zu repräsentieren und den Interessen der österreichischen ArbeitnehmerInnen / KonsumentInnen auf europäischer Ebene Nachdruck zu verleihen. In enger Zusammenarbeit mit den Arbeiterkammern in Österreich koordiniert und entwickelt das AK-Europabüro daher europäische Lobbying-Aktivitäten zugunsten einer sozialen und arbeitnehmerInnenfreundlichen Politik. Es ist außerdem – ebenso wie das ÖGB-Büro in Brüssel – für das genaue Beobachten (Monitoring) von

---

[1] Für Informationen über die Aufgaben und Tätigkeitsbereiche des ÖGB-Büros in Brüssel, welche eng mit den Aktivitäten des AK-Europabüros verbunden sind und sich teilweise auch überschneiden, sei auf die Ausführungen von Thom Kinberger im vorliegenden Band verwiesen.

[2] Mit dieser Erklärung beginnen Briefe, die bei einer Stellungnahme an die Abgeordneten zum Europaparlament gehen.

EU-Richtlinien und EU-Politik zuständig, sorgt für den Transfer relevanter Informationen über Initiativen und Gesetze auf europäischer Ebene (z. B. Finanztransaktionssteuer, Economic Governance, …) sowie über Urteile des Europäischen Gerichtshofes, betreibt Kontaktpflege und beteiligt sich an europäischen Gremien und Netzwerken. Im Rahmen von Veranstaltungen, Vorträgen und des Newsletters „Newsflash" informiert das AK-Büro in Brüssel zudem regelmäßig über das europäische Geschehen.[3]

Thematisch liegen die Prioritäten des AK-Europabüros in folgenden Bereichen:[4]

» Reform der Institutionen,
» neue wirtschafts- und finanzpolitische Rahmenbedingungen,
» Sicherung der Daseinsvorsorge,
» Finanzierung der Erweiterung und Reform der Gemeinsamen Landwirtschaftspolitik (GAP),
» Beschäftigung und Europäischer Sozialfonds,
» Sozialpolitik und Chancengleichheit,
» Berufsausbildung,
» nachhaltige Umweltpolitik,
» Binnenmarkt,
» Verbraucherpolitik,
» Liberalisierung der Energie-, Telekom- und Transportmärkte,
» WTO-Angelegenheiten.

Themenschwerpunkt Economic Governance

Im Rahmen ihres Einsatzes für die Rechte der Arbeitnehmerinnen und Arbeitnehmer befasst sich das AK-Büro in Brüssel auch mit der zunehmenden Intervention der Europäischen Union in die nationale Lohn- und Gehaltspolitik ihrer Mitgliedsstaaten. Dieses Vorgehen der europäischen Politik, das auch als Economic Governance (wörtlich übersetzt: „ökonomisches Regieren") bezeichnet wird, stellt ArbeitnehmerInneninteressenvertretungen vor neue Herausforderungen. Economic Governance bedeutet eine Einmischung in die Autonomie der Sozialpartner und einen klaren Eingriff in die Souveränität jedes Mitgliedsstaates, weil die EU bzw. das Europäische Semester in die Budget-(Fiskal-)Politik und in die Lohn- und Gehaltspolitik einwirkt bzw. einwirken will.

---

[3] Diese Beschreibung basiert auf dem Abschnitt „Wir über uns" auf der Website der AK Europa, http://www.akeuropa.eu/de/About-AKEU/what-is-bak-brussels.html, ergänzt durch Informationen aus dem Beitrag von Thom Kinberger in diesem Band.

[4] Die Auflistung der Prioritäten ist dem Internetauftritt des AK-Europabüros entnommen, http://www.akeuropa.eu/de/About-AKEU/what-is-bak-brussels.html.

Wie funktioniert Economic Governance bzw. wie soll diese Politik funktionieren? Das europäische Semester – eine „Jahresplan"-Überwachungseinrichtung, die schon seit dem Vertrag von Maastricht[5] in Kraft ist – soll nun nicht wie bisher zahnlos sein: Wenn ein Land mehr Geld ausgibt, als budgetiert (also mehr, als im Wirtschaftspakt vereinbart), wird es Strafbestimmungen geben. In einem Land, einer Branche oder einem Wirtschaftsbereich, der trotz Aufforderung zur Umsetzung bestimmter wirtschaftpolitischer Maßnahmen die vorgegebenen Ziele (Wirtschaftsfaktoren) nicht erreicht, wird das Europäische Semester so in die Lohn- und Gehaltspolitik eingreifen, dass diese Bereiche weiter wachsen können.

Economic Governance bedeutet also einerseits die Sanktionierung der Mitgliedsstaaten, andererseits Eingriffe in die Lohn- und Gehaltspolitik. Letzteres hat für uns als Gewerkschaft den Verlust unseres Kerngeschäfts – des Kollektivvertrags – zur Folge.

Die Gewerkschaften aller Mitgliedsstaaten sind sich einig, hier geht es nicht um eine europäische Wirtschaftsgemeinschaft, sondern um eine klare Weichenstellung zur Umverteilung an das Kapital (die Reichen). Um als Beispiel die Situation in Deutschland und Griechenland zu nennen: Dass die deutsche Lohnpolitik zugunsten der Wettbewerbsfähigkeit nur einen kleinen Teil der Produktivität abgegolten hat, das fällt jetzt den anderen Staaten, in erster Linie Griechenland, auf den Kopf. Die Kriterien im Wachstumspakt sehen vor, dass es ein Gleichgewicht geben muss, und machen es Griechenland daher noch schwerer, aufgrund seiner „hohen" Lohnabschlüsse wettbewerbsfähig zu sein! Also müssen wir auch hier als internationale Gewerkschaften ein starkes Zeichen setzen, dass wir auf gerechte Löhne – die der Produktivität entsprechen – bestehen.

Natürlich ist auch der Eingriff in die Souveränität der österreichischen Budgetpolitik mit großer Sorgfalt zu betrachten. Dies kann für uns ArbeitnehmervertreterInnen bedeuten, dass es möglicherweise zu Einschnitten in unser gut funktionierendes Sozialsystem kommt.

Ein weiterer großer Wurf soll die Sanktionierung jener Mitgliedsstaaten sein, die sich nicht an die Vorgaben zu Budgetvoranschlag, Budget, Gehalt und Lohn halten! Was für uns wieder bedeutet, hier ganz genau darauf zu achten, dass diese Forderung nicht durchgeht bzw. wegfällt. Ich bin der Meinung, genau hier müssen wir als Gewerkschaften und ArbeitnehmervertreterInnen aller Mitgliedsstaaten stark und geschlossen auftreten, weil zunehmend klar wird, was diese Richtlinie für jedes unserer Länder sowie unsere Kolleginnen und Kollegen in den Betrieben zu heißen vermag.

---

[5] Siehe dazu Thom Kinbergers Ausführungen zu den Maastricht-Kriterien in diesem Band.

Welchen Einfluss die europäische Wirtschaftsregierung auf Sozialleistungen und Löhne nimmt, wird auch in einem Bericht der IG Metall deutlich:

**Europäische Wirtschaftsregierung:
Druck auf Sozialleistungen und Löhne**[6]

Hände weg von der Tarifautonomie.
EU-Kommission und konservative Regierungen machen Druck auf die Löhne im Euroraum: Setzen sie ihre Pläne um, droht den Tarifpartnern staatliche Kontrolle der bisher autonom verhandelten Tarifverträge. Am 22. Juni entscheidet das Europäische Parlament über das Gesetzespaket. Die IG Metall fordert die deutschen Europa-Abgeordneten auf, keinem Gesetz zuzustimmen, das Eingriffe in die Tarifautonomie ermöglicht.

In Europa braut sich ein neuer Angriff auf ArbeitnehmerInnenrechte und soziale Sicherheit zusammen. Mit einer gemeinsamen Wirtschaftsregierung will die Europäische Union mehr Einfluss auf die Wirtschaftspolitik der Mitgliedsstaaten nehmen. Allerdings geht es nicht darum, Unternehmenssteuern zu vereinheitlichen oder die Finanzmärkte zu kontrollieren. Vielmehr sollen sich die europäischen Nachbarn an Deutschland ein Beispiel nehmen und sparen.

Pakt gegen ArbeitnehmerInnen, RentnerInnen und Kranke.
Nach den Plänen der EU-Kommission und konservativer Regierungen sollen nicht Banken und Spekulanten, sondern RentnerInnen, Kranke und Beschäftigte für die Kosten der Krise aufkommen. Setzen sie ihre Pläne zur Europäischen Wirtschaftspolitischen Steuerung (European Economic Governance) um, dann drohen außerdem in der EU Eingriffe in die Tarifautonomie. Am 22. Juni stimmt das Europäische Parlament über diese Pläne ab. Für die IG Metall geht es darum, das Schlimmste zu verhindern.

Sozialleistungen sollen gekürzt und das Lohnniveau gesenkt werden.
Zwar haben die Mitglieder der Kommission ihre Angriffe auf ArbeitnehmerInnenrechte etwas abgemildert, dennoch hat sich der Inhalt des Papiers nicht verändert. Bei den Euro-Schuldenländern wird die Sparschraube angezogen. Sie sollen Sozialleistungen kürzen und das Lohnniveau senken. Der Druck auf die Löhne würde in ganz Europa steigen. So sieht das Papier vor, die Lohnstückkosten jedes Landes an der Entwicklung der anderen europäischen Länder auszurichten. Der öffentliche Sektor soll bei der Lohnentwicklung die Vorbildrolle übernehmen und als Lohnbremse in der Privatwirtschaft wirken.

---

[6] Zusammenfassung eines Berichtes der IG Metall, der auch unter *http://www.igmetall.de/cps/rde/xchg/internet/style.xsl/europaeische-wirtschaftsvereinigung-7841.htm* abrufbar ist.

Protestbrief an Europa-Abgeordnete schicken.
Um diesen Pakt gegen ArbeitnehmerInnen, Kranke und RentnerInnen zu verhindern, fordert die IG Metall die Abgeordneten des Europäischen Parlaments auf, diese Gesetze abzulehnen.

Wie setzen die Gewerkschaften auf EU-Ebene ihr Anliegen durch?

In erster Linie braucht es ein Schwerpunktthema und wenn dieses gefunden ist, geht es schon an die Arbeit. Man muss wie immer differenzieren, um welche Inhalte es geht, und wen man sich als strategischen Partner ins Boot holt. Anhand einiger wichtiger Themen und verschiedenster Schwerpunkte wird im Folgenden gezeigt, wie wir als ArbeitnehmervertreterInnen unsere Anliegen umsetzen und weiterbringen.

Meist ist es so, dass der Apparat EU aufgrund der wirtschaftsnahen Einflüsse in den Gremien sehr schnell Gesetzesentwürfe vorlegt, die nicht in unserem Interesse sind. Die Sozialpartner bekommen die Entwürfe und müssen auf schnellstem und effektivstem Weg intervenieren und reagieren.

Konsumentenschutzrichtlinie

Ein Beispiel dafür ist die Konsumentenschutzrichtlinie[7]: Hier war der Gesetzesvorschlag wie oben schon beschrieben nicht annähernd im Interesse der KonsumentInnen. Die Kommission hat in diesen Entwurf unter anderem die Beschneidung der KonsumentInnenrechte in Bereichen der Garantie und Gewährleistung gefordert. Weiter war nicht vorgesehen, dass auf der Ebene der Mitgliedsstaaten die dortigen gesetzlichen Grundlagen dieser Richtlinie verbessert werden können. Somit handelte es sich um eine totale Verschlechterung für alle, die je wieder etwas kaufen und eine Verbesserung für die, die etwas verkaufen werden.

Wie haben die Gewerkschaften und ArbeitnehmervertreterInnen reagiert? Das AK-Büro verfasste in Verbindung mit den Kolleginnen und Kollegen im ÖGB eine Stellungnahme zu den Verschlechterungen dieser Richtlinie und schickte diese an das Bundesministerium für Arbeit, Soziales und Konsumentenschutz (BMASK). Unter der Leitung von Bundesminister Rudolf Hundstorfer wurden auch in Österreich alle Hebel in Bewegung gesetzt.

Währenddessen fand in Brüssel eine Podiumsdiskussion zu diesem Thema statt, bei der VertreterInnen von AK/ÖGB und der Wirtschaft anwesend waren. Der Vertreter der Wirtschaft meinte dort, diese Richtlinie bringe das, was die EU schon immer gefordert habe: „Endlich eine Liberalisierung der Märkte!" Die an-

---

[7] Die Ausführungen zur Konsumentenschutzrichtline beruhen auf einem Interview mit Frank Ey vom AK-Europabüro.

wesende Kollegin der AK Tirol machte ihn aber darauf aufmerksam, dass – wenn man die Gewährleistung streicht und die Garantie verkürzt – davon in erster Linie die Klein- und Mittelbetriebe betroffen seien! Ihm wurde dann auf einmal klar, dass diese Aussage richtig ist, und nach der Veranstaltung war in ihm ein strategischer Partner von AK/ÖGB zu sehen. So haben es die Gewerkschaften mit den Wirtschaftsvertretern geschafft, diese grundlegende Verschlechterung zu vermeiden und die Richtlinie arbeitnehmerInnen- und konsumentInnenfreundlich zu gestalten.

Finanzmarktregulierung [8]

Hier muss einleitend angemerkt werden, dass sich die AK und der ÖGB bei diesem Thema zuerst in einen Selbstfindungsprozess begaben, da international bzw. auf EU-Ebene bisher noch nie eine Positionierung notwendig gewesen war. Es wurden Expertisen von internen und externen SpezialistInnen eingeholt.

Nach diesem Prozess konnte es losgehen: AK und ÖGB bezogen international Stellung zu Fragen der Finanzmarktregulierung. Natürlich mussten diese aus interner Sicht sehr sensibel behandelt werden, da man sich selbst nicht als Finanzmarkt-Institut sieht.

Wie haben die Gewerkschaften und ArbeitnehmervertreterInnen auf diese Entwicklung reagiert? Nachdem die Position in/für Österreich klar war, mussten PartnerInnen gesucht und gefunden werden. Da man in Brüssel auf ArbeitnehmerInnenseite sehr nah zusammenarbeitet, bot sich als erster Ansprechpartner der EGB (Europäischer Gewerkschaftsbund) an. Dort fand die Position der „Österreicher" sehr guten Anklang und wurde fast eins zu eins übernommen!

Es wurden außerdem alle MEP (Mitglieder des Europaparlaments) angeschrieben und zu diesen Thema sensibilisiert. Man kann also mit ruhigem Gewissen sagen: Es wurde Lobbyarbeit für ArbeitnehmerInnen betrieben. Dies hat sich als gut herausgestellt, weil wir jetzt als EuropäerInnen eine gemeinsame Finanztransaktionssteuer einführen können. Im Bereich Finanzmarktregulierung war das unser größter Erfolg, weiters konnten diverse Verbesserungen bzw. Regelungen für die ArbeitnehmerInnen erwirkt werden!

Fakt ist nach wie vor: Wenn man von Lobbying redet, wird das immer mit dem Fließen von Geld in Verbindung gebracht. Auch für uns hat Lobbyarbeit zu bedeuten, dass Geld fließen muss: „Aber immer von Kapital zu Arbeit!" Wir

---

[8] Folgende Informationen zur Finanzmarktregulierung stammen vom Leiter des AK-Büros in Brüssel Amir Ghoreishi.

wollen eine Umverteilung von Finanzen und diese immer zum einzigen Produktionsfaktor hin, zur Arbeit!

Einen Weg zur Umverteilung stellt die Financial Transaction Tax (FTT, Finanztransaktionssteuer)[9] dar: Die FTT ist eine Steuer von 0,05 Prozent auf alle Finanztransaktionen, die bis jetzt steuerfrei waren. Das könnte einen jährlichen Umsatz von 200 Milliarden Euro bringen, von denen die Bevölkerung der EU profitieren könnte. Bis jetzt lag der Schwerpunkt der Profite eindeutig aufseiten der (Finanz-)Wirtschaft.

Wir sprechen hier von dem Ableger der im Vorfeld beschriebenen Finanzmarktregulierung. Das heißt, hier reden die ArbeitnehmervertreterInnen vom größten Wurf in der Sozialen Marktwirtschaft, den es in der EU je gegeben hat. Wie kann so eine soziale Regulierungsmaßnahme in einer wirtschaftsnahen EU durchgesetzt werden? In erster Linie machten die europäischen Gewerkschaften und die SozialdemokratInnen viel Stimmung für die FTT. Sie richteten zum Beispiel die Website *ftt-now.eu*[10] ein, auf der weit über 500.000 Europäerinnen und Europäer ihre Unterschrift abgaben und für eine Finanztransaktionssteuer stimmten. Weiters fanden Demonstrationen in vielen EU-Städten statt, insbesondere in Straßburg, wohin auch ein Flugzeug voller ÖsterreicherInnen angereist war, um ein Zeichen zu setzen.

Das Parlament hat dem Ganzen schon die Zustimmung gegeben, jetzt hängt es an der Kommission, dieses Gesetz bzw. diese Richtlinie abzusegnen. In diesem Zusammenhang üben Banken allerdings enormen Druck auf die Staats- und Regierungschefs aus. Schlussendlich liegt es an den oben Genannten, ob die Finanztransaktionssteuer in Kraft tritt oder nicht!

Wie die angeführten Beispiele zeigen, kommt es stark darauf an, welche PartnerInnen man hat bzw. wo man mit wem das Einvernehmen sucht.[11]

Mein Fazit zum Praktikum im AK-Büro Brüssel

Da ich ein vorurteilsfreier Mensch bin und alles immer gern auf mich zukommen lasse, war es für sehr erstaunlich, wie sich Brüssel mit Österreich vergleichen lässt. Ich denke da im Speziellen an die Gemütlichkeit, die Offenheit und die Hilfsbereitschaft. Die Mentalität der Belgier ist aber in einigen Dingen – wie ich bemerken musste – anders als unsere. Die oben genannten Attribute gelten im Großen und Ganzen für alle Bereiche. Mit der Gemütlichkeit ist das so eine Sache: Wenn es um die Diskussion geht, sind hier alle sehr bemüht, einen zu berücksich-

---

[9] Quelle zur FTT: Thom Kinberger in diesem Band.
[10] Inzwischen ist die Kampagne „Financial Transaction Tax Now!" online unter *http://www.financialtransactiontax.eu/de/home*.
[11] Eine Liste der PartnerInnen findet sich im Kapitel „Kontakte, Links und Literaturhinweise".

tigen. Doch wenn es um das Einkaufen im Supermarkt oder das Essen im Restaurant geht, bleibt auch hier alles „geschmeidig". Für mich war es völlig neu, einen Supermarkt vorzufinden, in dem alle Kassen offen sind und trotzdem nichts weitergeht. Jetzt das Faszinierende an der Geschichte: Die Leute bleiben alle gelassen und warten, ich könnte mir so etwas in Österreich nicht vorstellen.

Um auf den Lerneffekt zurückzukommen, ist diese kurze Einleitung in das Leben in Brüssel sehr wichtig. Die gesamte Arbeit in der ArbeitnehmerInnenvertretung funktioniert hier nur durch aufrechte und gute Netzwerke. Ich kann mir nicht vorstellen, dass auch nur ein Anliegen der ArbeitnehmerInnenbewegung hier Anklang finden würde, wenn es diese Netze nicht gäbe. Hier wird nicht nur gewerkschaftsintern der Kontakt gesucht, sondern auch mit strategischen PartnerInnen, unter anderem mit der WKÖ oder europäischen ParlamentarierInnen. Erstaunlich ist dabei auch, dass dies quer über alle Parteien funktioniert, ab und zu auch mit der FPÖ.

Weiter war es für mich sehr erstaunlich, wie umfangreich und fachspezifisch hier hochqualitativ gearbeitet wird. Die nach Themenbereichen gegliederte Arbeit teilen sich Amir Ghoreishi, Christoph Cesnovar und Frank Ey. Zusätzlich zu den dreien gibt es dann noch UNS, die PraktikantInnen. Während meines Praktikums sammelten im Arbeiterkammer-Büro mit mir vier PraktikantInnen, die auch voll im Büroalltag integriert waren, Erfahrungen auf EU-Ebene. Bei Terminüberschneidungen übernahmen wir die Aufgabe, in den Besprechungen, Meetings, Jour fixes, Roundtables & Konferenzen alles für die Mitarbeiter des Büros zu protokollieren.

Zur Arbeit des AK-Büros habe ich folgende Meinung: Ohne dieses gut ausgestattete Büro hier in Brüssel wäre es ein großes Stück neoliberaler in der EU! Dies ist leicht zu beweisen, wenn man den Vorschlag zur Dienstleistungsrichtlinie kennt und von dem Ergebnis weiß, zu dem es am Ende gekommen ist. Ursprünglich war geplant, alle Garantieansprüche der KonsumentInnen zu beschneiden und es den ProduzentInnen des Produktes zu überlassen, wie lange sie Garantie geben WOLLEN. Durch die guten und gepflegten Netzwerke ist es gelungen, für viele Länder und KonsumentInnen eine Verbesserung zu erreichen. Dieses Beispiel war nur eine Erfolgsgeschichte der letzten Monate, in denen wir uns als ArbeitnehmerInnenvertretung durchsetzen konnten.

Ich bin davon überzeugt: In einer globalisierten liberalen Welt ist die internationale Gewerkschaftsbewegung wichtiger als noch am Anfang des vorigen Jahrhunderts! Denn die konservativen Kräfte in der EU sind in allen Gremien in der Überzahl, auch in der Kommission – sie wird von den Mitgliedsländern besetzt, und diese sind mehrheitlich christlich. Österreich schießt außenpolitisch sogar den

Vogel ab, weil die SPÖ als stimmenstärkste Partei einen ÖVP-Politiker als Kommissar entsendet hat. Dieser besagte Kommissar hat angeblich keine eigene Doktorarbeit abgegeben und ist auch kein Garant für ArbeitnehmerInnenpolitik. Im Europarat und im Europäischen Ministerrat sieht es nicht viel besser aus.

Jetzt sind das alles Tatsachen, um aber nicht ein „Reabeidl" zu sein: Es gibt zum Glück noch das Europaparlament. In diesem herrscht nicht wie in unserem Parlament ein „Klubzwang", sondern die Abgeordneten stimmen wirklich frei ab wie sie es für richtig halten. Es gibt dort auch wirklich noch christlichsoziale PolitikerInnen, die nach dem Leitbild Menschlichkeit abstimmen. Also nicht wie in Österreich, wo ein christlicher Gewerkschafter für Pensionsraub stimmt!

Was mir das Auslandspraktikum persönlich gebracht hat …

Für mich persönlich kann ich auf jeden Fall viel in die Reisetasche einpacken, unter anderem habe ich gelernt, ruhiger, gelassener und vor allem noch offener zu werden.

Den Gewerkschaften, Betriebsrätinnen und Betriebsräten, Angestellten, ArbeiterInnen und Gewerkschaftsmitgliedern in Belgien danke ich dafür, dass auch sie im Sinne einer solidarischen internationalen ArbeiterInnenbewegung agieren! Bei den Betriebsbesuchen in Brüssel wurde mir nämlich eines schnell wieder bewusst: der Klassenfeind sitzt beziehungsweise steht nicht neben einem an Fließband oder in einem Großraumbüro. Auch in Brüssel sind die Kolleginnen und Kollegen im  Betrieb mit denselben haarsträubenden Ideologien konfrontiert, die Gewinnmaximierung, Flexibilisierung und Effizienzwahn heißen – Begriffe, die uns in Österreich ebenfalls nicht fremd sind. Deshalb glaube ich, dass es in Zukunft noch wichtiger sein wird, in Brüssel die europaweite Gewerkschaftsarbeit zu intensivieren. Abschließend möchte ich deshalb die Gelegenheit für einen Aufruf nützen: „Arbeiter aller Länder vereinigt euch!"

Andreas Guttmann,
Schweißtechnik Hamm und
voestalpine Hilversum

Mein Einstieg in das Auslandspraktikum: die Teilnahme an der Europabetriebsratssitzung

Der inoffizielle Start in mein Auslandspraktikum begann am 12. April 2011 und dauerte vier Tage. Ich wurde von meinem Betriebsratsvorsitzenden der voestalpine Bahnsysteme, Josef Gritz, und dem Betriebsratsvorsitzenden der voestalpine Stahl Linz, Hans Karl Schaller, zur Europabetriebsratssitzung nach Linz eingeladen. Eine ehrenvolle Ausnahme im Zuge meiner Ausbildung in der Sozialakademie. Nach der persönlichen Begrüßung und Erklärung meiner Anwesenheit wurde die Sitzung offiziell eröffnet. Insgesamt 21 Europabetriebsrätinnen und -räte (EBR) aus den Ländern Österreich, Deutschland, Belgien, Niederlande, Schweden, Spanien und Ungarn nahmen daran teil. Nach einem ausführlichen Bericht durch den Vorsitzenden Hans Karl Schaller, der einen weiten Bogen über aktuelle Themen aller Divisionen spannte, hatten die TeilnehmerInnen die Möglichkeit, über die momentane Situation ihres Bereiches zu berichten. Dieser Austausch von Information über wirtschaftliche Lage der Divisionen sowie aktuelle Entwicklungen in Themenfeldern der Mitbestimmung gehört ebenso zu den Aufgaben des Europabetriebsrates wie die Auseinandersetzung mit Aktivitäten und Schwerpunkten der Betriebsratsarbeit und die Beschäftigung mit globalen Herausforderungen.

Auch einige Gastreferenten waren eingeladen. So begann am zweiten Tag der Veranstaltung der Leitende Sekretär der GPA-djp, EBR Wolfgang Greif, mit einem Bericht über Änderungen der Arbeits- und Funktionsweise des Europabetriebsrates. Im Anschluss referierte der Bundessekretär für Bildung und Personalentwicklung der PRO-GE, Peter Schissler, über Bildungsangebote für Europabetriebsrätinnen und -räte, zum Beispiel in den Bereichen gewerkschaftliche Organisation, Unterstützung für EBR, Aus- und Weiterbildung (Sprachtraining), Koordination, nationale Unterstützung, Betriebsratsarbeit in neoliberalen Zeiten, globale Herausforderungen sowie Klimawandel. Nach diesem äußerst spannenden Vortrag berichtete der Geschäftsführende Leiter der Privatstiftung Mitarbeiterbeteiligung (MAB) voestalpine über geplante Aktivitäten wie etwa den

Ausbau und die Erweiterung der MAB in den Ländern Polen, Belgien, England und Deutschland. Das Referat stand im Anschluss zur Diskussion.

Am dritten Tag dieser Veranstaltung trafen alle Obmänner und Obfrauen aus den Divisionen ein, der Sitzungskreis wurde somit auf etwa 70 TeilnehmerInnen erweitert. Der Leiter der Abteilung Forschung und Entwicklung der voestalpine referierte über weitere Maßnahmen in diesem Bereich und zog interessante Vergleiche zu anderen Ländern wie zum Beispiel China. Themen wie Weltenergie-

verbrauch und erneuerbare Energie wurden ebenso diskutiert und angesprochen. Dieser Vortrag stellte auch schon das vorläufige Ende der Europabetriebsratssitzung dar, denn im Anschluss reisten die Betriebsrätinnen und -räte weiter zu ihrem Treffen mit den einzelnen Divisionen, das ebenfalls Teil der Europabetriebsratssitzung ist. Unseres fand in Donawitz statt. Unter Anwesenheit der Geschäftsführung wurde über spezielle Angelegenheiten der einzelnen Sparten im Bereich Bahnsysteme berichtet. Ein Ausblick über das neue Geschäftsjahr folgte und nach weiteren Diskussionen und Wortmeldungen der TeilnehmerInnen endete die Europabetriebsratssitzung 2011.

Mein Eindruck war äußerst positiv, da ich zuvor noch keinen Einblick in dieses System hatte. Ebenso freute mich, dass es mir relativ rasch gelang, das eigentliche Ziel meiner Anwesenheit, nämlich Kontakte für mein Auslandspraktikum zu knüpfen, zu erreichen. Schon am ersten Tag lernte ich den Betriebsratsvorsitzenden der Böhler Schweißtechnik in Hamm kennen und vereinbarte mit ihm einen Aufenthalt von drei Wochen in diesem Unternehmen. Drei Wochen deswegen, weil ich am dritten Tag beim Frühstück die Betriebsratsvorsitzende aus Hilversum in den Niederlanden kennenlernte. Nach kurzem Smalltalk erklärte sie sich sofort bereit, mir ebenfalls eine Woche ihrer

Zeit zur Verfügung zu stellen, um mir die Möglichkeit zu geben, die Kultur und Arbeitsweisen in ihrem Land zu ergründen. Ein Vorstandsbeschluss ebnete mir den Weg für dieses Vorhaben.

PRAKTIKUMSORT 1: Schweißtechnik Hamm (Deutschland)

Die gewerkschaftliche Organisation in der Schweißtechnik Hamm

Es gibt in Nordrhein-Westfalen 42 Geschäftsstellen der Gewerkschaft IG Metall, die ca. 500.000 Mitglieder betreuen. Somit ist dieser Bezirk der größte in Deutschland. An zweiter Stelle steht Baden-Württemberg mit 450.000 Mitgliedern. Die Verwaltungsstelle Hamm betreut 7.950 Mitglieder, 65 Betriebsratsgremien, 200 Betriebe mit FunktionärInnen in den Bereichen Metall, Elektro, Handwerk, KFZ, Sanitär, Elektronik, Schlosserei, Textil-Reinigung und Tischlerei.

Im Grunde genommen sind die Gewerkschaften in Deutschland neutral und mit keiner Partei verbunden. Jedoch ist bekannt, welche Sekretärinnen/Sekretäre oder Funktionärinnen/Funktionäre einer Parteiorganisation angehören. Das System funktioniert ähnlich dem österreichischen, denn der 1. Bevollmächtigte der IG Metall in Münster ist der Arbeitsminister Guntram Schneider.

Aktuelle Schwerpunkte der IG Metall Hamm

Die derzeitigen Schwerpunkte und wichtigsten Themen der IG Metall Hamm sind das Projekt „BOB – Betriebe ohne Betriebsrat" und die Jugendwerbung.

Eine der Hauptaufgaben der IG Metall Hamm ist laut Schilderung des 1. Bevollmächtigten die Installierung eines Betriebsratsgremiums in unorganisierten Betrieben. Jeder politische Sekretär bzw. jede politische Sekretärin hat die Zielvorgabe, zwei bis drei Betriebe im Jahr, egal welcher Größe, zu organisieren. Dabei ist es sein/ihr Auftrag, von Beginn an, also von den ersten Gesprächen weg, bei allen Schritten dabei zu sein. Den BetriebsratskandidatInnen wird bei der Betriebsratswahl sowie auch bei erfolgter Konstituierung ständig unter die Arme gegriffen, und zwar solange, bis alle Ausschüsse gegründet und die Betriebsrätinnen und -räte gut genug geschult sind. Der/die politische SekretärIn begleitet die neuen Betriebsrätinnen und -räte bei ihren Sitzungen, geht mit ihnen in den Betrieb zu den MitarbeiterInnen und macht Mitgliederwerbung.

Die Jugendwerbung ist ein ebenso wichtiger Themenpunkt der IG Metall Hamm. Hauptaugenmerk liegt bei Tarifverhandlungen darauf, die Behaltefrist der Azubis nach der Lehrzeit für ein Jahr zu sichern, gesetzlich sind nur drei Monate vorgeschrieben. Da die längere Behaltefrist grundsätzlich nur für Gewerkschaftsmitglieder gültig ist, wirkt dies als absoluter Magnet bei der Mitgliederwerbung. Außerdem wurde eine Aktion gestartet, die das erwartete Sommerloch überbrücken sollte. Da die Flächentarifverhandlungen bereits Anfangs des Jahres abgeschlossen werden, machte die IG Metall durch eine besondere Werbeaktion auf sich aufmerksam. Es wurde eine Sachpreisliste an Betriebsratsbüros ausgesandt. Darin enthalten war eine kurze Erklärung der Aktion, die betonte, wie wichtig es  ist, Betriebsrätinnen und -räte im Unternehmen zu haben und mit ihnen zusammenarbeiten zu können. Anhand einer Punkteregelung konnte man Preise sehr einfach erwerben: ein Punkt = ein neues Mitglied. Die Preise waren teilweise sehr hochwertige Fernseher oder Kaffeemaschinen, die für 5 bis 25 Punkte zu bekommen waren.

Trotz ihrer Zusammenarbeit sind VertreterInnen der Gewerkschaft und Betriebsräte nicht immer auf der gleichen Linie. Spürbar ist das am stärksten bei Verhandlungen über Firmentarifverträge. Die Forderungen der Gewerkschaft decken sich oft nicht mit denen der ArbeitnehmervertreterInnen im Betrieb, da diese eher den ArbeitgeberInnen Zugeständnisse machen, um die Arbeit des Betriebsrates für andere Anliegen im Betrieb zu erleichtern. Auch bei Einzelgesprächen mit den SekretärInnen spürt man die inhaltlichen Auffassungsunterschiede.

Regionale und überregionale Bildungsarbeit

Im Bereich der gewerkschaftlichen Bildung unterscheidet die IG Metall zwischen regionaler und überregionaler Bildungsarbeit.

Direkt in Hamm werden von den politischen SekretärInnen nach dem Motto „Wissen ist Zukunft" für Vertrauenspersonen, Jugendvertrauensrätinnen und -räte sowie Betriebsrätinnen und -räte an den Wochenenden zweitägige Seminare in den verschiedensten Bereichen angeboten. Diese behandeln zum Beispiel folgende Themen: die Hammer ERA-Strategie (tarifpolitische Ausbildung zum Entgeltrahmenabkommen), die strategische Ausrichtung der Betriebsratsgremien, Personalentwicklungsgespräche für Betriebsratsvorsitzende und StellvertreterInnen, arbeits- und sozialrechtliche Ausbildung sowie das ABC der Betriebsratsarbeit für neue Betriebsratsmitglieder.

Der DGB und die IG Metall bieten ebenfalls in Ausmaß der gesetzlichen Bildungsfreistellung von 14 Tagen pro Jahr Kurse und Seminare für Betriebsrätinnen und Betriebsräte an.

Für BetriebsratseinsteigerInnen stehen die Kurse BR 1, BR 2, BR 3, Probleme und Konfliktbewältigung sowie Gremienschulungen zur Auswahl. Außerdem sind folgende Betriebsratsspezialseminare Teil des gewerkschaftlichen Bildungsangebots: Tarifverhandlung in der Praxis (Teil 1–3), Betriebsratshandwerkszeug – Arbeitsschutz, Wirtschaftsausschuss, Betriebsänderung, Mitbestimmung in der ArbeitnehmerInnenüberlassung, betriebswirtschaftliche Grundlagen, beteiligungsorientierte Betriebspolitik, Rhetorik – Moderation – Präsentation, Antirassismus (Grundlagen- und Spezialseminar), internationale gewerkschaftliche Bildungsarbeit und viele aufgabenbezogene Weiterbildungen. Vor kurzem fiel auch die Entscheidung, alle Seminare zusätzlich in Türkisch anzubieten.

PRAKTIKUMSORT 2: voestalpine Hilversum (Niederlande)

Gewerkschaften und Situation der ArbeitnehmerInnen in den Niederlanden[12]

In den Niederlanden gibt drei Dachorganisationen, deren Mitglieder die Branchengewerkschaften sind. Zwar sind diese unabhängig, es dominiert aber die Zentrale der Dachorganisation. Die FNV – das ist die sozialdemokratische Gewerkschaft – hat ca. 1.192.000 Mitglieder. Zweitstärkste Gewerkschaft ist die evangelische, politisch rechts von der FNV angesiedelte CNV mit 333.900 Mitgliedern. Noch rechts von den Christlichen steht die neoliberal orientierte, mittleres und höheres Führungspersonal organisierende MHP mit 169.000 Mitgliedern. In Summe ist etwa ein Fünftel der niederländischen ArbeitnehmerInnen (21 Prozent) gewerkschaftlich organisiert, wobei die HafenarbeiterInnen, der Transportbereich und die LehrerInnen den stärksten Hang zur Gewerkschaft haben, während der IT-Bereich und das Gastgewerbe den niedrigsten gewerkschaftlichen Organisationsgrad aufweisen.

Zur Arbeitszeit in den Niederlanden ist festzustellen, dass es zwar die gesetzliche Normalarbeitszeit von 38 Stunden gibt, 40 Stunden in der Woche jedoch als völlig normal anzusehen sind und auch so in den Firmentarifen ausverhandelt werden. Darüber hinaus fallen 15 bis 20 Prozent aller geleisteten Arbeitsstunden hierzulande in den Bereich der Überstunden und 50 Prozent aller Arbeitsplätze sind hochgradig flexibilisiert, also vollständig an die Maschinenlaufzeiten angepasst. Die Flexibilisierung scheint aber eine Grenze erreicht zu haben. Zum einen wegen der ökonomischen Stagnation, zum anderen weil die Betriebsbindung und die Loyalität der ArbeitnehmerInnen abnehmen.

---

[12] Quelle: Hans Boot, Dozent für Arbeitswissenschaften an der Universität in Amsterdam.

Die ökonomische Stagnation zeigt sich auch bei den Löhnen und Einkommen. Nach einer langen Periode der Lohnzurückhaltung – von 1982 bis in die 90er-Jahre – konnte man eine Verbesserung der Kaufkraft verzeichnen, die aber nicht andauerte. Denn bei niedrigem Wachstum oder gar Stagnation fordern die bürgerlichen ÖkonomInnen selbstverständlich eine Stagnation der Löhne und Gehälter, ein internationaler Vergleich diesbezüglich ist jedoch wegen der unterschiedlichen Steuern und Mieten in einzelnen Ländern schwierig. Mit der Flexibilisierung der Arbeitszeiten hat auch die Flexibilisierung der Löhne stark zugenommen. Sehr deutlich sind der Prozess der Deregulierung und der steigende Druck auf die niedrigen Einkommen zu beobachten, SozialhilfeempfängerInnen etwa geraten nach zwei bis drei Jahren in eine Situation wirklicher Armut. In den hochentwickelten Zentren wie Amsterdam, Den Haag, Rotterdam und Utrecht gibt es Stadtteile mit großer Armut, Obdachlosigkeit und Drogenprobleme sind die Folge.

Betriebsräte, Gewerkschaften und Parteipolitik[13]

Die Betriebsrätinnen und -räte wurden früher als Konkurrenz zur Gewerkschaft gesehen, danach als PartnerInnen, nun als eine Waffe. In den großen Betrieben sind sie von der Arbeit freigestellt und bekommen finanzielle Mittel für ihre Aufgaben, die Betriebsratsvorsitzenden verfügen außerdem über eine gewisse Autorität. Wirkliche Opposition im Betrieb und in der Gewerkschaft ist aber keine Empfehlung für eine Blitzkarriere.

Grundsätzlich unterscheidet sich die Gesetzgebung in den Niederlanden nicht von der in Deutschland oder Österreich, die Befugnisse der Betriebsrätinnen und Betriebsräte sind einigermaßen beschränkt. Die Mehrheit dieser organisierten Betriebsratsmitglieder ist allerdings nicht gewerkschaftlich aktiv.

Bei den Gewerkschaftsmitgliedern ist die sozialdemokratische Orientierung weiterhin dominant. Es gibt allerdings zwei im Parlament vertretene Parteien links von der sozialdemokratischen „Partij van de Arbeid" (PvdA): „GroenLinks" und die „Socialistische Partij". Beide lassen sich als radikal- bzw. linkssozialdemokratisch charakterisieren, haben aber traditionell kaum Einfluss in den Gewerkschaften. Die Zeitschrift „Solidariteit" (Solidarität) wurde vor 20 Jahren gegründet, um die oppositionellen, verstreuten Stimmen und Aktivitäten zu bündeln und ihnen ein Sprachrohr zu geben. Daraus ist dann unbeabsichtigt „die" Opposition geworden. „Solidariteit" hat eine Position, genießt Anerkennung und verfügt über eine gewisse Bedeutung.

---

[13] Quelle: Hans Boot, Dozent für Arbeitswissenschaften an der Universität in Amsterdam.

Die gewerkschaftliche Organisation in der voestalpine Hilversum

Beim diesem Thema bin ich in den Niederlanden an meine Grenzen gestoßen, denn die Strukturen dort sind mit denen mir bekannter Länder nicht vergleichbar. Der Organisationsgrad in diesem Land zählt zu den niedrigsten in Westeuropa und es existiert in der Sparte Industrie und Metall keinerlei Zusammenarbeit. Die Gewerkschaftsführung passt sich meiner Ansicht nach eher an die ArbeitgeberInnen an und zeigt vollstes Verständnis für Defizite der kapitalistischen Produktionsweise. Zum Teil führt diese Einstellung bei den Verhandlungen sogar dazu, dass auf verantwortungsvolle Lohnentwicklung – das heißt Zurückhaltung und Bescheidenheit – plädiert wird. Diese unternehmerInnenfreundliche Blickrichtung ist natürlich kein Garant für Mitgliederwerbung.

Der Organisationsgrad in der voestalpine Hilversum beträgt gerade einmal 13 Prozent, das sind genau 17 Arbeitnehmer. Außerdem lässt die Arroganz der Gewerkschaftssekretäre so manche Emotionen bei den Betriebsräten hochkommen. Dazu ein Beispiel: Für die Betriebsratswahl, die in Holland gesetzlich alle zwei Jahre und firmenintern alle drei Jahre stattfindet, wurde ein Funktionär der FNV eingeladen, die Wahl zu überwachen und auch bei ihrer Durchführung zu beraten – er nahm den Termin aber nicht wahr. Im Anschluss an die Wahl meldete er sich, weil er die Adressen aller ArbeitnehmerInnen haben wollte, um ihnen eine Mitgliedsanmeldung per Post zuzuschicken. Ein weiteres Beispiel demonstriert

ebenfalls das angespannte Verhältnis zwischen Betriebsrat und Gewerkschaftssekretären: Bei der Firmenübernahme durch die voestalpine erhielt ein Sekretär die Einladung zu einem Treffen und wieder erschien er nicht. Im Anschluss forderte er dann per Telefon das fertige Konzept der Firmenübernahme.

Resümee

Abschließend möchte ich einen kurzen Bogen spannen und meine Erfahrungen aus den beiden Praktikumsabschnitten vergleichen.

Die Arbeitsweise der Europabetriebsräte in der voestalpine ist sehr professionell organisiert und man bekommt den Eindruck, dass bei diesen Sitzungen länderübergreifend so manches bewegt werden kann. Deutlich trat auch zu Tage, wie wichtig es ist, Informationen weiterzugeben und alle auf den gleichen Wissensstand zu bringen, denn nur so kann sich ein Konzern international aufstellen.

Die Strukturen der Betriebsrätinnen und -räte in Deutschland und speziell in Nordrhein-Westfalen unterscheiden sich von den österreichischen kaum. Was mich allerdings sehr überraschte, waren die vielen Tarifverträge, über die ich nur sehr schwer einen Überblick gewinnen konnte. Die Zusammenarbeit mit den Gewerkschaften funktioniert sehr gut, jedoch gibt es gewisse Auffassungsunterschiede, die bei von mir erlebten Verhandlungen sehr hinderlich waren. Trotz solcher Schwierigkeiten konnte ich feststellen, dass die IG Metall sehr gut und flächendeckend aufgestellt ist. Die politischen Sekretärinnen und Sekretäre der IG Metall, die ich kennenlernte, waren von der im Rahmen des SOZAK-Lehrganges gebotenen Möglichkeit eines Auslandspraktikums überwältigt und gaben ihr Wissen und ihre Kenntnisse sehr gerne weiter. Ich hätte im Nachhinein betrachtet wohl noch stärker Termine auf der gewerkschaftlichen Seite vereinbaren sollen, denn die VertreterInnen der IG Metall hätten sicher noch einige interessante Dinge zu berichten gehabt.

Einen Teil meiner Praktikumszeit in den Niederlanden zu verbringen war eine gute Entscheidung, und ich bin sehr froh, diesen Aufenthalt mit eingeplant zu haben, denn die Leute sind dort äußerst zuvorkommend und hilfsbereit. In Bezug auf die Verständigung hatte ich die stärksten Zweifel, aber eine Mischung aus Deutsch, Englisch und Holländisch machte es möglich, auf alle von mir gestellten Fragen eine Antwort zu bekommen. Die Firma, die ich besuchte, ist zwar nicht groß und die Besichtigung war rasch abgeschlossen, jedoch hätte es noch weit mehr zu erforschen gegeben.

Thom Kinberger,
ÖGB-Büro in Brüssel (Belgien)

Aufgaben, Entstehungsgeschichte und Tätigkeitsbereiche des ÖGB-Büros in Brüssel[14]

Ich absolvierte mein Praktikum vom 30. Mai bis 24. Juni 2011 im ÖGB-Europabüro in Brüssel. Dieses fungiert als eine politische Plattform, die sämtliche für die Gewerkschaft interessanten Bereiche abdeckt, und diese sowohl inhaltlich als auch personell koordiniert. Darunter fallen insbesondere europäische Sozialpolitik, Beschäftigung, ArbeitnehmerInnenrechte, Wirtschaftspolitik und politische Union. Es gilt dabei, die „dunkle Seite der Macht" im Zaum zu halten. Dies geschieht in enger Zusammenarbeit mit der ÖGB-Zentrale und den Fachgewerkschaften.

Bereits im Jahr 1993, also zwei Jahre vor dem EU-Beitritt Österreichs, beschloss der Österreichische Gewerkschaftsbund (ÖGB), in Brüssel einen „Horchposten" einzurichten. Recht schnell erkannte man jedoch, dass bloßes Horchen zu wenig ist, wenn man in Brüssel mitgestalten und etwas zu seinen Gunsten bewegen will. In diesem Wissen hat das ÖGB-Europabüro seine Aktivitäten im Laufe der Jahre stark ausgedehnt und intensiviert. Die primäre Aufgabe des Europabüros ist aber konstant geblieben, nämlich frühzeitig über europapolitische Initiativen zu informieren und den Interessen der österreichischen ArbeitnehmerInnen auf europäischer Ebene Nachdruck zu verleihen.

Zur täglichen Arbeit der MitarbeiterInnen des Europa-Büros gehören Kontaktpflege, Informationsaustausch sowie das Beobachten von politischen Entscheidungen und Entwicklungen. Das umfasst insbesondere das genaues Beobachten („Monitoring") der EU-Politik bei gewerkschaftsrelevanten Themen (v. a. Beschäftigungs- und Sozialpolitik), die frühzeitige Information über relevante geplante EU-Initiativen und -Gesetze sowie über Urteile des Europäischen Gerichtshofes, die Interessenvertretung gegenüber den Europäischen Institutionen und sonstigen EntscheidungsträgerInnen durch Zusammenarbeit mit dem Europäischen Gewerkschaftsbund (EGB) und den Mitgliedern des Europäischen Parlaments sowie die Mitarbeit in europäischen Gremien und Netzwer-

---

[14] Die Beschreibung der Anfänge und der Arbeit basiert auf der Homepage des ÖGB-Büros in Brüssel: *http://www.oegb-eu.at/servlet/ContentServer?pagename=S05/Page/Index&n=S05_1.2*.

ken. Weitere Informationen dazu findet man auf der Homepage des Büros unter „Mehr als Lobbying". Das Europabüro organisiert außerdem Veranstaltungen und berichtet im regelmäßig erscheinenden Newsletter EU_NEWS zeitnah und kompetent über gewerkschaftsrelevantes europäisches Geschehen.

Ziel des ÖGB-Europabüros ist es, die Rechte der ArbeitnehmerInnen und die soziale Dimension in Europa durch Networking und Lobbying zu stärken. Das umfasst Kontaktpflege, Informationsaustausch, Beobachten von politischen Entwicklungen, Lobbying zugunsten einer sozialen und arbeitnehmerInnenfreundlichen Politik sowie Informationsarbeit durch Veranstaltungen, Vorträge, Seminare.

Das ÖGB-Europabüro verfügt über umfassende Kontakte zu Institutionen in Brüssel: Mit dem AK-Büro in Brüssel findet ein ständiger Informationsaustausch statt, es besteht eine intensive Zusammenarbeit und vor allem eine Bürogemeinschaft. Dabei handelt es sich um eine einzigartige Konstellation, um die uns die Vertretungen anderer Mitgliedsländer beneiden. Zum Vergleich: Das Europabüro des Deutschen Gewerkschaftsbundes (DGB) ist ausschließlich mit drei Mitarbeitern besetzt. Man bedenke dabei, dass der DGB die ArbeitnehmerInneninteressen eines Landes mit 80 Mio. EinwohnerInnen zu vertreten hat.

Der ÖGB ist außerdem im EGB – dem Europäischen Gewerkschaftsbund – und seinen höchsten Gremien vertreten. Dieser ist für mehr als 60 Millionen ArbeitnehmerInnen zuständig und die einheitliche Vertretung der Gewerkschaften in der EU.

Zum Lobbying-Netzwerk der Büros der nationalen Gewerkschaftsbünde in Brüssel,

den „National Officers" bestehen ebenso gute Kontakte wie zu den europäischen Fachgewerkschaften, mit denen gemeinsame Interessenvertretung durchgeführt wird. Das ÖGB-Europabüro betreibt zudem Lobbying gegenüber Abgeordneten des Europäischen Parlaments und pflegt Kontakte zu „Intergroup", einem Gremium des EGB und des Europäischen Parlaments. Auch mit der Europäischen Kommission findet Informationsaustausch zu konkreten Kommissionsvorschlägen, EU-Projekten und individuellen Anfragen statt. Im Rat der Europäischen Union nehmen VertreterInnen des ÖGB-Europabüros an Ministerräten teil und weiters arbeiten sie mit VertreterInnen der ArbeitnehmerInnen im Wirtschafts- und Sozialausschuss (WSA) zusammen.

Außerdem bietet das ÖGB-Europabüro als Service Kontakte, Termine und Informationen für ÖGB-MitarbeiterInnen. Es dient als Ansprechpartner für Termine in den europäischen Institutionen, stellt Unterlagen zu aktuellen Themen zur Verfügung, übernimmt die Programmgestaltung für BesucherInnengruppen und organisiert Veranstaltungen, Vorträge und Seminare.

Das Europabüro vertritt die Interessen von 1,2 Millionen Arbeitnehmerinnen und Arbeitnehmern in Österreich und jene der mit diesen verbundenen Personen. In weiterer Folge ist es dafür zuständig, in Zusammenarbeit mit den Gewerkschaften die Interessen europäischer ArbeitnehmerInnen in der im Vertrag von Lissabon verankerten sozialpartnerschaftlichen Einrichtung einzubringen.

Die Europapolitik des ÖGB[15]

Die Europäische Union ist in der Tat ein großes Projekt. Die Politik der EU darf jedoch nicht weiter unausgewogen zu Lasten der arbeitenden Menschen erfolgen und soziale Interessen vernachlässigen. Der ÖGB hat daher auf seinem 17. Bundeskongress im Juli 2009 ein eigenes Forderungspaket im Bereich der Europapolitik mit großer Mehrheit verabschiedet. Der ÖGB bekennt sich in diesem Grundsatzpro-

---

[15] Folgender Textauszug wurde der Website des ÖGB-Europabüros entnommen, *http://www.oegb-eu.at/servlet/ContentServer?pagename=S05/Page/Index&n=S05_3*.

gramm zu einem starken und sozialen Europa, in dem die Sozialunion Realität wird, und fordert daher einen Kurswechsel in der europäischen Wirtschaftspolitik. Ziel muss die Schaffung und Sicherung von Arbeitsplätzen und die Stärkung des Europäischen Sozialmodells sein. Der ÖGB setzt sich daher ebenso für umfassende Mitbestimmungsrechte von ArbeitnehmerInnen ein.

Auch die Gewerkschaftsbewegung muss also den europäischen Herausforderungen gerecht werden, der ÖGB spricht sich daher für eine gemeinsame gewerkschaftliche Interessenpolitik aus. Die Zusammenarbeit zwischen den einzelnen nationalen Bünden ist dazu ebenso unerlässlich wie die Vernetzung und Zusammenarbeit mit den europäischen Branchenorganisationen sowie den europäischen Betriebsräten (EBR). Diese koordinierte Zusammenarbeit hat sich auch bei den massiven Protesten gegen eine Dienstleistungsrichtlinie in ihrer ursprünglichen Form gezeigt: Auf Druck der Gewerkschaften wurde das umstrittene Herkunftslandprinzip wieder fallen gelassen.

Seit 1973 ist der ÖGB als Gründungsmitglied des Europäischen Gewerkschaftsbundes (EGB) sowohl im EGB-Exekutivausschuss als auch dem Präsidium politisch vertreten. Zudem beteiligt sich der ÖGB über die zu bestimmten Themenschwerpunkten eingerichteten ständigen Ausschüsse des EGB an der Arbeit auf europäischer Ebene. Der EGB ist als Sozialpartner auch in den europäischen Sozialen Dialog eingebunden, in dessen Rahmen verbindliche europäische Vereinbarungen getroffen werden. Als Mitglied ist der ÖGB ebenso Teil des EGB-Verhandlungsteams.

Aktuelle Themenschwerpunkte des ÖGB-Büros in Brüssel

Financial Transaction Tax (FTT, Finanztransaktionssteuer)

Die Finanztransaktionssteuer bedeutet, dass sämtliche Transaktionen mit Finanzwerten wie Aktien, Finanz- und Rohstoffderivate, Devisen etc. mit einem einheitlichen Satz besteuert werden. Die FTT ist eine Steuer von 0,05 Prozent auf alle Finanztransaktionen, die bis jetzt steuerfrei waren. Das könnte einen jährlichen Umsatz von 200 Milliarden Euro bringen, von denen die Bevölkerung der EU profitieren könnte. Bis jetzt war der Schwerpunkt der Profite eindeutig aufseiten der (Finanz-)Wirtschaft.

Der ÖGB vertritt bezüglich FTT die Position, dass die EU mit einer einfach strukturierten Finanztransaktionssteuer vorangehen soll, um das Ausmaß an Spekulationen zu reduzieren. Kritisiert wurde im Vorfeld insbesondere der exklusive Charakter der Konsultation, die ausschließlich in Englisch verfügbar und sehr technisch ist. Dadurch würde eine offene und breite Beteiligung der Zivilgesellschaft an einem der wichtigsten Themen nach der Finanzkrise erschwert.

Fünf Kernpunkte der ÖGB-Stellungnahme:
» 200 statt 20 Milliarden: Der ÖGB fordert eine Finanztransaktionssteuer die sicherstellt, dass alle Teile des Finanzsektors einen angemessenen Beitrag leisten. Wissenschaftliche Berechnungen zeigen, dass eine europäische FTT auf alle Produkte der Spot- und Terminmärkte, der Börsen und der „Over-the-Counter-Geschäfte", einen Umsatz von 200 Milliarden Euro generieren könnte.
» FTT in erster Linie als europäische Steuer: Der ÖGB fordert, die FTT auf EU-Ebene einzuführen, unabhängig von Verhandlungen auf globaler Ebene, denn eine europäische FTT ist ein erster Schritt in die richtige Richtung. Die EU sollte mit gutem Beispiel vorangehen und zeigen, dass sie weltweit führen kann und sich nicht hinter vorgeschobenen Argumenten verstecken, wie zum Beispiel, dass erst auf eine globale Vereinbarung gewartet werden müsse.
» Die Räder müssen im Jahr 2012 in Gang gesetzt werden, damit es 2013 eine Steuer gibt: Der ÖGB fordert einen klaren Zeitplan für die Umsetzung der FTT so früh wie möglich.
» 0,05 Prozent und nicht weniger: Das ist ein extrem niedriger Steuersatz, um sicherzustellen, dass die Steuer für normale Bürger und Bürgerinnen und die Realwirtschaft nicht wirklich wahrnehmbar ist. Von mancher Seite wurde bereits ein Satz genannt, der nur ein Zehntel davon beträgt.
» Eine Steuer zur Finanzierung von Sozial- und Entwicklungspolitik: In diesen Bereichen ist aufgrund der laufenden sozialen Krise und der Sozialkürzungen dringender Handlungsbedarf gegeben. Die Einnahmen aus der FTT müssen für diese Zwecke aufgewendet werden, und nicht etwa für die Finanzierung von Bankenrettungsfonds.[16]

Dieses neue Steuerkonzept passt sich den aktuellen Gegebenheiten optimal an. Während John Maynard Keynes nur Aktientransaktionen und James Tobin nur Devisentransaktionen erfassen wollten, ist die Finanztransaktionssteuer eine generelle Steuer. Aus drei Gründen scheint eine generelle FTT effizienter als eine Steuer auf spezifische Transaktionen: Erstens, weil eine generelle Finanztransaktionssteuer nicht bestimmte Markttypen diskriminiert. Zweitens, weil der Steuersatz sehr niedrig angesetzt werden kann, wenn alle Transaktionen besteuert werden. Drittens, weil eine FTT trotz ihres generellen Charakters in Etappen umgesetzt werden könnte, und zwar entsprechend der unterschiedlichen Marktbedingungen bzw. der unterschiedlichen Bereitschaft in den einzelnen Ländern, eine FTT einzuführen. So könnte eine Gruppe von Ländern als „Avantgarde" damit

---

[16] Der Textauszug zur Kritik des ÖGB und den fünf Kernpunkten der ÖGB-Stellungnahme wurde von der Website des ÖGB-Europabüros übernommen, http://www.oegb-eu.at/servlet/ContentServer?pagename=S05/Page/Index&n=S05_9.a&cid=1302775470758.

beginnen, eine FTT zunächst für inländische Börsentransaktionen einzuführen, welche technisch leichter erfasst werden können als transnationale „Over-the-counter-Transaktionen" wie der globale Devisenhandel.[17]

Zurzeit stehen die Zeichen gut zugunsten einer FTT. Die Kommission erkennt zum ersten Mal an, dass die FTT zur Erreichung wichtiger Ziele beitragen kann. Sie würde die Effizienz und Stabilität der Finanzmärkte erhöhen, einen Beitrag zur Internalisierung der negativen Externalitäten leisten, die durch das Verhalten der Finanzmarktakteurinnen und -akteure entstehen, und riskante Aktivitäten unattraktiver machen sowie Einnahmen generieren. Außerdem kann sie einen Beitrag zur Reduzierung der öffentlichen Defizite leisten, die durch das Fehlverhalten der Akteurinnen und Akteure auf dem Finanzmarkt entstanden sind, und als Ausgleich dafür dienen, dass Finanzdienstleistungen nicht der Umsatzsteuer unterliegen.

Allerdings wird von der Kommission darauf verwiesen, dass die FTT nur dann Sinn macht, wenn sie international umgesetzt wird und nicht nur in der EU, weil sonst das Kapital abgezogen wird. Aber dieses Argument ist zynisch, weil es immer irgendwo auf der Welt ein Steuerparadies geben wird. Zur Möglichkeit der Umsetzung der FTT fand in der ständigen Vertretung Österreichs eine Präsentation der aktuellen Machbarkeitsstudie von Stephan Schulmeister statt. Diese Studie vom Juni 2011 hat im Wesentlichen ein Staffelungsmodell zum Inhalt. Das bedeutet, dass die Steuerbasis in drei verschiedene Höhen unterteilt wird: 0,1 Prozent, 0,05 Prozent und 0,01 Prozent. Je schneller Derivate gehandelt werden, desto höher ist die Steuerbemessung. Sekundärziel ist eine Stabilisierung der Märkte. Dazu bietet die Studie zwei Prinzipien an: Das territoriale Prinzip (die Zonen partizipieren) und das personenbezogene Prinzip (der Schuldner ist Bürger der FTT-Gemeinschaft).

EFFAT & CLITRAVI

Weiters ist der Kampf gegen Lohndumping ein Schwerpunkt des Büros. Im Folgenden wird dazu ein Auszug der „Gemeinsamen Erklärung zur Förderung der Beschäftigung im Europäischen Fleischverarbeitungssektor" (2007)[18] wiedergegeben:

» „Es muss ein Umfeld geschaffen werden, in dem Unternehmen die Voraussetzungen vorfinden, die der Schaffung und dem Erhalt hochwertiger Arbeitsplätze förderlich sind,
» Pro-aktive Initiativen müssen von allen beteiligten Parteien ergriffen werden, um Arbeitsplätze zu schaffen oder zu erhalten, und dabei muss auf die Attraktivität der Arbeitsplätze, die beruflichen Laufbahnen und die Rentabilität der Unternehmen fokussiert werden.

---

[17] Quelle zum Steuerkonzept: Stephan Schulmeister, Margit Schratzenstaller, Oliver Picek: A General Financial Transaction Tax: Financing Development and Enhancing Financial Stability, Wien 2008.
[18] Online unter *http://www.effat.eu/public/pdf/de/Tagesordnung/4.pdf*, S. 75.

CLITRAVI (Anm.: Centre de Liason des Industries Transformatrices de Viandes de L'U.E) und EFFAT (Anm.: European Federation of Food, Agriculture and Tourism Trade Unions) erklären, dass der Wettbewerb im Fleischsektor auf Qualität und Innovation beruhen muss und nicht auf dubiosen Praktiken zur Reduzierung der Unternehmenskosten, die Verbrauchern, Mitbewerbern und Beschäftigten zum Nachteil gereichen."

Diese Initiative zwischen ArbeitgebervertreterInnen (CLITRAVI) und ArbeitnehmervertreterInnen (EFFAT) gegen Lohndumping ist leider auf EU-Ebene gescheitert. Aktuell gewinnt die gemeinsame Erklärung von 2007 jedoch wieder neue Bedeutung – ausgehend von der französischen Vereinigung gegen Lohndumping in der Fleischverarbeitung, die von der EU-Kommission einen Mindestlohn für die deutsche Fleischverarbeitungs-Branche fordert. Diese Forderung richtet sich gegen die Billiglohn-Konkurrenz in Deutschland.

Die Auseinandersetzungen zwischen Deutschland und Frankreich bezüglich des Lohndumpings in der Fleischverarbeitung werden auch in Österreich beobachtet, es sind hier jedoch keine Fälle von einer Ausgliederung nach Deutschland bekannt. Verhandelt werden in Österreich beide Bereiche: Fleischwarenindustrie (österreichweit) und Fleischergewerbe (Rahmen-KV und Länderverträge). Durch die Unterschiede der Kollektivverträge sind die Hauptkonkurrenten der Industriebetriebe die großen Gewerbebetriebe, die auch vorwiegend vom Wachstum in dieser Branche profitieren. Leider gibt es im Gewerbe keinen Bundeslohnvertrag, sondern unterschiedliche Länderverträge.

Verhandelt werden beide Bereiche am gleichen Verhandlungstisch. Aktuell finden Kollektivvertragsverhandlungen statt. Neben dem Kernbereich einer nachhaltigen Lohnbewegung ist die generelle Forderung „Gerechtigkeit vom Acker bis zum Teller", die die Stärkung der sozialen Dimension (siehe Katalog für soziale Standards in der Reform GAP 2013) zum Inhalt halt, Bestandteil der Gespräche.[19]

Economic Governance (E. G.) [20]

Economic Governance bedeutet sowohl eine Einmischung in die Lohnpolitik als auch in die Autonomie der Sozialpartner und heißt wörtlich übersetzt „Ökonomisches Regieren". Dieses Eingreifen in die Politik der Mitgliedsstaaten stützt sich auf die im Vertrag von Maastricht festgelegten Bestimmungen, die sogenannten Maastricht-Kriterien. Demnach kann ein Staat nur an der Europäischen Wirtschafts- und Währungsunion teilnehmen, wenn er die fiskalischen (Steuer) und monetären (Geld) Maastricht-Kriterien erfüllt.

---

[19] Ausführungen basieren auf Gesprächen mit und E-Mails von Erwin Kinslechner (PRO-GE).
[20] Quelle: Christian Biegler, Praktikant im AK-Europabüro 2011. Vergleiche dazu seinen Beitrag im selben Band.

Diese umfassen folgende Punkte:
- » Das öffentliche Defizit darf drei Prozent des Brutto-Inlandsproduktes (BIP) nicht übersteigen.
- » Der öffentliche Schuldenstand darf maximal 60 Prozent des BIP erreichen.
- » Die nationale Inflationsrate darf maximal 1,5 Prozentpunkte über derjenigen der drei preisstabilsten EU-Staaten liegen.
- » Der langfristige Zinssatz darf höchstens zwei Prozentpunkte höher als in den preisstabilsten EU-Staaten liegen.
- » Der öffentliche Schuldenstand darf maximal 60 Prozent des BIP erreichen

Erfüllt ein Land diese Vorgaben nicht, kann das zur Überwachung der Maastricht-Kriterien gegründete Europäische Semester Sanktionen gegen diesen EU-Mitgliedsstaat in die Wege leiten sowie in dessen Lohn- und Gehaltspolitik eingreifen. Die Kollektivvertrags-Autonomie der Gewerkschaft wird durch solche Einmischungen gefährdet!

Best-practise-Beispiel: E-Mail Petition für die FTT[21]

Im März 2011 haben EU-BürgerInnen mit mehr als einer halben Million E-Mails ihre Abgeordneten im Europäischen Parlament erfolgreich aufgefordert, für eine europäische Finanztransaktionssteuer zu stimmen. Doch EU-Steuerkommissar Algirdas Šemeta ignoriert konsequent das Votum und steht weiter auf der Bremse. ÖGB-Europabüro und AK Europa legten daher bei ihrer Kampagne für die Einführung einer EU-weiten Steuer auf Finanztransaktionen nach und wollten die EU-Kommission persönlich in die Pflicht nehmen, damit der Finanzsektor einen fairen Beitrag zu den Krisenkosten leistet.

Die Mobilisierung von 541.929 E-Mail-Petitionen an EU-Abgeordnete innerhalb von nur einer Woche war ein mehr als deutliches Signal für eine europäische Finanztransaktionssteuer und die positive Abstimmung im EU-Parlament ein erster wichtiger Schritt für die von ÖGB und AK unterstützte europaweite Kampagne. Doch der massive Widerstand in der EU-Kommission hält weiter an. Der litauische Kommissar Šemeta kommentierte die Parlamentsforderung als schlichtweg „unverantwortlich" und hielt an seiner Linie auch beim Brüsseler Steuerforum 2011 fest. Um die bis April 2011 andauernde Konsultation der EU-Kommission zur Finanztransaktionssteuer – bei der sich zeigen sollte, ob nur die Interessen des Finanzsektors, oder auch jene der BürgerInnen gehört werden – zu beeinflussen, starteten ÖGB und AK gemeinsam mit europäischen BündnispartnerInnen aus Gewerkschaften und NGOs die nächste Phase ihrer Kampagne.

---

[21] Die Beschreibung der E-Mail-Petition ist der Website des ÖGB-Europabüros entnommen, *http://www.oegb-eu.at/servlet/ContentServer?pagename=S05/Page/Index&n=S05_7.e.a&cid=1302102411081.*

Über die Internetseite *www.financialtransactiontax.eu* konnten BürgerInnen europaweit mit einer direkten E-Mail-Petition an EU-Kommissionspräsident José Manuel Barroso, Steuerkommissar Algirdas Šemeta sowie den Kommissar oder die Kommissarin des jeweils eigenen Landes Position für die Finanztransaktionssteuer beziehen. „Machen Sie sich stark für die Finanztransaktionssteuer! Es ist höchste Zeit, dass auch der Finanzsektor, der einer der Auslöser dieser Krise war, auch einen Beitrag zur Finanzierung ihrer Kosten leistet", forderten auch ÖGB-Präsident Erich Foglar und AK-Präsident Herbert Tumpel. Damit sollte insbesondere der öffentliche Druck auf EU-Steuerkommissar Šemeta erhöht werden, seine bisher ablehnende Haltung zu verändern.

Durch Unterzeichnen der E-Mail-Petition beteiligten sich die BürgerInnen gleichzeitig auch mit einem Beitrag an der laufenden Konsultation. Die EU-Kommission lässt in ihre Entscheidungen nämlich meistens auch einfließen, wie viele Stellungnahmen im Rahmen einer Konsultation für oder gegen einen Vorschlag eingegangen sind. In der Regel ist der Stapel der Wirtschaftsseite deutlich höher als jener der ArbeitnehmerInnen oder KonsumentInnen. „Es liegt in unserer Hand, dieses Verhältnis zu drehen", appellierten ÖGB-Präsident Foglar und AK-Präsident Tumpel, um durch eine möglichst breite Teilnahme der Zivilgesellschaft ein Gegengewicht zur dominierenden Finanzindustrie zu schaffen.

Mein Fazit zum Auslandspraktikum im ÖGB-Europabüro[22]

Das Leben ist ein langer, ruhiger Fluss. Ein Strom, der nicht versiegt, von Anbeginn der ArbeiterInnenbewegung bis nach Brüssel in die europäische Machtzentrale. Wir sind das Flussbett, das den Strom im Zaum hält. Niemand kann sich aussuchen, in welche Zeit er/sie hineingeboren wird, oder was das Schicksal für einen bereithält. Mich brachte die Vorsehung in das ÖGB-Europabüro. Neu waren dort für mich die Gestaltungsmöglichkeiten und der Einfluss der ständigen Vertretung Österreichs im europäischen Politzirkus. Das widerspricht der Theorie von Macht und Erfahrung, und so relativiert sich diese durch die allgemein bekannte Meinung, welche ja zur Wahrheitsfindung, Eigenerkenntnis, Erwachsenwerdung und zum Überleben benötigt wird, durch die realpolitische Möglichkeit eines europäischen Kleinstaates. Daraus folgt, dass durch Angst und Ohnmacht – als Werdungsprozess, welcher der Tatsache zu-

---

[22] Inspiriert wurde ich bei meinen Ausführungen durch die systemische Annäherung nach Julius Evola: „Europa und der organische Gedanke", den Blog des Imkerverbandes zur Völkervereinigung, durch Wolfgang Both (ALIEN CONTACT) zu Walter Müllers „Wenn wir 1918 ... eine realpolitische Utopie", außerdem durch George Orwell: 'Toward European Unity' in Partisan Review (1947) sowie Saul D. Alinskys Call Me a Radical: Organizing und Empowerment – Politische Schriften. Das New Economics Hip-Hop-Musikvideo "Fight of the Century" von John Papola und Russ Roberts und "A stream that won't run dry" aus dem Album "Jumping once too often into the ocean that has always been our inspiration" von OSDOU dienten mir ebenfalls als Inspirationsquellen. (Alle Übersetzungen von Thom Kinberger.)

grunde liegt, dass wir durch eine völlig unwissenschaftliche Falsifizierung Richtig und Falsch zu trennen versuchen, um zu einer Lösung zu gelangen – eine Kompensation entsteht. Ich habe nicht erwartet, dass dieser organische Werdungsprozess in der Europäischen Union einen doppelt kodierten Prozess der Integration voraussetzt: die nationale Integration durch Anerkennung eines Prinzips der überindividuellen Autorität einer Superföderation als Basis für die wachsende Gestaltung der politischen und sozialen Kräfte und Klassen innerhalb jeder einzelnen Nation; die multinationale Integration durch Anerkennung eines Autoritätsprinzips, das nicht weniger über die einzelnen nationalstaatlichen Einheiten emporragen soll wie jenes über die einzelnen Regionen eines bestimmten Staates. Werden diese Voraussetzungen nicht erfüllt, so bleibt Europa auf der Ebene des Schemenhaften, des Willkürlichen, des Labilen. Von einer Union im lebendigen, antiautoritären Sinn kann dann kaum die Rede sein. Hier stößt man aber an den kontroversesten Punkt der ganzen Problematik. Schon wegen ihrer machtausübenden Natur kann diese Autorität keinen rein politischen Charakter haben, was bereits jede berlusconistische Idee im Sinne des Bonapartismus oder eines schlecht verstandenen Cäsarismus ausschließt.

Was kann dann die wesentliche, innere Grundlage der neuen Ordnung sein? Nur Solidarität und gemeinsame Werteressourcen. Genau darum ging es in den Ausschüssen und Vorträgen. Es wäre mir lieber gewesen, wenn das Praktikum länger gedauert hätte, da die Komplexität der Themen es verlangt und die Intensität des zu Erlernenden außergewöhnlich dicht ist. Doch dagegen sprechen soziale und familiäre Verpflichtungen, die Konzepte der bürgerlich-kapitalistischen Gesellschaft als herrschaftsförmige Konfiguration, ein von Widersprüchen durchzogener, interdependenter Zusammenhang unterschiedlicher Bereiche von Wirtschaft, Staat, Familie und Kultur als Konstellation von Kräften und Gegenkräften. Man kann nicht alles zur gleichen Zeit haben. Wer das Leben geschmeckt hat weiß die ansprechende Verbindung von Populärkultur und Politik im YouTube-Video „Fight of the Century: Keynes vs. Hayek"[23] zu schätzen, um dem Wahnsinn Herr zu werden. Weiterleiter dieser originellen Weltanschauungs-Parodie war der wunderbare Mag. Christoph Kunz, Bologna-Torpedo und Praktikant im AK-Büro Brüssel, Perpetuum mobile der fundierten, nutzlosen, faszinierenden Unterfütterung jeder Lebenslage. Großartige Bekanntschaften sind überall möglich. Dadurch ist es mir gelungen, das politische Kernkraftwerk Brüssel mit derselben Leidenschaft zu lieben, zu bekämpfen und zu schützen, so wahr mir Marx helfe. Und Leidenschaft tut not, wenn die dunkle Seite verkündet, dass Gleichheit heute, nachdem der realpolitische Untauglichkeitsnachweis für ein sozialistisches Menschenbild erbracht und Chancengleichheit weitgehend verwirklicht ist, kein ernsthaftes Ziel mehr sei. Wobei ich mich wirklich anstrengen

---

[23] Dieses Video von John Papola and Russ Roberts ist unter *http://www.youtube.com/watch?v=GTQnarzmT0c* abrufbar.

musste gegenüber Personen, die als BetrügerInnen, Bobos und Scharlatane antreten, die mithilfe vorgeblicher ökonomischer Fähigkeiten anderen Menschen schaden und sich an ihnen bereichern, Gelassenheit zu bewahren. Wer sich darüber nicht ärgert, muss der dunklen Seite der Macht verfallen sein. Derartigen Geschmacklosigkeiten stehen viele vortreffliche, fleißige und engagierte Menschen, die nicht dem blanken Zynismus verfallen sind, gegenüber. Auch anzutreffen im fernen Frankfurt! Da wir ein schwaches Volk und ein mittelmäßiger Nachfolger eines Imperiums von Jungweiseln (junge Bienenköniginnen) sind, die zu stifteln begonnen haben, ist Netzwerken eine Option und vor allem eine Frage der sozialen Intelligenz. Hat das Sinn, und wenn ja, wie stelle ich mich dabei am besten an? Haben beide, Sender und Empfänger, eine Königin? Oder ist nur der Ableger mit Königin erfolgreich? Meines Erachtens funktioniert das auch, wenn beide eine Weisel haben. Die Jungvölker füttere man flüssig, das enthemmt und wird international verstanden. Wird der Kontakt langsam hergestellt, bauen wir ein Fundament. Dabei hilft das verbindende Amalgam des Humors. Deshalb meine Bemühungen eine Verbindung zur EADA aufzubauen. Dabei war es auch überraschend, dass es mir gelungen ist, Facebook und den Praktikums-Blog als hilfreiche Medien im Rahmen des Praktikums anzuerkennen. Was vom Tage übrigbleibt ist die gewonnene Sicherheit einer erahnten Ungleichheit. Die neoliberale Europäische Union ist moralspezifisch selektiv. Sie privilegiert die Interessen ressourcenstarker, internationalisierter Eliten in Ökonomie und Politik und vernachlässigt die Interessen nicht weltmarktgängiger Interessengruppen, zu denen mehrheitlich der Produktivitätsfaktor Arbeit zu rechnen ist. Europa erwache!

Whatever life may hand you, accept it with good grace or fight with a dogged persistence. In union we stand.[24]

---

[24] Textausschnitt des Liedes „Skyklad" der gleichnamigen Band, entnommen aus dem Album „The Wayward Sons Of Mother Earth", abrufbar auf YouTube unter *http://www.youtube.com/watch?v=u_qUvFzXoY0*.

Robert Könitzer,
Das DGB-Büro in Brüssel und dessen befreundete Organisationen (Belgien)

Anfänge, Organisation und Aufgaben des Verbindungsbüros des Deutschen Gewerkschaftsbundes (DGB) in Brüssel[25]

Vor der Gründung des DGB-Verbindungsbüros hatte die Hans-Böckler-Stiftung (Mitbestimmungs-, Forschungs- und Studienförderungswerk des DGB) von 1992 bis 1997 ein eigenes Büro in Brüssel. Politische Stiftungen wie diese spielen eine bedeutende Rolle in der deutschen Parteienlandschaft. Sie entstanden nach Ende des dritten Reiches, als die demokratische Kultur in Deutschland praktisch nicht mehr existent war. Zur Wiederbelebung riefen unterschiedliche Fraktionen eine Reihe von politischen Stiftungen ins Leben, die mit staatlichen Geldern finanziert werden und breitenwirksame politische Arbeit betreiben. Hervorzuheben ist dabei die Friedrich-Ebert-Stiftung in Bonn und Berlin, die weltweit zahlreiche Niederlassungen hat. Sie beheimatet wesentliche geschichtliche Dokumente der deutschen Sozialdemokratie und wirkt auf diesem Wege auch maßgeblich in die akademische Lehre hinein. Zwischen den Stiftungen und dem Verbindungsbüro besteht bisweilen intensive Zusammenarbeit.

Im November 1997 wurde schließlich das Verbindungsbüro des DGB gegründet. Dem ging eine breite Diskussion voran, da es unterschiedliche Meinungen darüber gab, ob man ein eigenes DGB-Büro einrichten oder dem Europäischen Gewerkschaftsbund (EGB) entsprechend mehr Mittel zur Verfügung stellen solle.

Ursprünglich war das Büro nur mit Gloria Müller allein besetzt, zurzeit sind zudem Stefan Gran (politischer Referent und Mittelsmann zum europäischen Parlament, zuvor ein Jahr als Assistent im Verbindungsbüro tätig) und Silke Brehm sowie ein Praktikant beschäftigt.

---

[25] Folgende Ausführungen basieren auf meinem Gespräch mit Dr. Gloria Müller, Leiterin des Verbindungsbüros des DGB in Brüssel, am 1. Juni 2011.

Das Büro ist Teil der Abteilung Europapolitik des DGB in Berlin. Im Gegensatz zu Österreich existiert dort eine Trennung zur Abteilung Internationale Politik, da man die Auffassung vertritt, dass es hier zum Teil wesentliche andere Aufgabenstellungen gebe. Im Gegensatz zur internationalen Politik, die weitgehend keine gesetzlichen Auswirkungen auf Deutschland hat, wirken sich die Vorgänge in der EU, vor allem natürlich Verordnungen und Richtlinien, direkt auf nationaler Ebene aus. In diesem Zusammenhang stellen sich die Schwierigkeit einer eher vorurteilsbehafteten Wahrnehmung EU-politischer Tätigkeit in Deutschland im Allgemeinen sowie das Problem einer geringen und undifferenzierten Medienberichterstattung. Das Verbindungsbüro leistet in diesem Sinne starke Selektions-, Verdichtungs- und Aufklärungsarbeit in Richtung der eigenen Institutionen in Deutschland, was durch die gute Einbindung in den Kommunikations- und Informationsprozess mit dem DGB-Bundesvorstand erleichtert wird.

Die klare Zielsetzung des Büros ist, die deutsche Klientel in Brüssel im gewerkschaftlichen Sinne zu beeinflussen, also Lobbying zu den inhaltlichen

Schwerpunkten Sozialpolitik, Sozialschutz und Wirtschaftspolitik zu betreiben. Zu den Zielgruppen gehören u. a. das europäische Parlament mit 99 deutschen Abgeordneten, die Kommission, der Rat, rund 100 JournalistInnen, die deutschen Bundesländervertretungen (im Gegensatz zu den österreichischen Bundesländern mit starken eigenen Kompetenzen ausgestattet), Unternehmen und Unternehmensverbände (insbesondere die Bundesvereinigung der Arbeitgeberverbände, welche in etwa der WKÖ entspricht, und der Bundesverband der Deutschen Industrie), die in Brüssel vertreten sind. Zusätzlich dient das Verbindungsbüro als Informationsquelle für die Fachabteilungen des DGB, mit denen man in Austausch zu den jeweils spezifischen Fachthemen steht.

Zu den Agenden gehört vor allem die Beobachtung politischer Entwicklungen bereits laufender sowie neu entstehender Strömungen, die im Gewerkschaftsinteresse beeinflusst werden sollen, bevor es zu unerwünschten Entscheidungen und/oder Gesetzen kommt. Eine weitere Aufgabe besteht in der Organisation von Veranstaltungen zu wechselnden Themen mit geladenen Gästen. Kleine Veranstaltungen mit rund 30 bis 80 Personen finden häufiger statt und kommen sehr gut an. Größere Veranstaltungen sind seltener, wie zum Beispiel jene im April 2011 zur ArbeitnehmerInnenfreizügigkeit ab 1. Mai 2011, zu der in Zusammenarbeit mit dem ÖGB rund 200 Personen eingeladen waren. Manche Veranstaltungen finden auch in den Ländervertretungen Deutschlands statt, von denen einige über großzügige Räumlichkeiten verfügen. Insbesondere die großen Bundesländer wie Bayern, Nordrhein-Westfalen oder Niedersachsen sind hier Ansprechpartner.

Stehen Entscheidungen europäischer Institutionen an, werden deren Abgeordnete zum Beispiel mittels Briefen informiert, welche die gewerkschaftliche Position dazu erläutern und somit versuchen, das Abstimmungsergebnis positiv zu beeinflussen.

Wie andere Institutionen und Büros in Brüssel auch, wird das Verbindungsbüro vielfach bei diversen Deutschland betreffenden Fragen herangezogen, für die man zwar nicht unmittelbar verantwortlich ist, die man im Interesse guter Arbeit jedoch trotzdem zu beantworten sucht. Dadurch kommt man, oft unvermittelt, in Kontakt mit einer Vielzahl von Themen, die häufig eine schnelle Antwort erfordern, was den geregelten Arbeitsablauf im Bereich anderer Themenfelder beeinträchtigen kann.

Die Kontakte des DGB-Verbindungsbüros in Brüssel zu befreundeten Organisationen

Die Breite aller Aufgaben macht gute Kontakte unersetzlich, sie gehören zum Um und Auf professioneller und erfolgreicher Interessenvertretung. Deshalb stelle ich nachfolgend die zentralen Kontakte des Verbindungsbüros in Brüssel sowie deren Struktur und Themenschwerpunkte vor.

Brysselkontoret – Brussels Office of the Swedish Trade Unions[26]

Die Vertretung der schwedischen Gewerkschaften in Brüssel, ursprünglich nur von den Gewerkschaftsdachverbänden der ArbeiterInnen (LO) und der Angestellten (TCO) gegründet, gibt es seit 1989. Mittlerweile vertritt das Büro auch die Zentralorganisation Schwedischer Akademiker (SACO). Im Büro ist keiner der Dachverbände direkt organisatorisch eingebunden, sondern es hat eine Art Sonderstatus: Es dient als Sprachrohr aller Gewerkschaften Schwedens gegenüber der Europäischen Union.

Zu den wichtigsten Aufgaben gehören das Bilden von Netzwerken, das Pflegen von Kontakten sowie die Informationsaufnahme und Weitergabe von bzw. nach Schweden. Weiters organisiert das Büro viele Besuche schwedischer Gewerkschaftsgruppen, denen ein drei- bis viertägiges Programm in Brüssel angeboten wird. Zudem werden fortlaufend Termine mit ParlamentarierInnen, Aus- und WeiterbildungsvertreterInnen sowie GewerkschafterInnen von schwedischen Unternehmen wahrgenommen.

---

[26] Die Ausführungen basieren auf meinem Gespräch mit Tommy Svensson und Eva Renfalk am 8. Juni 2011.

Die Vertretung der schwedischen Gewerkschaften in Brüssel pflegt regelmäßigen Austausch mit anderen Gewerkschaftsorganisationen, insbesondere mit den anderen nordischen Ländern sowie dem Verbindungsbüro des DGB, mit denen sie in einem Haus untergebracht ist.

Das Gewerkschaftssystem in Schweden besteht aus den drei genannten Dachverbänden. Die ArbeiterInnenvertretung LO ist direkt mit der sozialdemokratischen Partei verbunden. Beide Organisationen arbeiten, etwa bei Wahlen, Hand in Hand. Der Dachverband der Angestellten TCO sowie jener der AkademikerInnen SACO sind parteiunabhängig, wenngleich aufgrund der immanenten Interessenslage sozialdemokratisch geprägt. Dies spiegelt sich jedoch nicht notwendigerweise in einer Parteimitgliedschaft wider. Während die Mitgliederzahlen bei TCO und SACO konstant sind, gehen jene bei LO zurück, was Überlegungen zu einem Modernisierungsprozess auslöste.

Die Mitgliederquote bei allen Gewerkschaften liegt bei rund 75 Prozent, ein hoher Wert, der vor allem auf die Verknüpfung der schwedischen Gewerkschaften mit der freiwilligen Arbeitslosenversicherung zurückzuführen ist. Diese ist zwar kein unmittelbarer Teil der Gewerkschaftsorganisation, steht aber in deren Besitz – Arbeitslosenversicherung und Gewerkschaftsmitgliedschaft hängen also eng zusammen. Anspruch auf Arbeitslosengeld haben nur Versicherte, jene, die nicht versichert sind, erhalten lediglich die Sozialunterstützung des Staates, deren Höhe sich nach der Dauer der Arbeitslosigkeit richtet. Eine staatliche Arbeitslosenversicherung gibt es keine. Die Höhe der Beiträge zur freiwilligen Arbeitslosenversicherung richtet sich nach dem jeweiligen Risiko, arbeitslos zu werden. Das führt dazu, dass insbesondere Besserverdienende, wie zum Beispiel AkademikerInnen, weit geringere Beiträge einbezahlen (rund zehn Euro pro Monat), während von Arbeitslosigkeit bedrohte ArbeiterInnen deutlich mehr einbezahlen müssen (bis zu 60 Euro pro Monat). Die vorige Regierung hob die Beitragssätze dieser Versicherung deutlich an. Dahinter steckte die Überlegung, den hohen Anteil von Staatsgeldern an den finanziellen Mitteln der Versicherung spürbar zu senken. Denn obwohl diese den Gewerkschaften gehören, ist der Staat über Subventionen beteiligt. Die Anhebung der Beitragssätze führte zu vielen Austritten aus der Versicherung und meist zugleich auch aus der Gewerkschaft. Mittlerweile kehren viele Personen wieder zu beiden Institutionen zurück. Die Regierung hat inzwischen eine freiwillige staatliche Arbeitslosenversicherung angedacht, um die Versicherung von der Gewerkschaftsmitgliedschaft zu entkoppeln. Da sie dadurch einen deutlichen Mitgliederschwund befürchten, sind die Gewerkschaften allerdings gegen diesen Schritt.

Ähnlich wie in Österreich herrscht seitens der Gewerkschaften eine starke Skepsis gegenüber einem Mindestlohnmodell. Erfahrungen in anderen Ländern zeigen, dass Mindestlöhne immer unter verhandelten Kollektivvertragslöhnen liegen. Daher ist diese Variante eher zum Nachteil der unselbstständig Beschäftigten.

Solidar

Solidar ist ein 1948 in Deutschland gegründetes internationales Netzwerk von NGOs zur Förderung der Zusammenarbeit zwischen Sozialorganisationen und den Gewerkschaftsbewegungen. 1955 wurde der Hauptsitz nach Brüssel verlegt, wo Solidar seitdem seine Aufgaben wahrnimmt: die Interessenvertretung seiner Mitglieder (primär nationale europäische NGOs) mittels Lobbying, Projektmanagement, Beobachtung politischer Vorgänge und das Bewusstmachen spezifischer Themen gegenüber EU- und internationalen Institutionen. In seiner Tätigkeit wird das Netzwerk von den gemeinsamen Werten der Mitglieder – Solidarität, Gleichheit und Mitbestimmung – geleitet.

Die aktuelle Bestrebung der polnischen Mitarbeiterin Agata Patecka ist eine Zusammenstellung gewerkschaftlicher Bildungseinrichtungen aus ganz Europa. Infolge dessen wird in Kooperation mit dem BAK-Büro in Brüssel eine Veranstaltung auf institutioneller Ebene der EU stattfinden, um Aufklärungs- und Lobbyingarbeit zu leisten. Langfristiges Ziel müsste meiner Ansicht nach eine von der EU geförderte Ausbildungseinrichtung für europäische GewerkschafterInnen sein, die auch auf europäischer Ebene angesiedelt ist. Sie sollte ein Praktikum inklusive Fortbildungsmaßnahmen beinhalten und die TeilnehmerInnen, wie dies in Österreich möglich ist, finanziell schadlos halten. Rechtlich müsste gesichert sein, dass die entsendeten Personen anschließend in ihre Betriebe zurückkehren können. Diese Maßnahme würde neben den bereits bestehenden Institutionen wie zum Beispiel dem EGB oder der UNI Europa den breiten gewerkschaftlichen Austausch und die Kooperationsmöglichkeiten langfristig deutlich ausbauen und zudem dazu beitragen, das Verständnis der europäischen Idee sowie der Bedeutung von Entscheidungen auf EU-Ebene nachhaltig zu etablieren. Über Dauer, Inhalte, Aufnahmekriterien, Menge und Zusammensetzung der Teilnehmerinnen und Teilnehmer u. v. m. müsste man zur gegebenen Zeit ausführlich reflektieren.

UNI Global Union Europa

Die UNI Global Union ist eine internationale Dienstleistungsgewerkschaft mit rund 900 Mitgliedsgewerkschaften und rund 20 Millionen Mitgliedern. Auf europäischer Ebene sind etwa zehn Millionen Mitglieder vertreten.

Als ihre Hauptaufgaben betrachtet die UNI Global Union Europa einerseits die Einflussnahme auf die Gesetzgebungsprozesse der Europäischen Union und andererseits die Zusammenarbeit mit sowie die Beratung von europäischen Betriebsrätinnen und -räten multinationaler Unternehmen, deren Entscheidungen – zumindest was Europa betrifft – längst nicht mehr nur auf nationaler Ebene getroffen werden.

Die UNI Global Union Europa gliedert sich in die folgenden Sektoren:
- » Finanz
- » Grafik und Verpackung
- » Haar- und Schönheitspflege
- » Handel
- » ICTS
- » Medien, Unterhaltung und Kunst
- » Post und Logistik
- » Reinigung / Sicherheit
- » Sozialversicherung
- » Spiele und Wetten
- » Sport (der jüngste Sektor, der neben ProfisportlerInnen auch Personal, wie zum Beispiel PhysiotherapeutInnen erfasst)
- » Tourismus
- » Zeitarbeit

In Bezug auf grenzübergreifende Zusammenarbeit teilt der Leitende Sekretär Oliver Röthig meine Meinung, dass das europäische Netzwerk von Gewerkschaftern und Betriebsrätinnen/Betriebsräten auch außerhalb der bereits etablierten Organisationen verstärkt werden sollte. Im Rahmen der Jugendarbeit organisiert die UNI Global Union Europa wiederkehrend internationale Seminare, die neben den inhaltlichen Schwerpunkten auch die Möglichkeit zum Austausch unter den Teilnehmerinnen und Teilnehmern bieten. Zusätzlich finden regelmäßige Treffen mit VertreterInnen von europäischen Betriebsratskörperschaften statt, bei denen gemeinsame Aufgaben und Problemstellungen erörtert werden. Darüber hinausgehende Vernetzungs- und Bildungseinrichtungen (siehe dazu auch meine Ausführungen zu Solidar) seien jedoch nur mit ausreichend finanziellen Mitteln und Personal möglich. Die finanzielle Kapazität der UNI Global Union Europa sei jedoch eher im Rückgang begriffen. Das liege einerseits am Mitgliederschwund der nationalen Gewerkschaften und den dadurch niedrigeren Umlagen. Andererseits seien die nationalen Gewerkschaften, insbesondere nach der jüngsten Finanz- und Wirtschaftskrise, verstärkt mit nationalen Themen beschäftigt, die ihre Ressourcen binden. Budgettechnisch habe das Kürzungen der europabezogenen Etats zur Folge.

Eine stärkere gewerkschaftliche internationale Kooperation hänge auch von einem besseren Verständnis der europäischen Prozesse sowie der Einsicht ab, dass ein nicht unbeträchtlicher Teil rechtlicher und wirtschaftlicher Entscheidungen bereits auf europäischer Ebene getroffen werden. Zudem brauche es ein Bekenntnis auf nationaler Ebene, dementsprechende Mittel von nationaler auf europäische Ebene umzuschichten. Anderenfalls laufe man der Realentwicklung von Politik und Wirtschaft hinterher und habe eher weniger als mehr Einfluss – und damit auch geringere Gestaltungsmöglichkeiten.

BBTK – Bond van Bedienden, Technici en Kaderleden

Der BBTK (wallonische Variante: SETCa – Syndicat des Employés, Techniciens et Cadres de Belgique) ist die belgische sozialistische Gewerkschaft der Privatangestellten und ein Teil der ABVV (Algemeen Belgisch Vakverbond; wallonische Variante: FGTB – Fédération Générale du Travail de Belgique), des sozialistischen Gewerkschaftsbundes Belgiens.

Bond van Bedienden, Technici en Kaderleden bedeutet übersetzt Bund der Angestellten, Techniker und Führungskräfte, wobei hier keine leitenden Führungskräfte gemeint sind. Der BBTK ist eine der sogenannten Centralen (Fachgewerkschaften) des ABVV und entspricht im Wesentlichen der GPA-djp in Österreich.

Der BBTK ist in folgende Sektoren gegliedert:
» Handel
» ANPCB – Aanvullend Nationaal Paritair Comité van de Bedienden (Büroangestellte). In diesem heterogenen Sektor arbeiten mehr als 400.000 Beschäftigte in über 50.000 Betrieben. Der Sektor umfasst mehrere Subsektoren wie Großhandel, Bau, Glasindustrie, Zement, IT, uitgeverijen (Verlagswesen), Werbung, Beratung, Call-Center.
» Finanz
» Industrie
» Infocom (grafische Industrie wie zum Beispiel Druckereien, Zeitungen usw.)
» Logistik (internationaler Handel und verwandte Branchen)
» Social Profit (soziokultureller und Gesundheitssektor)
» Weitere Sektoren (zum Beispiel Apotheken, Bewachungsdienste, Casinos, Filmbetriebe, Schönheitssalons, Sportvereinigungen)

Gewerkschaftliche Gremien und Sozialpartnerschaft

Die belgische Gewerkschaftsarbeit findet auf verschiedenen Ebenen und in unterschiedlichen Gremien statt. Nachfolgend werden die gewerkschaftlichen

Gremien und die belgische Sozialpartnerschaft genauer beschrieben. Im Nationalen Arbeitsrat (NAR), dem obersten, beratenden Organ, verhandeln die Nationalvorsitzenden der Gewerkschaften mit dem nationalen Arbeitgeberverband. Hier entsteht der übergeordnete Tarifvertrag (General-KV) für das ganze Land, der regionsübergreifend für ArbeiterInnen und Angestellte aller Sektoren gilt. Nach der Unterzeichnung kommt er in Gesetzesrang und gilt damit für alle ArbeitgeberInnen automatisch.

In den paritätischen Kommissionen verhandeln jeweils die Nationalsekretärinnen bzw. -sekretäre der Gewerkschaften mit den Sektorarbeitgeberverbänden (zum Beispiel Metall, Chemie usw.) auf Basis des Generalkollektivvertrages die sogenannten Sektorkollektivabkommen. Im Sinne des Stufenbaus der Rechtsordnung, wie man ihn auch in Österreich kennt, können Verhandlungsergebnisse dieser Stufe nur Verbesserungen, aber keine Verschlechterungen für ArbeitnehmerInnen bringen. Diese Kollektivabkommen sind außerdem rechtsverbindlich.

Ein weiteres Gremium ist das Nationalkomitee. Hierbei handelt es sich um ein reines Gewerkschaftsgremium, in dem die GewerkschaftsvertreterInnen aller Unternehmen eines Sektors zu Beratungen zusammen kommen.

Auf der Ebene der Gewerkschaftsdelegationen (Syndikaal Delegation) verhandeln die ArbeitgeberInnen, also die einzelnen Firmen, mit den RegionalsekretärInnen der Gewerkschaften und der sogenannten Syndikaal Delegation. Die Mitglieder der Syndikaal Delegation sind von der Gewerkschaft nominierte MitarbeiterInnen des Betriebes, die aber nicht notwendigerweise Mitglieder des Ondernemingsraad (ähnlich wie Betriebsrat) oder des ebenfalls zu wählenden Sicherheitsausschusses sein müssen, was der gewerkschaftlichen Basisarbeit dienlich ist. Der überwiegende Anteil der Aufgaben, die in Österreich beim Betriebsrat liegen, und Entscheidungen, die zwischen diesem und der Unternehmensleitung fallen, gehören in Belgien in den Kompetenzbereich der Gewerkschaftsdelegationen, zum Beispiel der Abschluss von Betriebsvereinbarungen. Eine Gewerkschaftsdelegation kann erst ab mindestens 25 Gewerkschaftsmitgliedern in einem Betrieb eingerichtet werden. Sind diese nicht vorhanden, gibt es keine gewerkschaftliche Vertretung und in Folge auch keinen Betriebsrat und keinen Ausschuss für Arbeitssicherheit. Die Delegation besteht ab 25 Mitgliedern aus einer Person, die Anzahl der DelegationsvertreterInnen steigt mit der Anzahl von Mitgliedern im Betrieb.

Der große Vorteil der gewerkschaftlichen Nominierung liegt in der besseren Steuerbarkeit von Strategien in die Unternehmensebene hinein. Die Gewerkschaften entscheiden, wie oft sie einen von ihnen bestimmten Vertreter nominieren. Auch für die sogenannten Militanden, also GewerkschaftsaktivistInnen in Betrieben, die über keine weitere Funktion verfügen, bietet diese Nominierung die Gelegenheit, durch gute Basisarbeit auch ohne gewähltes Mandat in ein wichtiges Entscheidungsgremium zu gelangen. Vielfach finden sich in den Gewerkschaftsdelegationen natürlich Betriebsrätinnen und -räte sowie VertreterInnen des Ausschusses für Arbeitssicherheit in Personalunion.

Ab 100 ArbeitnehmerInnen in einem Betrieb ist bei den alle vier Jahre stattfindenden Sozialwahlen (siehe unten) ein Ondernemingsraad (Betriebsrat) zu wählen. Dieser wird paritätisch zu jeweils 50 Prozent mit Arbeitgeber- und ArbeitnehmervertreterInnen besetzt. Vorsitzende/r dieses Gremiums ist immer ein/eine ArbeitgebervertreterIn. Der Betriebsrat hat im Gegensatz zu Österreich kaum Entscheidungskompetenzen, diese liegen überwiegend bei den Gewerkschaftsdelegationen. Themen, die der Betriebsrat berät und auch entscheiden kann, sind zum Beispiel die Gestaltung von Betriebsurlauben, Fenstertageregelungen (Brückentage) oder die Installation von Überwachungseinrichtungen. Bezüglich Themen wie wirtschaftliche Situation, Finanzen und Soziales geht es in diesem Organ primär um Informationsaustausch, Beratung und Auskunftserteilung. Zusätzlich hat der Betriebsrat die Aufgabe, die Einhaltung von Gesetzen zu überwachen und gegebenenfalls zu beanstanden. Kandidieren dürfen ausschließlich Gewerkschaftsmitglieder, stimmberechtigt für die Wahl ihrer VertreterInnen sind alle ArbeitnehmerInnen.

Ab 50 ArbeitnehmerInnen ist außerdem ein Ausschuss für Arbeitssicherheit einzurichten. Wie der Ondernemingsraad ist auch dieses Beratungsorgan paritätisch besetzt und wird alle vier Jahre gleichzeitig mit dem Betriebsrat von den ArbeitnehmerInnen gewählt. Wählbar sind ebenfalls nur Gewerkschaftsmitglieder. Die Aufgaben des Ausschusses liegen in den Bereichen Unfall- und Krankheitsprävention, Betriebshygiene, Verschönerung der Arbeitsplätze, Ergonomie u. v. m. Wie der Betriebsrat hat auch dieser Ausschuss die Aufgabe, Auskünfte zu erteilen sowie die Einhaltung von Gesetzen zu überwachen und diese gegebenenfalls einzufordern.

Die bereits erwähnte Sozialwahl umfasst den Betriebsrat und den Ausschuss für Arbeitssicherheit. Sie findet alle vier Jahre zu einem fixen Termin statt, der für das ganze Land gleich ist. Wird ein neues Unternehmen gegründet, ist die Wahl trotzdem erst zum nächsten vorgesehenen Termin möglich. Wählbar sind ausschließlich Gewerkschaftsmitglieder, stimmberechtigt sind alle ArbeitnehmerInnen.

Gewerkschaft und Politik

Trotz des Vorhandenseins von Richtungsgewerkschaften sind die Verflechtungen zwischen Gewerkschaften und politischen Parteien eingeschränkt. Am Beispiel des ABVV zeigt sich, dass es mit Rudy de Leeuvs, Nationalvorsitzender, und Anne Demelenne nur zwei Personen gibt, die Schnittstellen zur flämischen bzw. wallonischen Sozialdemokratie haben. Alle anderen GewerkschafterInnen sind angehalten, keine politischen Kontakte zu pflegen.

Thematische Schwerpunkte

Was die thematischen Schwerpunkte betrifft, ist die gewerkschaftliche Arbeit in Belgien ähnlich wie in Österreich stark durch die Bemühungen zum Erhalt sozialer Errungenschaften geprägt. Insbesondere kämpft die Gewerkschaftsbewegung gegen den Kaufkraftverlust der unselbstständig Beschäftigten. Ein aktuell wichtiges Thema stellt die regelmäßige Inflationsabgleichung dar, die separat von den Tarifvertragsverhandlungen vorgenommen wird. Bemühungen auf Ebene der Europäischen Union zielen zurzeit auf die Abschaffung dieser Einrichtung ab. Weitere bedeutende Punkte sind Migration sowie die Angleichung der arbeitsrechtlichen Bestimmungen der ArbeiterInnen an jene der Angestellten, die vielfach besser gestellt sind.

Angefeindet werden die belgischen Gewerkschaften bei ihrer Tätigkeit von den Arbeitgeberverbänden sowie den politisch extrem Rechten und Liberalen, deren Hauptargument in einem behaupteten Wettbewerbsnachteil Belgiens aufgrund zu hoher Löhne besteht.

Arbeitsrechtliches

In Belgien gibt es so wie in Österreich die Unterscheidung in die beiden großen Gruppen der unselbstständig Beschäftigten, ArbeiterInnen und Angestellte. Die rechtliche Behandlung unterscheidet sich zum Teil beträchtlich, die Angleichung der Vorteile ist daher ein klares Ziel der Gewerkschaften. Während ein Angestellter bzw. eine Angestellte den Gehalt am Ende des Monats in einem Betrag ausbezahlt bekommt, werden ArbeiterInnen nach Stunden berechnet und häufig alle zwei Wochen, manchmal auch wöchentlich, ausbezahlt. Die Probezeit für ArbeiterInnen sind zwei Wochen, für Angestellte dauert diese je nach Art der Tätigkeit zwischen drei und sechs Monaten. Wird ein/eine ArbeitnehmerIn in der Probezeit gekündigt, erhält er/sie sieben Tage Abfertigung, nach Ablauf der Probezeit stehen ihm/ihr für jeweils fünf Jahre Arbeitsdauer drei Monatsentgelte zu. Für Personen ab 45 Jahren Lebensalter legt das Arbeitsgericht im Falle einer Kündigung in der Regel höhere Abfertigungen – üblicherweise jeweils ein Monatsentgelt pro Arbeitsjahr – fest, da diese Menschen meist nur mehr schwer in den Arbeitsprozess zurückfinden. Im Gegensatz zu einem/einer Angestellten kann ein/e ArbeiterIn jedoch maximal eine Abfertigung im Gegenwert von 121 Arbeitstagen erhalten. Früher gab es zudem Unterschiede bezüglich der Entgeltfortzahlung im Krankheitsfall, die nun für beide Gruppen einen Anspruch von einem Monat ausmacht.

Das Recht auf Arbeitslosengeld erwerben Beschäftigte nach einem Jahr Berufstätigkeit. Im Gegensatz zu Österreich kann man in Belgien jahrelang Arbeitslosengeld beziehen. Je nach Dauer der Arbeitslosigkeit sinkt der Betrag, jedoch nicht unter 800 Euro brutto, von denen dann noch rund 15 Prozent Sozialversicherung und Steuern abzuziehen sind. Hat man keinen Anspruch auf Arbeitslosengeld gibt es Sozialhilfe. Das Arbeitslosengeld wird durch die Regionen finanziert und ausbezahlt und ist unabhängig von Bemühungen der Personen, wieder eine neue Stelle zu finden. Im überwiegend sozialistisch geprägten Wallonien gibt es zudem kaum Initiativen, um die Arbeitslosen wieder in den Beschäftigungsprozess einzubinden. Aufgrund der schlechten Arbeitsplatzsituation – offene Stellen sind häufig nur im manchmal weit entfernten Flandern zu finden – bleiben viele Menschen dauerhaft in Arbeitslosigkeit. Auch sprachliche Barrieren spielen dabei eine Rolle.

Für jene, die eine Beschäftigung haben, beträgt die Arbeitszeit in Belgien in der Regel 38 Stunden pro Woche. Viele ArbeitnehmerInnen arbeiten jedoch 40 Stunden pro Woche und bekommen die Differenz durch zusätzliche freie Tage abgegolten. Der Urlaubsanspruch beläuft sich auf vier Wochen pro Jahr, und viele Beschäftigte erhalten außerdem ein 13., manche auch ein 14. Monatsgehalt. Dies hängt vom Sektor und vom Unternehmen ab.

Gesondert von den Tarifverträgen gibt es jedes Jahr Inflationsanpassungen, die jedoch zurzeit im Fokus der EU stehen und von dieser zu Fall gebracht werden sollen. Zudem möchte die EU auch das Antrittsalter für die Pension in Belgien auf 65 Jahre anheben. Ähnlich wie in Österreich finden ältere ArbeitnehmerInnen jedoch kaum mehr offene Stellen.

In den Ondernemingsraad bzw. den Sicherheitsausschuss gewählte Mitarbeiterinnen und Mitarbeiter verfügen in der Regel über einen Kündigungs- und Entlassungsschutz für die vierjährige Dauer ihrer Funktion. Für die Auflösung von Dienstverhältnissen dieser Personen gibt es spezielle Regelungen.

Gewerkschaftsmitgliedschaft

Von den belgischen unselbstständig Beschäftigten sind ca. 55 Prozent gewerkschaftlich organisiert. Der Mitgliedsbeitrag beträgt für Vollzeitbeschäftigte rund 14 Euro und für Teilzeitbeschäftigte rund elf Euro pro Monat. StudentInnen mussten früher Mitgliedsbeiträge entrichten, entsprechend wenige waren daher bei der Gewerkschaft: Bei BBTK/SETCa hatte man landesweit nur 500 Mitglieder unter den Studenten. Mit der Abschaffung der Beiträge für diese Gruppe stieg die Zahl der studentischen Mitglieder bis heute auf rund 41.000. Es zeigt sich zudem, dass 86 Prozent dieser Personen auch nach Aufnahme ihrer Werktätigkeit Gewerkschaftsmitglieder bleiben. Folgende Punkte stellen im Allgemeinen die wichtigsten Gründe für eine Mitgliedschaft dar:

Die Fachgewerkschaften bieten diverse Dienstleistungen wie zum Beispiel Rechtsberatung und -vertretung sowie die Auszahlung des Arbeitslosengeldes an. Letzteres bezahlt zwar grundsätzlich der Staat, die Auszahlungsmodalitäten sind allerdings kompliziert. Gewerkschaftsmitglieder können daher die Formalitäten über die Gewerkschaften erledigen lassen. Die jeweilige Gewerkschaft zahlt dann das Geld im Voraus dem/der ArbeitnehmerIn aus und bekommt es vom Staat ersetzt.

Es gibt außerdem arbeitgeberfinanzierte Prämienzahlungen, die über die Gewerkschaften an deren Mitglieder ausbezahlt werden und nicht selten 70 Prozent und mehr des jährlichen Gewerkschaftsbeitrags abdecken. Der Mitgliedschaftsbeitrag deckt sich also für die Mitglieder über diesen Mechanismus zu einem Gutteil selbst ab. Die Auszahlung erfolgt abwechselnd über einen der drei Gewerkschaftsbünde, die damit auch eine gegenseitige Kontrolle über die tatsächlichen Mitgliedszahlen haben. In der Regel werden diese Prämien auf Sektorebene ausgehandelt, es existieren jedoch auch betriebsbezogene Vereinbarungen. Dieses Modell mitgliedsorientierter Verhandlungen der Gewerkschaften bei gleichzeitiger Außenseiterwirkung der Tarifverträge kann auch für Österreich vorbildhaft sein. Somit profitieren letztlich alle unselbstständig Beschäftigten, wobei jene, die durch die Zahlung der Mitgliedsbeiträge die Gewerkschaften und den Abschluss starker Tarifverträge überhaupt erst ermöglichen, zu Recht auch mehr profitieren. Das banale wie vielfach leider immer noch ausschlaggebende finanzielle Argument potenzieller Gewerkschaftsmitglieder wäre durch ein solches oder ähnliches Modell in Österreich nicht mehr haltbar und könnte die Basis eines weit höheren Organisationsgrades des ÖGB und seiner Fachgewerkschaften bilden. Ein weiterer wichtiger Grund für eine Mitgliedschaft ist, dass Gewerkschaften in Belgien unersetzliche Sozialpartner sind und so wie in Österreich die Tarifverträge (Kollektivverträge) verhandeln.

Eine Gewerkschaftsmitgliedschaft ist außerdem zwingende Voraussetzung für die Kandidatur bei den Sozialwahlen, also Wahlen zum Ondernemingsraad (ähnlich wie Betriebsrat) und Sicherheitsausschuss, sowie für die gewerkschaftliche Nominierung in die Syndikaal Delegation, die im Wesentlichen die meisten jener Aufgaben wahrnimmt, die in Österreich über den Betriebsrat organisiert werden. Wahlberechtigt sind alle ArbeitnehmerInnen. Um in die Syndikaal Delegation gewählt zu werden, ist es nicht notwendig, Mitglied des Ondernemingsraads oder des Sicherheitsausschusses zu sein, sondern das ist für alle gewerkschaftlichen AktivistInnen in einem Unternehmen, die Militanden, möglich. Die AktivistInnen haben eine wichtige Rolle als VermittlerInnen zwischen der Gewerkschaft und den MitarbeiterInnen einerseits, sowie zwischen den MitarbeiterInnen und den Gremien Ondernemingsraad und Sicherheitsausschuss andererseits. Dadurch hat auch die gewerkschaftliche Basisarbeit einen wichtigen Stellenwert.

Kampf um Produktionsstandorte – ein Best-Practise-Beispiel

Anlässlich der Schließung des Volkswagenwerks in Brüssel verloren rund 4.000 Beschäftigte ihre Stellen. Die belgischen GewerkschafterInnen innerhalb und außerhalb des Betriebs organisierten sieben Wochen dauernde Streikmaßnahmen, um zumindest die soziale Abfederung der Gekündigten möglichst gut zu gestalten und den Standort der Automobilproduktion an sich zu erhalten. Die

Schließung konnte nicht vermieden werden, das Werk wurde aber – wenn auch stark redimensioniert – von Audi weitergeführt. Aktuell wird hier weltweit exklusiv das Modell A1 gefertigt.

Mein Fazit zu den Lerneffekten des Auslandspraktikums

Sprachlich, kulturell sowie auf die persönliche Entwicklung bezogen ist dieses Auslandspraktikum eine großartige und vielfach vermutlich einzigartige Möglichkeit, vielfältigste Erfahrungen zu sammeln. Der größte Lerneffekt eines Auslandspraktikums ist der „Blick über den Tellerrand": Andere Kulturen, Organisationen, Strukturen, Denkweisen und Herangehensweisen kennenzulernen erweitert den Horizont und bietet Möglichkeiten für neue Ansätze auch in der österreichischen Gewerkschafts- und Betriebsratsarbeit.

Die Behandlung und Bearbeitung von Themen innerhalb der Institutionen der Europäischen Union ist von stark ineinandergreifenden Interessens- und Organisationsmatrizen gekennzeichnet, die unter anderem nationaler, kultureller, wirtschaftlicher, politischer, ökologischer und protektionistischer Natur sein können. Hinzu kommt ein immenser Verständigungsaufwand durch die Vielzahl der Sprachen, die damit notwendige Übersetzungsarbeit sowie die potenziell auftretenden Übersetzungsunschärfen. Der Kontakt mit EU-Einrichtungen gewährt einen Einblick in einen immens komplexen Apparat, der fortlaufend finanzieller Ressourcen und Personal sowie Information, Kommunikation und Intervention zur Wahrung eigener Interessen bedarf.

Bezogen auf gewerkschaftliche Arbeit erfahren die auseinanderlaufenden Interessen österreichischer Gewerkschaften auf europäischer Ebene eine hochkomplexe Potenzierung, der man mit Institutionen wie dem Europäischen Gewerkschaftsbund (EGB) oder dem European Trade Union Institute (ETUI) entgegenzuwirken versucht.

Großer Gegner des gemeinsamen gewerkschaftlichen Arbeitens ist meiner Empfindung nach das noch immer stark vorherrschende Denken in nationalen bzw. lokalen und institutionellen Dimensionen, das zwar vielfach notwendig und richtig ist, in einer Welt der Europäischen Union und der Globalisierung aber nicht mehr ausreichend greift. Während große Konzerne global denken, planen und handeln, verharren viele GewerkschafterInnen in herkömmlichen Denk- und Handlungsmustern. Was in der Privatwirtschaft selbstverständlich geworden ist, seien es Traineeprogramme oder Diversity Management, braucht im hochkomplexen Gewebe der weltweiten Gewerkschaftsbewegung noch Zeit, Verständnis und Geduld. Das sollte aber nicht entmutigen. Während die ManagerInnen der Multis klare Shareholderaufträge haben, ist internationale Gewerkschaftsarbeit weit komplexer und die Summe höchst unterschiedlicher Interessen,

Kulturen, Vorstellungen, Organisationen, Fraktionen etc. Die wichtigsten Hindernisse bleiben jedoch mangelnde Neugier und Desinteresse. Im Zuge meines Auslandsmonats begegnete ich vielen, sehr hilfsbereiten Kolleginnen und Kollegen aus anderen nationalen Gewerkschaften, die gerne Auskunft über ihre Organisationen gaben, jedoch kaum bis gar keine Fragen zu österreichischen Strukturen und Vorgehensweisen hatten. Fragen zu stellen ist aber die Basis für Antworten, die auch Neues, Interessantes und Innovatives enthalten. Für einen breiten und wechselseitig befruchtenden Dialog wäre dies der notwendige Grundstein.

Das Auslandspraktikum der österreichischen Sozialakademie hat eine Vorreiterrolle und sollte beispielgebend für gewerkschaftliche Aus- und Weiterbildung auf der europäischen sowie auf der Ebene anderer Nationen sein. In Zusammenarbeit mit Organisationen wie der Solidar gilt es, unseren Beitrag dazu zu leisten,  eine europäische Gewerkschaftsausbildung ins Leben zu rufen. Finanziell und rechtlich abgesichert, sollten GewerkschafterInnen (Betriebsrätinnen und Betriebsräte) aus allen europäischen Ländern die Möglichkeit bekommen, internationale Prozesse und Kontakte kennenzulernen, diese ihrerseits mit nationalen Ideen anzureichern und schließlich einen Teil des uns alle verbindenden Ganzen mit nach Hause zu nehmen. Schon Karl Marx wusste um die Stärke des arbeitenden Kollektivs, dessen Bedeutung heute wie nie zuvor ungebrochen stark ist, und in dessen eigenem Interesse nur zu sagen bleibt: „Proletarier aller Länder, vereinigt euch!" und wacht auf!

Skandinavien

Benjamin Fürlinger,
IF Metall Stockholm (Schweden)

Im Zuge meines Praktikums bei der IF Metall in Stockholm hatte ich die Möglichkeit, alle Bereiche der schwedischen Metallgewerkschaft kennenzulernen. In Gesprächen mit GewerkschaftsvertreterInnen – etwa der IF Metall International Work, der Nordic IN oder der Gewerkschaft Pappers – bekam ich tiefe Einblicke in die Arbeit der Gewerkschaft, aber auch grundlegende Informationen über die gewerkschaftliche Organisation in Nordeuropa.

Exkurs: Gewerkschaftliche Organisation in Europa und Schweden

In Europa zeigen sich hinsichtlich der Gewerkschaftszugehörigkeit sehr starke Schwankungen zwischen den einzelnen Ländern: Der gewerkschaftliche Organisationsgrad reicht von neun Prozent in Frankreich bis zu 90 Prozent in Island. Diese Unterschiede gilt es allerdings zu relativieren, da der Anteil der Gewerkschaftsmitglieder nicht der einzige Indikator für gewerkschaftliche Repräsentanz ist; diese lässt sich auch durch die Kapazität der Mobilisierung oder durch die bei den Gewerkschaftswahlen erzielten Ergebnisse messen.

Allgemein ist in den meisten Ländern beim Grad der Gewerkschaftszugehörigkeit ein Abwärtstrend zu verzeichnen. So sank etwa im Vereinigten Königreich Großbritannien in den letzten 20 Jahren die Zahl der Mitglieder von elf Millionen auf unter sieben Millionen – eine Tendenz, die angesichts der Umstrukturierung der Arbeitswelt nur schwer umkehrbar erscheint. Immer mehr zur Ausnahme werden etwa große Fabriken mit einer hohen Anzahl von ArbeiterInnen an einem Standort, wo die Anwerbung von Gewerkschaftsmitgliedern verhältnismäßig einfach ist. Im Verhältnis zur Entwicklung der Dienstleistungen erweist sich die Aufgabe der Gewerkschaftsorganisationen als zunehmend schwerer.

Wie in den anderen nordischen Ländern ist der durchschnittliche gewerkschaftliche Organisationsgrad in Schweden hoch, er liegt bei zirka 80 Prozent. Dies erklärt sich zum Teil daraus, dass in Schweden – wie auch in Dänemark – das Arbeitslosengeld über die Gewerkschaften geregelt ist: Mit der Mitgliedschaft in einer Gewerkschaft geht die Mitgliedschaft in einer Arbeitslosenkasse einher. Anders als in Finnland oder in Norwegen, wo man den Beitrag für das Arbeitslosengeld über eine Steuer finanziert, ist es in Dänemark und in Schweden daher leichter, Mitglieder in den Gewerkschaften zu organisieren. Dennoch verzeichnet man in Norwegen einen sehr hohen gewerkschaftlichen Organisationsgrad von mehr als 60 Prozent – ein Zeichen für die starke Gewerkschaft.

In Schweden sind die ArbeitnehmerInnen ihrem Status entsprechend organisiert: ArbeiterInnen sind Mitglieder bei einem von 16 Gewerkschaftsverbänden. Diese gehören der Landsorganisation LO an, die als zentrale Einheit enge Kontakte zur sozialdemokratischen Partei pflegt. Angestellte und mittlere Führungskräfte sind in der Regel Mitglieder bei Einzelgewerkschaften, die sich im Gewerkschaftsbund der Angestellten TCO sammeln. Die Interessen der Führungskräfte mit akademischer oder Universitätsausbildung vertreten Verbände, die in der Zentralorganisation Schwedischer Akademiker SACO zusammengeschlossen sind.

Die Gewerkschaft IF Metall: Organisationsstruktur, Zahlen und Fakten

Die IF Metall (Industrifacket Metall) verfügt über 36.000 gewerkschaftliche VertreterInnen, betreibt 37 Regionalbüros und verhandelt 42 Tarifverträge auf nationaler Ebene.

Das beschlussfassende oberste Gremium ist der alle drei Jahre einberufene Kongress, an dem 300 Delegierte teilnehmen. Meine Kontaktperson in der Gewerkschaft Hans Palmqvist vertritt diesbezüglich die Meinung, dass dies zu häufig sei, da der Kongress mit hohen Kosten verbunden ist. In den Perioden zwischen den Kongressen übernimmt der Vorstand die Funktion des obersten beschlussfassenden Organs. Er besteht aus 17 Personen, von denen 13 in der Produktion arbeiten, nur vier Mitglieder des Vorstandes sind Angestellte. Aktuell fungiert Stefan Löfven als Präsident des Vorstandes, stellvertretender Vorsitzender ist Anders Ferber.

Die IF Metall, deren Organisationsgrad bei 85 Prozent liegt, hat nach Verlusten durch die Krise 350.000 Mitglieder in ganz Schweden, darunter 260.000 Aktive. Von diesen wiederum sind elf bis zwölf Prozent Arbeitslose. Ein Blick in die Mitgliederstatistik zeigt außerdem, dass sich 24 Prozent der Gewerkschaftsmitglieder im Ruhestand befinden. Der IF Metall gehören deutlich mehr Männer (77 Prozent) als Frauen (23 Prozent) an, 16 Prozent ihrer Mitglieder sind jünger als 30 Jahre und 27 Prozent MigrantInnen.

Bei der IF Metall beläuft sich der Mitgliedsbeitrag auf 1,7 Prozent vom Gehalt bzw. Lohn, mindestens jedoch 250 SEK und maximal 550 SEK pro Monat (1 SEK entspricht 0,11 Euro). Durchschnittlich zahlt ein Gewerkschaftsmitglied 400 SEK. Darin enthalten sind die Kosten für die von der konservativen Regierung beschlossene Arbeitslosenversicherung, die bei maximal 125 SEK pro Monat liegen. Im Falle einer Arbeitslosigkeit wird das Arbeitslosengeld von den Gewerkschaften bis zu einem Maximalbetrag von 680 SEK/Tag ausbezahlt (vor 2006 waren es noch 730 SEK/Tag). Allerdings verlieren einzelne Gruppen von Beschäftigen prozentuell gesehen viel mehr von ihrem letzten Einkommen als andere. Wenn etwa MetallarbeiterInnen, deren durchschnittliches Einkommen 23.500 SEK pro Monat beträgt, arbeitslos werden, erhalten sie maximal 80 Prozent von 18.600 SEK/Monat (das sind 14.900 SEK/Monat).

Schwedisches Arbeitsrecht und politische Mitbestimmung

Der Stufenbau der Rechtsordnung ist jenem in Österreich ähnlich: Auf lokaler Ebene (Werksebene) werden Betriebsvereinbarungen geschlossen. Die Verhandlung der Tarifverträge erfolgt auf Branchenebene. Diesen übergeordnet sind die wichtigsten allgemeinen Abkommen und das im schwedischen Parlament beschlossene nationale Recht. Eine Stufe höher sind EU-Richtlinien und das EU-Recht (Regierungen, EU-Parlament, Agreements) angesiedelt, auf der obersten Ebene stehen die Menschenrechtskonventionen.

Im nationalen Arbeitsrecht sind weitere wichtige Bestimmungen für schwedische ArbeitnehmerInnen und ihre VertreterInnen festgelegt: Das Arbeitsschutzgesetz (LAS) bietet Arbeitsplatzsicherheit und regelt die Verfahren bei Entlassungen, das Mitbestimmungsgesetz (MBL) legt die Verfahren für die Verhandlungen und die Verbreitung von Informationen zwischen ArbeitnehmerInnen und ArbeitgeberInnen sowie Haftung für Schäden fest. Der Status der GewerkschaftsvertreterInnen am Arbeitsplatz wird im FML geregelt, das außerdem das Recht auf bezahlten Jahresurlaub für Gewerkschaftsarbeiten garantiert.

Andere Rechtsvorschriften behandeln die Arbeitsumgebung, das Recht der MitarbeiterInnen auf Bildung, Urlaub, Vertretung im Unternehmensvorstand, Darstellung etc. So legt etwa das AML Vorschriften für die Arbeitsumgebung fest: Der/die ArbeitgeberIn ist verantwortlich für die Arbeitsumgebung, und Arbeitsschutzbeauftragte sind berechtigt, die Produktion gegebenenfalls herunterzufahren. Das Trade Union Representatives Law (für Beschäftigte im Privatsektor) weist GewerkschaftsvertreterInnen einen Platz im Vorstand des Unternehmens zu.

Nationale Vereinbarungen zur Regulierung von Mindestlöhnen, Erhöhungen, Arbeitszeiten etc. gelten für ein oder mehrere Jahre. An allen Arbeitsstätten mit Gewerkschaftsmitgliedern regeln Tarifverträge die Arbeits- und Beschäftigungsbedingungen, wobei für die Parteien in der Industrie ein eigenes Verhandlungsverfahren (Industrievereinbarung) besteht. In den Kollektivverträgen sind Krankenversicherung, Unfallversicherung, Lebensversicherung, Kündigungsfristen und Kündigungsentschädigung, Abfertigungen sowie vertragliche Pension geregelt.

So wie die ArbeitgeberInnen sind auch die ArbeitnehmerInnen im schwedischen Parlament vertreten: Aktuell gibt es 112 sozialdemokratische ParlamentarierInnen, von denen zehn der IF Metall als MitarbeiterInnen oder auch Mitglieder angehören (rund 60 Prozent ihrer Gewerkschaftsmitglieder wählen sozialdemokratisch). Bei einer monatlich stattfindenden Sitzung stehen die Interessen der Mitglieder der IF Metall im Mittelpunkt, die man in das Parlament einzubringen versucht. Reichen die zehn Stimmen der IF Metall hierfür nicht aus, wird der Konsens mit der Dachorganisation LO gesucht – insgesamt sind es dann 45 ParlamentarierInnen, die die Meinung der Gewerkschaften vertreten. Lehnt die LO einen Antrag ab, steht nur mehr der Weg mit den zehn Delegierten offen. Ähnlichen Einfluss auf das Parlament versucht man auch von ArbeitgeberInnenseite über die Gremien Teknikföretagen, Svenskt Näringsliv, Alliansen zu nehmen.

Internationale Aktivitäten der IF Metall[27]

Die Gewerkschaft kommt ihrer Aufgabe nicht nur auf nationaler Ebene nach. Als Mitglied in diversen europäischen wie weltweiten Gremien ist sie auch auf Ebene der nordischen Länder (in der Industrie Nordic), auf Europa- und auf Weltebene (in Gewerkschaftsbünden) in folgenden Bereichen aktiv:
» nordische Zusammenarbeit,
» europäische Zusammenarbeit und europäische Angelegenheiten,
» Welthandel,
» Bildung, Informationen,
» Entwicklungszusammenarbeit.

Bei IF Metall International Work, dem internationalen Büro der Gewerkschaft, arbeiten vier Personen.

Die Industrie Nordic (IN)[28]

Geschichte und Aufgaben

Erste Zusammenkünfte von Chemie-, Metall- oder Textil-Gewerkschaften der nordischen Länder fanden bereits in den 1960er-Jahren statt.[29] Anfang der 1970er-Jahre beschloss man, ein eigenes Sekretariat im Metallbereich mit zwei vollzeitbeschäftigten Sekretären einzurichten. In der Folge gab es eine Entwick-

---

[27] Als Ansprechperson für Fragen zu internationalen Aktivitäten der IF Metall und deren Projekten stand mir Richard Katisko, International Secretary der IF Metall, zur Verfügung.

[28] Die Ausführungen zur IN basieren auf einem Gespräch mit Jens Bunvad, dem Generalsekretär der NORDIC IN. Auch beim Treffen mit Hans Palmqvist, der eine allgemeine Einführung in die schwedische Gewerkschafts- und ArbeiterInnenbewegung gab, waren die internationalen Beteiligungen der IF Metall Thema.

[29] Nicht nur auf gewerkschaftlicher, auch auf politischer Ebene existieren Verknüpfungen: Es gibt den nordischen Rat, eine parlamentarische Versammlung von Parlamentsmitgliedern der nordischen Länder.

lung in zwei Richtungen: 1971 wurde Nordic Metall (Vereinigung aller Metallfabriken im metallverarbeitenden Gewerbe) gegründet. Parallel dazu bestand ab 1993 mit NIF (Nordische Industriearbeiter-Föderation) eine Vereinigung aller Fabriken. Im Jahr 2006 fusionierte die Nordic Metall mit der NIF schließlich zur Industrie Nordic (IN), in der heute alle Industrie-MitarbeiterInnen der nordischen Länder – und zwar, wie nach sehr langen Diskussionen beschlossen wurde, ArbeiterInnen, Angestellte und AkademikerInnen – zusammengeschlossen sind. Der Industrie Nordic gehören aktuell mehr als 22 Mitgliedsverbände an. In Schweden sind es IF Metall, Papiergewerkschaft, Unionen und Sv Ingenieure – somit 1,2 Millionen ArbeitnehmerInnen in der Metallurgie, der Chemie, im Papier- und Textilbereich.

Eine der zentralen Aufgaben der IN besteht darin, eine gemeinsame politische Linie der nordischen Ansichten zu koordinieren. Hatte man anfangs noch versucht, ein System für nordische Betriebsräte zu verhandeln, war nach dem Beitritt von Schweden zur EU klar, dass sich die Arbeit an Europa orientieren muss. Darüber hinaus ist es leichter, sich in Europa (EMF, EMCEF, der ETUF-TCL) und der Welt (ITBLAV, ICEM, IMF) durchzusetzen, wenn 1,2 Millionen Menschen etwas fordern!

Struktur und Netzwerke der IN

Alle zwei Jahre findet das Forum der IN statt, bei dem es sich um das höchste Gremium handelt. Dreimal jährlich kommt die Exekutive zu Sitzungen zusammen; sie besteht aus einem Vorsitzenden, zwei Stellvertretern, dem Generalsekretär und dem Sekretariat der IN. Neben dieser Grundstruktur gibt es in der Industrie Nordic drei Hauptnetzwerke: das Tarifvertragsnetzwerk, das industriepolitische und das betriebspolitische Netzwerk. Während eine Koppelung der bildungspolitischen Arbeit an das Tarifvertragsnetzwerk besteht, ist der Bereich der Arbeitssicherheit mit dem industriepolitischen Netzwerk verknüpft. Den drei Hauptnetzwerken, in die rund 100 Personen involviert sind, ist noch eine Koordinationsgruppe untergeordnet, die sich aus den Internationalen SekretärInnen und aus ExpertInnen zusammensetzt.

Gespräch mit dem IN-Generalsekretär

Mit Jens Bunvad, dem Generalsekretär der IN, diskutierte ich im Rahmen meines Aufenthaltes über grüne Jobs und mit diesen verbundene Probleme sowie über die Umstrukturierung der Betriebe und die Qualität der Produkte von Nokia, Sony, Siemens u. v. m. Im Gespräch erhielt ich auch einige spannende Informationen über Tarifpolitik in den nordischen Ländern, wo man zwei bis drei Jahre gültige Kollektivverträge vereinbart. Sehr oft verhandeln mehrere Länder gemeinsam – 2010 etwa führten Schweden, Dänemark und auch Norwegen in zwei Monaten alle Tarifverhandlungen durch. Da sich die ArbeitgeberInnen im

Vorhinein abstimmen, muss das innerhalb der Gewerkschaft ebenfalls geschehen, und auch auf der europäischen Ebene! Auf die Frage, was die IN für ihn bedeutet, nannte mir Jens Bunvad Folgendes:
» „Influence" – zusammenarbeiten, um mehr Einfluss zu bekommen.
» „Information" – untereinander Informationen austauschen.
» „Inspiration" – wie kann man gemeinsam besser und stärker werden?

IF Metall in Europa und der Welt

Auf europäischer Ebene ist die IF Metall Mitglied der EMCEF (Europäische Föderation der Bergbau-, Chemie- und Energiegewerkschaften). Diese Organisation umfasst 128 nationale Gewerkschaften und zählt mehr als 2,5 Millionen Mitglieder in 35 Ländern. Sie hat Beobachterstatus und organisiert sowohl ArbeiterInnen als auch Angestellte. Weiters ist die schwedische IF Metall im 1971 gegründeten EMF (Europäischer Metallgewerkschaftsbund) vertreten, einem Dachverband von 75 Metallarbeitergewerkschaften aus 34 Ländern mit insgesamt 5,5 Millionen Mitgliedern. Sie beteiligt sich zudem am ETUF-TCL, dem Europäischen Gewerkschaftsverband Textil, Bekleidung und Leder.[30]

Die IF Metall arbeitet auf internationaler Ebene aktiv in diversen Gremien mit. Sie ist Mitglied der ICEM (Internationale Föderation der Chemie-, Energie-, Bergbau- und FabrikarbeiterInnengewerkschaften) und des IMF (Internationaler Metallgewerkschaftsbund), eines der ältesten globalen Gewerkschaftsverbände. Er vertritt die kollektiven Interessen von 25 Millionen Mitgliedern aus mehr als 200 Metallgewerkschaften in 100 Ländern. Außerdem gehört die IF Metall der globalen Gewerkschaftsorganisation ITGLWF (Internationale Textil-, Bekleidungs- und Lederarbeiter-Gewerkschaft) mit 217 Mitgliedsorganisationen in 110 Ländern an.

Weltweite Projekt-Aktivitäten der IF Metall

Um eine gerechtere Verteilung von Macht und Ressourcen zu fördern, den Kampf gegen Armut voranzutreiben sowie zur Förderung der Gleichstellung und zur Stärkung der Demokratie beizutragen, unterstützte die IF Metall Projekte in der ganzen Welt. Im Jahr 2011 waren es 31, davon zwölf bilaterale Projekte (Russland, Belarus, Türkei, Balkan, China, Brasilien, Kolumbien, Indonesien, Zimbabwe, Südafrika) und 19 multilaterale Projekte (Mongolei, Kambodscha, Indien, Thailand, Äthiopien, Ghana, Niger, Uganda, Kongo, Burkina-Faso, Sierra Leone, Zimbabwe, Lesotho, Mauritius, Kenia, Tansania, Malawi, Nepal, Indonesien, Peru, Kolumbien und Brasilien).

---

[30] Weiterführende Informationen zu Mitgliedschaften der IF Metall auf Europaebene unter *http://www.emcef.org*, *http://www.emf-fem.org/* und *http://www.etuf-tcl.org/*.

Zu dem hierfür zur Verfügung gestellten Gesamtbudget von 15 Millionen SEK (ca. 1,6 Millionen Euro) trug die Gewerkschaft rund zehn Prozent (also 1,5 Millionen SEK, rund 165.000 Euro) bei; die restliche Summe wurde vom Staat übernommen.[31]

Weitere Praktikumsstationen und Treffen

Neben meinem Treffen mit den Vertretern von IF Metall International Work, Richard Katisko und Mats Svensson, und mit dem Generalsekretär der Industrie Nordic, Jens Bunvad, hatte ich beim Besuch der IF Metall branch in Göteborg außerdem die Gelegenheit zu Gesprächen mit Rolf Lindén (Lord Mayor Chairman of the City Council und Ombudsman), Lennart Alverå (Ombudsman), Carina Cajander (Temporary Workers Secretary) und Annette Lack vom IF Metall Information Department.

Weiters stand ein Besuch im schwedischen Parlament auf dem Programm: Nach einem Lunch mit dem Internationalen Sekretär der IF Metall Mats Svensson und mit Rose-Marie Hodan bekam ich eine private Führung durch das Parlament, den schwedischen Reichstag. Von 1867 bis 1970 aus zwei Kammern bestehend, weist der Reichstag heute nur mehr eine Parlamentskammer auf und hat 349 Abgeordnete.

Auf den Inhalt meiner Treffen mit Vertretern der Gewerkschaft Pappers und mit Tore Hjert von SKF Verkstadsklubb möchte ich im Folgenden genauer eingehen.

Meeting mit Vertretern der Gewerkschaft der schwedischen PapierarbeiterInnen (Pappers)[32]

Mit ungefähr 17.000 Mitgliedern – 84 Prozent davon sind Männer – ist Pappers eine sehr kleine Gewerkschaft mit einem Organisationsgrad von 99,9 Prozent. Es wird laufend daran gearbeitet, diese Organisationsdichte auch weiter aufrecht zu erhalten.

Da es in Schweden 66 Papiermühlen an verschiedenen Standorten gibt, ist die nationale Gewerkschaft in Bezirke unterteilt; sie gliedert sich in Norden, Süden, Osten und Westen. In diesen Bezirken gibt es 58 mit jeweils einem verantwortlichen Gewerkschaftssekretär bzw. einer Gewerkschaftssekretärin besetzte Lokalbranchen, die dank ihres hohen Organisationsgrades eine besondere Stärke

---

[31] Genauere Infos zu den Projekten findet man unter *www.lotcobistand.org* und *www.palmecenter.se* (beide auf Schwedisch und Englisch).

[32] Die Ausführungen zur Gewerkschaft der schwedischen PapierarbeiterInnen basieren zum einen auf einem Gespräch mit Mikael Sterbäck (International Secretary bei Pappers), zum anderen auf einem Treffen mit Lars Wahlstedt. Er ist sowohl Negotiation Officer als auch einer der Verantwortlichen für Arbeitssicherheit in der Pappers Gewerkschaft und wendet jeweils 50 Prozent seiner Arbeitszeit für die beiden Arbeitsbereiche auf.

haben und am besten für ihren Bereich verhandeln können. Die lokalen GewerkschafterInnen werden alle zwei Jahre gewählt; wird in einem Betrieb Schicht gearbeitet, gibt es in jeder Schicht einen eigenen Gewerkschaftsvertreter bzw. eine eigene -vertreterin.

Den lokalen GewerkschaftsvertreterInnen ist in der Organisationsstruktur ein aus sechs Offizieren bestehender Landesverband sowie in der nächsthöheren Organisationsstufe die Generalversammlung mit Arbeitsausschuss, PräsidentIn, VizepräsidentIn und SchatzmeisterIn übergeordnet. Deren Exekutive setzt sich aus neun Mitgliedern zusammen. An der Spitze der Organisationsstruktur steht der Kongress, der alle vier Jahre gewählt wird.

Die demokratische Struktur der Pappers Gewerkschaft bilden die lokale Versammlung, die lokalen Exekutivkomitees, der Kongress, die Generalversammlung, das Exekutivkomitee und das Working Komitee.

Die Pappers Gewerkschaft ist Mitglied von LO (TUC), der 14 nationale Gewerkschaften – davon vier Industriegewerkschaften – angehören und die über über 24 Regionalbüros und 200 lokale Büros verfügt.

Internationale Vernetzung von Pappers

Die Gewerkschaft der schwedischen PapierarbeiterInnen hat (aus denselben Gründen wie auch die IF Metall) eine internationale Abteilung, und Pappers ist als Mitglied in die bereits beschriebenen Gremien Nordic IN, EMCEF und auch ICEM eingebunden.

Dass auf internationaler Ebene auch Kontakte sowie ein Netzwerk der verschiedenen Papiergewerkschaften bestehen und man sich trotz der vielfältigen Austauschmöglichkeiten durch moderne Kommunikationstechnologien immer wieder persönlich trifft, ist von großer Bedeutung für die Vertretung der ArbeitnehmerInneninteressen. Denn Schweden gehört

neben Finnland, Brasilien, Indonesien und Malaysia zu den wenigen Ländern mit einer eigenständigen Papiergewerkschaft – in allen anderen Ländern ist es zu einer Fusion der Gewerkschaften gekommen. Dass in Europa noch immer eine Papierproduktion existiert, hängt damit zusammen, dass zum Beispiel China nicht über genug Wald verfügt. Durch die hohen Importkosten lohnt es sich außerdem nicht, den Standort der Papierindustrie zu verlagern.

Meeting mit Tore Hjert von SKF Verkstadsklubb
Geschichte der Svenska Kullagerfabriken (SKF)

Die Svenska Kullagerfabriken (SKF) wurde 1907 in Göteborg gegründet, um das Pendelkugellager, eine Erfindung des schwedischen Ingenieurs Sven Gustaf Wingqvist, industriell zu nutzen. Das Unternehmen wuchs sehr schnell, 1918 hatte SKF bereits 12.000 Angestellte in zwölf Fabriken in verschiedenen Ländern. Zum weiteren Wachstum des schwedischen Konzerns trugen andere Entwicklungen – Kugel- und Rollenlager, das Axial-Pendelrollenlager (1940) und die Einführung weiterer Spezialager – ebenso bei wie die Gründung der Tochtergesellschaft Volvo AB 1926, die Testautos herstellte und 1935 unabhängig wurde. Heute hat die Svenska Kullagerfabriken 44.742 MitarbeiterInnen (Stand 31. Dezember 2010), im Jahr 2010 erwirtschaftete sie einen Umsatz von 61.029 Milliarden SEK.[33]

Arbeitsumfeld und (Lehrlings-)Ausbildung in der SKF

Die SKF arbeitet mit dem „Factory 90 Pay Model", wonach MitarbeiterInnen an allen Arbeitsplätzen in der Produktion ausgebildet werden. Dass der Arbeitsplatz regelmäßig gewechselt wird – in manchen Bereichen alle paar Stunden, in anderen nach jeder Schicht –, wirkt zum einen der Monotonie in der Arbeitswelt entgegen und gibt zum anderen die Möglichkeit, auf krankheitsbedingte Ausfälle in einer Abteilung wesentlich flexibler reagieren zu können. Wichtig bei diesem Modell sind eine Ausbildung auf der Grundlagenebene, nach der man sich auf gewisse Prozesse spezialisieren kann, sowie kontinuierliches Lernen. Je mehr Ausbildungen jemand in Spezialgebieten absolviert, desto höher ist auch sein/ihr Einkommen. Weiters wird jedes Jahr eine Erfolgsprämie für alle MitarbeiterInnen ausverhandelt.

Grundsätzlich wird in den Abteilungen des Werks rund um die Uhr gearbeitet, an den nationalen Feiertagen steht allerdings die gesamte Produktion still. Bei SKF gibt es flexible Arbeitszeiten: Wenn sehr viel Arbeit vorhanden ist, wird mehr gearbeitet – bei weniger Arbeit sind die Arbeitszeiten kürzer.

---

[33] Ich habe mir an dieser Stelle die Informationen von Wikipedia zunutze gemacht, um die umfangreichen Ausführungen von Tore Hjert zu kürzen. Mehr unter *http://de.wikipedia.org/wiki/Svenska_Kullagerfabriken*.

Überstunden werden nicht ausbezahlt, die Plusstunden wandern in einen Topf und werden dann verbraucht, wenn weniger Arbeit ansteht. Somit bekommt man immer das gleiche Gehalt, auch wenn man einmal einige Wochen nicht arbeitet. In der Produktion gibt es keine ZeitarbeiterInnen, da diese nicht über das erforderliche Know-how verfügen und den hohen Qualitätsanforderungen im Betrieb nicht entsprechen können.

Die SKF bildet auch Lehrlinge aus. Die Strukturen sind aber nicht vergleichbar mit jenen der österreichischen dualen Ausbildung. Die „technical school" der SKF nimmt jedes Jahr um die 25 SchulabgängerInnen auf, die dort eine dreijährige Ausbildung zu FacharbeiterInnen absolvieren. Während sie früher nach Abschluss ihrer Ausbildung vom Betrieb übernommen wurden, bekommen seit der Wirtschaftskrise 2008 leider nicht mehr alle AbsolventInnen eine Stelle bei SKF. Dennoch trägt der Betrieb die Ausbildungskosten zur Gänze.

Bei einer Führung durch die Produktion, die sehr sauber und in den meisten Bereichen wirklich leise ist, bekam ich unter anderem riesige Kugellager mit einem Innendurchmesser von rund 2,5 Metern zu sehen. In vielen Bereichen werden große Investitionen getätigt, um die ArbeiterInnen zu unterstützen und natürlich auch den Umsatz zu maximieren.

SKF Verkstadsklubb (Gewerkschaftsclub)

Gleich nach der Unternehmensgründung wurde in der SKF auch ein Betriebsrat ins Leben gerufen. Mit Wissen des Erfinders, der nie gegen die Gewerkschaften arbeitete, nahmen sich zwei Vertrauenspersonen der Interessen der ArbeiterInnen im Betrieb an.

Dass heute mehr als 98 Prozent der Belegschaft von SKF Göteborg – von derzeit rund 2.300 ArbeitnehmerInnen sind 1.400 ArbeiterInnen – der IF Metall als Mitglieder angehören und neue MitarbeiterInnen gleich zu Beginn auch der Gewerkschaft beitreten, hat hier eine lange Tradition. Außerdem ist es leicht,

die MitarbeiterInnen zu organisieren, weil die Gewerkschaft auch innerhalb des Betriebes arbeiten kann. Die Firmenleitung muss den gewählten FunktionärInnen eigene Räumlichkeiten zur Verfügung stellen. Die GewerkschaftsvertreterInnen sind im Vorstand vertreten und bei jeder seiner Sitzungen anwesend. Durch das SKF World Union Commitee ist es den GewerkschaftsvertreterInnen möglich, sich mit FunktionärInnen der verschiedenen Firmenstandorte abzusprechen.

Bei der Führung durch das Unternehmen besuchte ich den Club der Gewerkschaft. Zwar sind die Räumlichkeiten bereits 40 Jahre alt, aber die technischen Mittel trotzdem auf dem neuesten Stand. Meistens werden die Clubräume von der lokalen Gewerkschaft in Göteborg als Bildungshaus genutzt. Mitgliedern des SKF Verkstadsklubb bietet die Gewerkschaftsvertretung der SKF außerdem die Möglichkeit, auf einer eigenen Insel sehr günstig Urlaub zu machen.

Resümee

Im Zuge meines Praktikums konnte ich nicht nur meine Englischkenntnisse deutlich verbessern, sondern habe außerdem viel über das schwedische Betriebsratssystem gelernt. Da ich alle Abteilungen der IF Metall durchlaufen habe, kenne ich dort nun mehr Leute als in meiner eigenen Gewerkschaft. Die Menschen sind hier total nett, zuvorkommend und wirken sehr ausgeglichen.

Ich habe auch festgestellt, dass das Einkommen in sehr vielen Bereichen etwa gleich hoch bzw. höher als in Österreich ist. Dafür ist das Leben (auch die Freizeitgestaltung) in Schweden sehr teuer – die Lebenskosten liegen um einiges höher als bei uns. Auch was die Ladenöffnungszeiten betrifft, gibt es Unterschiede zu Österreich: Geschäfte haben hier jeden Tag offen, auch am Wochenende oder an Feiertagen.

Hofer Robert,
Unionen Stockholm (Schweden)

Organisation, Struktur und Themen der Unionen-Gewerkschaft

Die schwedische Gewerkschaft Unionen hat es sich zur Aufgabe gemacht, ihre Mitglieder zu vereinen, zu repräsentieren sowie ihre sozialen und beruflichen Interessen auf allen Ebenen zu fördern. Sie hat aktuell 500.000 Mitglieder und ist somit die zweitgrößte Gewerkschaft Schwedens. Unionen gliedert sich in 19 Regionen im ganzen Land, jede mit ihrem eigenen Vorstand und mindestens einem Büro. Die örtlichen Zweigstellen der Gewerkschaft verfügen über jeweils eigene Gremien, diesen übergeordnet sind dann entwedr die jährliche nationale Versammlung oder der Kongress. Als Teil des Dachverbandes für Angestelltengewerkschaften (TCO), der neben den Gewerkschaftsdachverbänden der ArbeiterInnen (LO) und der AkademikerInnen (SACO) zu den wichtigsten ArbeitnehmerInnenvertretungen im Land gehört, spielt sie eine bedeutende Rolle in der gewerkschaftlichen Interessenvertretung.

Ein zentrales Thema für die Unionen ist die gerechte Entlohnung: ArbeitnehmerInnen sollen angemessen für ihre Leistung bezahlt werden. Mag diese u. a. durch Plakate, Flugzettel und Aufkleber verbreitete Forderung auch naheliegend erscheinen, so gestaltet sich ihre Umsetzung doch immer schwieriger. Denn obwohl die Gewerkschaften nicht direkt von ihren Gegnern angegriffen werden, sind sie starkem Gegenwind vonseiten der EU, der Landespolitik und der Unternehmen ausgesetzt, wie etwa der Sozialabbau zeigt: Der Staat kürzt das Arbeitslosengeld und die Gewerkschaften müssen dies mit ihrer Arbeitslosenversicherung ausgleichen!

Betriebsratsarbeit bei Ericsson: Ein Lokalaugenschein

Mein Praktikum führte mich unter anderem zum Telekommunikations-Unternehmen Ericsson, das mit über 90.000 MitarbeiterInnen in 180 Ländern vertreten ist. In der Verwaltungszentrale in Alvsjö, einem Vorort von Stockholm, wurde ich mit den Unternehmensstrukturen und -organisationen vertraut gemacht und erfuhr, dass die gesamte Verwaltung, Forschung und Entwicklung in der Stockholmer Zentrale in Klata zusammengezogen wird.

Die Zahl der Angestellten ist bei Ericsson in den letzten 15 bis 20 Jahren stark gestiegen: Aktuell hat das Unternehmen 18.000 MitarbeiterInnen in Schweden (davon sind an die 80 Prozent angestellt) und zirka 80.000 weitere weltweit. Jeder Betrieb im Konzern verfügt über ein eigenes Betriebsratsgremium, wie mir der Vorsitzende des Betriebsrates Ake Hjortsten erklärte. Er nahm sich viel Zeit, alle meine Fragen zu beantworten und stellte mich seinen Kollegen vor. Unter anderem wurde ich mit dem ehemaligen Betriebsrat Tommy Lindbohm bekannt gemacht, der von seiner Funktion als Ingenieur bei Ericsson freigestellt wurde und für die Unionen-Gewerkschaft tätig ist. Beide berichteten mir, dass Ericsson eines der wenigen Unternehmen in Schweden ist, in dem die AkademikerInnengewerkschaft mehr Mitglieder hat als die Unionen (die Zielgruppen der beiden Vertretungen decken sich weitgehend). Über die genaue Anzahl der Unionen-Mitglieder in ihrem Betrieb wollten sie mir zwar keine Auskunft geben, aber es war herauszuhören, dass wir uns über einen solchen Organisationsgrad in Österreich sehr freuen würden. Lindbohm erklärte mir, wie die Betriebsräte der einzelnen Ericsson-Niederlassungen auf europäischer Ebene miteinander verbunden sind und wie die Kommunikation mit den GeschäftsführerInnen und ManagerInnen abläuft. Schon innerhalb Europas gehen die Interessen bisweilen auseinander, sind doch die Auffassungen an den verschiedenen europäischen Standorten nicht selten sehr unterschiedlich. Das kann sowohl auf ArbeitgeberInnenseite als auch auf ArbeitnehmerInnenseite zu einer großen Herausforderung werden. So hätten sich zum Beispiel, die französischen ManagerInnen geweigert, sich mit den ArbeiterInnen zum Abendessen an einen Tisch zu setzen, wurde mir berichtet; das sei in Frankreich nicht üblich.

Auch die MitarbeiterInnen haben europaweit – und erst recht weltweit – unterschiedliche Auffassungen bezüglich der Arbeit, des Verhältnisses zu den ArbeitgeberInnen etc. Tommy Lindbohm kämpft schon seit Jahren darum, das Ganze anzugleichen und zu vereinfachen. Sein Ziel – oder besser gesagt sein Traum – ist es, Ericssons Betriebsräte weltweit zu „vereinen", ja sie zu globalisieren. Zurzeit besteht der europäische Betriebsrat aus zwölf Personen. Sechs davon kommen aus Schweden, dem Land mit dem größten MitarbeiterInnenstab in Europa. Österreich ist mit 75 MitarbeiterInnen das kleinste Mitglied; es entsendet eine Person.

Insgesamt ist Ericsson in 180 Ländern der Welt vertreten, und daher ist natürlich auch der Blick über die Grenzen Europas von großem Interesse. Für einen Hersteller von Telekommunikationsanlagen ist es enorm wichtig, in wachsenden Märkten vertreten zu sein. Weite Bereiche der Konzernstruktur wurden daher nach China und Indien ausgelagert – auf der einen Seite, um Kosten zu sparen, auf der anderen Seite aber auch, um auf diesen aufstrebenden Märkten präsent zu sein. In den beiden Ländern sind an die 10.000 MitarbeiterInnen tätig, was eine große Herausforderung für die Gewerkschaften bedeutet, so Lindbohm. Zum

Beispiel verfügt die chinesische Niederlassung über eine Gewerkschaft, doch wird diese politisch „kontrolliert und geführt". Aber auch auch etablierte Niederlassungen in der „alten" Welt (USA und Europa) sind noch sehr wichtig, denn das Aufkommen der Smartphones hat den Bedarf an Telekommunikationstechnik explodieren lassen.

Aber kommen wir zurück nach Schweden, wo die Betriebe wie erwähnt eigene Betriebsratsgremien, oder „Clubs", haben. Wie auch in Österreich üblich, wird hier eine Art Zentralbetriebsrat gewählt, der die Belegschaft vertritt; und auch in Schweden besteht eine wichtige Aufgabe darin, relevante Informationen einzuholen beziehungsweise nach außen zu tragen. Das Prozedere kann sich bei Verzögerungen in diesem Bereich enorm in die Länge ziehen. Für mich bemerkenswert war, dass die Gespräche zwischen Firmenleitung und Belegschaftsvertretung üblicherweise monatlich stattfinden. Im Aufsichtsrat sitzen – wie in Österreich – Betriebsrätinnen sowie Betriebsräte und haben Mitspracherecht. Ein weiterer interessanter Punkt sind die gesetzlich verankerten Vorgaben und Regeln: Selbst bei kleinen Änderungen benötigt das Unternehmen die Zustimmung der Belegschaftsvertretung oder der zuständigen Gewerkschaft, was schon mal dazu führen kann, dass der Betriebsrat befragt wird, ob der Arbeitstisch eines Mitarbeiters in ein anderes Büro umgesiedelt werden kann. Das erscheint im ersten Moment vielleicht seltsam, aber für den betroffenen Mitarbeiter kann eine solche Entscheidung mit Konsequenzen von großer Tragweite verbunden sein. Trotz solcher Fälle sind es natürlich vor allem große betriebsinterne Schritte (Umstrukturierungen, Zusammenlegungen etc.), bei denen es wichtig ist, dass sich das Unternehmen mit dem Betriebsrat und der Gewerkschaft abspricht, bevor Maßnahmen gesetzt werden.

Auch die Informationspflicht ist in Schweden gesetzlich verankert: ArbeitgeberInnen haben die Pflicht, ihre ArbeitnehmerInnen laufend über die Auftragslage, die allgemeine Situation des Unternehmens, die Aussichten und Planungen für die Zukunft etc. zu informieren.

Mitgliederwerbung der Unionen-Gewerkschaft

AkademikerInnen-Werbung bei Ericsson

AkademikerInnen treten bei Ericsson generell aus eigenem Antrieb beziehungsweise auf Einladung durch den Betriebsrat der Gewerkschaft bei. Ausschlaggebend ist, dass die AkademikerInnen bereits an der Universität von den Gewerkschaften betreut und angeworben werden. Auf diese Weise ist ein großer Teil der Aufklärungsarbeit frühzeitig geleistet und die Betroffenen sind über die Gewerkschaften und ihre Tätigkeit informiert. Dass das in Österreich bzw. in meinem Betrieb keinesfalls so ist, hat bei Ake Hjortsten und Tommy Lindbohm für Verwunderung gesorgt. Bei Ericsson hätte man größte Schwierigkeiten, den Mitgliederstand der Gewerkschaft mit dem österreichischen Modell zu halten, werden doch die schwedischen AkademikerInnen viel früher darüber aufgeklärt, wie wichtig es ist, der Gewerkschaft beizutreten. In Österreich muss man Universitätsabsolventinnen und frischgebackenen Angestellten oft erklären, was eine Gewerkschaft überhaupt ist. Hier haben wir also großen Nachholbedarf.

Ein weiterer Antrieb, der Gewerkschaft beizutreten, besteht in Schweden darin, dass Angestellte nur dann erhöhtes Krankengeld bekommen, wenn sie Gewerkschaftsmitglied sind. Die beiden Betriebsräte versuchen daher, skeptischen Personen die Vorteile der Gewerkschaft zu erklären und an ihre Vernunft zu appellieren – auch wenn beide einräumen müssen, dass die Rekrutierung von AkademikerInnen immer schwieriger wird.

Vier-Punkte-Strategie zur Anwerbung von „Chefs"

Karin Nordin und Asa Sjölander rekrutieren und betreuen in der Unionen-Gewerkschaft die „Chefs", wie AkademikerInnen und ManagerInnen hier genannt werden. Sie verfolgen seit etwa eineinhalb Jahren eine Vier-Punkte-Strategie beim Anwerben von neuen Mitgliedern und haben die Mitgliederwerbung meiner Ansicht nach sehr gut geplant, strukturiert und vor allem durchgezogen. Zuerst leisteten sie innerhalb der Gewerkschaft Überzeugungsarbeit und machten deutlich, wie wichtig es ist, die Unionen auch für die ManagerInnen attraktiv zu machen (Punkt eins der Strategie). Nachdem sie durch ihre Bemühungen jede/n Einzelne/n in der Zentrale der Unionen überzeugt hatten, gingen die beiden mit tatkräftiger Unterstützung der Kolleginnen und Kollegen daran, auch die Außenstellen miteinzubeziehen. Dies gelang recht schnell und somit begannen sie, die Mitglieder der Unionen davon in Kenntnis zu setzen, damit auch sie dafür Werbung machen konnten. So wurde zum Beispiel mit dem Angebot einer sechsmonatigen beitragsfreien Mitgliedschaft geworben – im Laufe der Zeit wurde diese „Schnupperphase" auf drei Monate reduziert. Das Angebot wurde sehr gut angenommen. Mit ihrer Strategie, bestehende Mitglieder für das Anwerben neuer Mitglieder zu gewinnen, hatten sie vollen Erfolg. Bald bemühten sich ManagerInnen um neue Mitglieder auf Führungsebene, und auch die einfachen Angestellten trugen die gemeinsame Sache nach außen – bei Meetings, Veranstaltungen und ungezwungenen Gesprächen. Nachdem sich eine gewisse Eigendynamik entwickelt hatte machten sich Nordin und Sjölander daran, den neuen Mitgliedern einen Eindruck von sich zu vermitteln und gaben der Unionen ein Gesicht, indem sie in hochklassigen Magazinen und in eigenen Gewerkschaftszeitungen Inserate mit ihrem Konterfei schalteten. So vermittelten sie Präsenz und die Mitglieder hatten das Gefühl, persönlich bestens vertreten zu sein. Inzwischen ist die Mitgliederzahl bei den ManagerInnen auf ca. 90.000

gestiegen, was die höchste AkademikerInnenrate aller schwedischen Gewerkschaften bedeutet. Und für Karin Nordin und Asa Sjölander ist es auch wichtig, diese Größe zu zeigen und zu leben, damit die Mitglieder sich mit der Gewerkschaft identifizieren und sich stark und sicher fühlen.

Der zweite Schritt der Strategie bestand darin, in den Regionen eigene „Chef-" beziehungsweise „Manager-RegionalsekretärInnen" einzusetzen. Auch diese wurden dann für Zeitungen und Magazine abgelichtet – in einheitlichem und für ihre Berufsgruppe üblichem Outfit. Damit wollte man vermitteln, dass die Berufsgruppen entsprechend vertreten werden. Inzwischen findet einmal im Jahr ein 14-tägiger Kongress statt, an dem die VertreterInnen teilnehmen, aktuelle Entwicklungen analysieren und die Strategie ausrichten. Zusätzlich tauschen die „RegionalsekretärInnen" zweimal im Jahr bei Meetings ihre Erfahrungen aus. Auf der Unionen-Website wurde ein eigenes Forum für ManagerInnen eingerichtet – wohl um ihnen zu vermitteln, dass ihre Meinung besonders wertvoll ist (in Schweden wird wie in Österreich teilweise großer Wert auf den Titel gelegt). Und nicht zu vergessen: Die Unionen hat auch eine eigene Hotline für Chefs installiert, die auf die Bedürfnisse von ManagerInnen spezialisiert ist.

Die Unionen bietet auch ein Chef-Coaching an, das die Mitglieder beim beruflichen Aufstieg unterstützt. Dabei werden Strategien zur persönlichen Weiterentwicklung und für geeignete Ausbildungen individuell erstellt. Zu diesem Thema werden Seminare angeboten und Veranstaltungen organisiert.[34] Ziel ist es jedoch nicht, dass der oder die Betroffene die Fronten wechselt und zum Arbeitgeber oder zur Arbeitgeberin wird. Auch bei einem neuen Job kann das Mitglied mit der vollen Unterstützung der Unionen rechnen. Zum Beispiel wird jeder Arbeitsvertrag vor der Unterzeichnung geprüft und dabei selbstverständlich auch sichergestellt, dass er keine versteckten Klauseln oder nachteilige Bedingungen enthält.

Und nun zum dritten Punkt der Strategie der Unionen – dieser bestand darin, die Mitglieder selbst zu WerbeträgerInnen zu machen. Die Meinungen der ManagerInnen werden laufend in Magazinen und Zeitungen veröffentlicht, die Mitglieder so auf dem Laufenden gehalten und dadurch ein hoher Identifikationsgrad unter denselben erreicht. Nach wie vor aber ist es für Sjölander und Nordin enorm wichtig, durch ständige Präsenz mit der „Basis" Kontakt zu halten.

Punkt vier besteht schließlich in der Vernetzung auf öffentlichen Seiten, zum Beispiel unter *www.e24.se*: Diese schwedische Wirtschaftsseite enthält sehr viele Informationen über die Gewerkschaften. Da die Website zweifellos auch von zahlreichen ArbeitgeberInnen und „SpekulantInnen" besucht wird, wurde hier ein sehr interessanter Versuch zur Steigerung der Wahrnehmung von ArbeitnehmerInneninteressen unternommen; der Erfolg desselben bleibt abzuwarten. Wei-

---

[34] Was die allgemeine gewerkschaftliche Bildungsarbeit betrifft ist anzumerken, dass es in Schweden keine Gewerkschaftslehrgänge oder -akademien und auch keine eigenen gewerkschaftlichen Bildungshäuser gibt.

ters wird eine Werbeschaltung über die landesweiten TV-Sender angedacht, diese steckt aber noch in den Kinderschuhen; Pilot-Werbefilme wurden jedenfalls bereits über Regionalsender ausgestrahlt – mit sehr positivem Echo. Dazu kommen Videos auf YouTube. Abschließend noch ein paar Fakten, die die Entwicklung der Unionen-Gewerkschaft illustrieren: Früher wurden zehn Prozent der neuen Mitglieder vor Ort beziehungsweise schriftlich angeworben, 40 Prozent meldeten sich telefonisch an und 50 Prozent via Internet. Heute melden sich fast 80 Prozent über das Internet an – ein Trend, der nicht nur bei den Gewerkschaften zu beobachten ist, denn es wird überall darauf geachtet, es Interessierten möglichst leicht zu machen Mitglied zu werden.

Interessantes Detail am Rande: Die Betriebsräte diverser Unternehmen, zum Beispiel Volvo, haben ihre Websites bei der Unionen verankert. Falls also der Arbeitgeber aus welchen Gründen auch immer den Zugang zu seiner Website „kappt", haben Gewerkschaftsmitglieder und InteressentInnen dennoch Zugang zur Unternehmens-Website. Sie müssen nur über die Gewerkschaftsseite einsteigen. So lässt sich ein Druckmittel der ArbeitgeberInnen entschärfen.

Mitgliederwerbung bei Telia

Mein Praktikum hat mich auch zum schwedischen Mobilfunkanbieter Telia geführt, der in etlichen Ländern vertreten ist. Hier habe ich Lena getroffen, die für die Dienste der Unionen freigestellt ist, jedoch nur zu 80 Prozent – sie will den Kontakt zu ihrem Unternehmen und zu ihren Kolleginnen und Kollegen nicht verlieren. Von Montag bis Donnerstag ist sie für Unionen unterwegs, freitags für den Betrieb. Auch hier fällt auf, wie wichtig es den schwedischen Gewerkschaften ist, mit einem Gesicht identifiziert zu werden. Auf meine Frage, wie sie es geschafft hat „Recruiter of the year 2010" zu werden, antwortete sie ganz einfach: Man muss sich selbst treu bleiben, ehrlich sein, sich einsetzen und immer bei der Wahrheit bleiben. Sie spricht, wie ihr der Schnabel gewachsen ist, und hat damit sehr viele junge Menschen für die Unionen-Gewerkschaft gewinnen können.

Besonders wichtig sind in ihren Augen die Kranken- und Arbeitslosenversicherungen der Gewerkschaften. Die Krankenversicherung der Unionen ist neben jener der Gewerkschaft SKTF die beste und bietet darüber hinaus noch weitere Vorteile. Die SACO bietet eine bessere allgemeine Versicherung; hier sind auch die Privatversicherung, die Kinderversicherung etc. enthalten – natürlich ist sie aber auch entsprechend teuer. Da viele Junge (noch) keine Notwendigkeit für einen so umfangreichen Schutz sehen, gehen sie aufgrund der günstigeren Konditionen vermehrt zur Unionen. Weiters wurde der SACO immer wieder angelastet, sie pflege nur zu einer politischen Partei Verbindungen und sei an diese „gebunden". Die Unionen hingegen ist parteilos und kann mit jeder in der Regierung vertretenen Partei das Gespräch suchen und zu einer Einigung kommen.

Bleibt die Frage nach dem Wissensstand der Jugendlichen in Bezug auf die Arbeit der Gewerkschaft: Wie sind die Jugendlichen über die Gewerkschaft informiert und wissen sie, was die Gewerkschaften tun? Die Antwort hat mich doch etwas erstaunt, denn laut Lena sind Abgänger von höheren Schulen besser als andere über Gewerkschaften informiert. Bei Letzteren muss sie daher deutlich mehr Überzeugungs- und Aufklärungsarbeit leisten. Unterstützung kommt fast immer von den Eltern der Jugendlichen, die ihren Kindern raten, der Gewerkschaft beizutreten. Hatten die Jugendlichen bereits in der Schule Kontakt zu Gewerkschaften, so sind sie später weit einfacher anzuwerben, wie Lena anmerkte. Bei ihrem großen Jahreskongress 2011 hat die Unionen sich zum Ziel gesetzt, alle Jugendlichen bereits an den Schulen anzusprechen.

Strategie der Unionen Stockholm

Bei der Unionen Stockholm hatte ich die Gelegenheit zu einem Gespräch mit Katharina, einer Gewerkschafterin. Ihr zufolge werden nun verstärkt AkademikerInnen und Ingenieure beziehungsweise Ingenieurinnen angeworben, weil sie in Stockholm in großer Zahl vertreten sind. Mit 500.000 Mitgliedern ist die Unionen in diesem Sektor weit größer als ihre Mitbewerber. Diese Größe wird überraschenderweise oft als abschreckend empfunden, da viele Angesprochene der Meinung sind, die Unionen könne nicht mehr auf die Interessen jedes und jeder Einzelnen eingehen. Neben der Unionen gibt es zum Beispiel die Gewerkschaft „Akademikerverband", die sich auf AkademikerInnen spezialisiert hat und kleiner ist als die Unionen. Damit hat sie aus der Sicht mancher Personen den Vorteil, auch auf die „Kleinen" eingehen zu können, wenngleich sie – so wird gekontert – nicht über die Macht und den Einfluss der Unionen verfügt.

Jedenfalls ist auch die Unionen Stockholm überzeugt, dass Face-to-Face-Gespräche am effektivsten sind, und zwar nicht mit den Betriebsräten, sondern direkt mit den MitarbeiterInnen der Gewerkschaft. Das neue Mitglied soll die Gewerkschaft wiederum mit einer Ansprechperson beziehungsweise einem Gesicht identifizieren. In punkto Werbung schaltet die Unionen Stockholm Plakate und Zeitungsanzeigen, setzt aber dennoch auch auf den persönlichen Kontakt. Man sucht laufend nach neuen Wegen und Strategien, auf die individuellen Vorstellungen der potenziellen Mitglieder einzugehen. So versucht man etwa, Fakten und die Gesetzeslage einfach zu erklären.

Die größte Herausforderung besteht in der richtigen Ansprache neuer Mitglieder. Es soll vermittelt werden, dass jeder Einzelne von ihnen für die Gewerkschaft wichtig ist und der Zusammenhalt in der Unionen sehr groß geschrieben wird. Katharina berichtete auch, dass die Regionalsekretärinnen und -sekretäre immer mehr vom fachlichen in den Servicebereich gleiten, also zunehmend zur Servicestelle werden.

Ihr Resümee zur Mitgliederwerbung: Es steckt sehr viel Arbeit dahinter und man muss eine Unmenge an Zeit und Geld in die zu Werbenden investieren (in Form von Informationen, Veranstaltungen, Präsenz, Geschenken etc.), zum Teil auch direkt zu den Firmen gehen, den persönlichen Kontakt suchen und sich als Unionen-Gewerkschaft dort präsentieren. Eine gute Ergänzung sind hier zum Beispiel die Zeitungsanzeigen. Wenn man das Bild der Gewerkschafterin, die vor einem steht, zufällig am Vortag in einer Zeitung gesehen hat, ist das von großem Vorteil.

Das Tria-Programm

Tria ist ein gemeinsames Programm für StudentInnen der Beamtenunion ST, der Gewerkschaft SKTF (für öffentlich und privat Bedienstete, die im Kommunalbereich, auf Kreisebene oder in der Kirche Öffentlichkeitsarbeit leisten) und der schwedischen Angestelltengewerkschaft Unionen. Tria macht die Studierenden fit für das Berufsleben und sorgt dafür, dass ihre Karriere gut startet. Als Mitglied der Tria ist man gleichzeitig mit ST, SKTF und Unionen verbunden. Diese drei Gewerkschaften vertreten über eine halbe Million ArbeiterInnen und Angestellte auf dem schwedischen Arbeitsmarkt. Da man nie weiß, welchen Job man nach dem Studium haben wird, und auch nicht, wo dieser sein wird, hält die Tria alle Türen geöffnet, bis die AbsolventInnen wissen, wohin es geht. Die drei Gewerkschaften halten eine Reihe von Vorteilen für Studierende bereit: Sie helfen ihnen, ihren Lebenslauf zu erstellen, um sicherzugehen, dass die Bewerbung von Erfolg gekrönt ist; die StudentInnen erhalten großzügige Rabatte auf Zeitungen und können an ArbeiterInnen- und IngenieurInnen-Treffen teilnehmen, die von den Gewerkschaften und deren Mitgliedern veranstaltet werden. Die Mitgliedschaft kostet einmalig 100 Schwedische Kronen, das sind umgerechnet etwa elf Euro.

Es ist wichtig, die Bedürfnisse der Studierenden zu kennen. Daher wurden Hotlines und ein Mailservice eingerichtet. Außerdem sind Teilzeitkräfte eine große Stütze, da sie den Blick aus der Praxis mitbringen und selbst noch studieren. Somit können sie aus eigener Erfahrung Informationen an die Tria weiterleiten, und diese kann wiederum reagieren. Hat zum Beispiel eine Studentin oder ein Student Schwierigkeiten beim Nebenjob, hilft die Tria. Sollte es zur Eskalation kommen oder das Problem nicht so einfach zu bewältigen sein, kann bei Bedarf auch eine Regionalsekretärin oder ein Regionalsekretär entsendet werden und sich der Sache (z. B. einer ausstehenden Gehaltszahlung) annehmen.

Die Imagepflege ist ebenfalls sehr wichtig. Hier ist eine sehr junge Truppe am Werk, was enorme Vorteile mit sich bringt, denn die Jungen sprechen die Sprache der Studierenden, während ältere Kolleginnen und Kollegen damit teilweise Schwierigkeiten haben. Durch die jugendliche Sprache verstehen auch jene, die nie mit einer Gewerkschaft in Berührung gekommen sind, sehr schnell, worum es geht. Hier sind die Teilzeitkräfte an den Unis wiederum Gold wert, weil sie Entwicklungen aus nächster Nähe miterleben.

Doch wie sieht der Auftritt an den Universitäten aus? An einem Werbestand direkt vor Ort werden Folder verteilt und Gespräche geführt, dazu gibt es Gratis-Kaffee – das ist die beste Möglichkeit zu werben: „Face to Face"! Gelegentlich werden auch nur Folder verteilt, um Präsenz zu zeigen. Dazu kommen kurze Präsentationen im Hörsaal (etwa fünf Minuten), wenn die Professorinnen und Professoren nichts dagegen einzuwenden haben.

AbsolventInnen können der Gewerkschaft beitreten – mit allen Rechten und Pflichten. Die Mitgliedschaft ist im ersten Jahr bereits um 100 Schwedische Kronen pro Monat möglich, allerdings ohne Arbeitslosengeld-Versicherung. Da die Studierenden bereits beim Beitritt zur Tria angeben, wann sie beabsichtigen, das Studium abzuschließen, ist es für die Unionen später einfach, sie zu kontaktieren, falls die Studentin oder der Student sich nicht mehr meldet. In diesem Fall wird nachgefragt, ob sie oder er mit den bisherigen Leistungen zufrieden war und der Gewerkschaft beitreten möchte. Daraufhin treten die Angesprochenen meist entweder bei oder geben bekannt, dass sich das Studium noch verzögert. Letztere bleiben in der Regel Mitglied der Tria, bis der Abschluss geschafft ist. Die Zahlen zeigen, dass sich all dieser Aufwand selbst bei einem Mitgliedsbeitrag von lediglich 100 Schwedischen Kronen für das ganze Studium tatsächlich rentiert. Denn durch die Tria kommen jährlich 2.500 neue Mitglieder von den Universitäten zu den Gewerkschaften. Die Arbeit stellt eine Investition in die Zukunft dar – wie ein Kredit, bei dem man sich zunächst verschuldet, aber auf lange Sicht profitiert.

Natürlich werden auch die modernen Medien genutzt: Tria ist bei Facebook und Twitter vertreten. Hier wird zum Beispiel über mögliche Schwierigkeiten durch die Nutzung von Facebook am Arbeitsplatz aufgeklärt. Den Mitgliedern wird geraten, sich bei Fotos oder Kommentaren im Zusammenhang mit dem Unternehmen, mit Vorgesetzten etc. zurückzuhalten. All dies geschieht einmal mehr in der Sprache und mit den Instrumenten der Jugend.

Resümee zum Auslandspraktikum bei der Unionen

Sich anzupassen, sich sprachlich zu überwinden und auf die etwas andere Arbeitseinstellung einzugehen stellt für mich eine zentrale Erfahrung im Praktikum dar. In Schweden lernt man außerdem rasch, dass man auch ohne Stress und Hektik ans Ziel kommt, meist sogar schneller. Wenn der Druck auch noch so groß wird, wickeln die Schweden alles besonnen ab und verbuchen dieselben Erfolge wie bei uns, wo Hektik, Stress und Druck im hohen Ausmaß herrschen. Es war für mich sehr beeindruckend dies zu beobachten. Weiters wurde während des Praktikums deutlich, dass die richtige Motivation alles selbstverständlicher und einfacher macht. Alle MitarbeiterInnen der Unionen sind mit Spaß bei der Sache und stecken sich sehr hohe Ziele. Diese Motivation in Verbindung mit dem allgegenwärtigen Teamgeist in der Gewerkschaft führt meist zum Ziel. Jede/r Einzelne will etwas bewegen, der Zusammenhalt ist enorm. Ich finde diese Erfahrung extrem wichtig und werde sie zweifellos bei mir im Betrieb einbringen, denn wenn ich auch nur etwas davon umsetzen kann, wird sicher ein ganz anderes Verhältnis zwischen ArbeitnehmerInnen und Betriebsrat möglich. Die in Österreich vorhandene Skepsis gegenüber Gewerkschaften ließe sich bestimmt reduzieren.

Lehrreich war für mich auch der Besuch der Werbe- und Marketing-Abteilung bei Unionen. Dieser mangelt es wirklich nicht an Kreativität und Ideen. Die österreichischen Gewerkschaften könnten sich daran ein Beispiel nehmen, in die Offensive gehen und ordentlich die Werbetrommel rühren. Dass das bei den Menschen gut ankommt und das Potenzial in diesem Bereich noch sehr groß ist, habe ich bei verschiedenen Gesprächen in Schweden erfahren.

Auch das Basisdenken hatte einen positiven Effekt auf mich! Ich habe gelernt, wie wichtig es ist, jedes einzelne Mitglied mit Informationen und Material zu versorgen. In Schweden wird jedem Mitglied das Gefühl vermittelt, dass es nicht alleine steht, dass seine Arbeit Früchte trägt und dass es die Gewerkschaft hinter sich hat. Die MitarbeiterInnen sind stolz auf ihre Tätigkeit für die Unionen und bekommen auch durchwegs positives Feedback. Alle, mit denen ich gesprochen habe, standen der Arbeit der Gewerkschaft positiv gegenüber – egal, ob sie selbst für diese im Einsatz waren oder nicht (als einfache Mitglieder). Diese Einstellung schon an der Basis macht es einfacher, bei größeren Aktionen oder Problemen zusammenzuhalten. Das Engagement jedes und jeder Einzelnen ist deutlich zu sehen und zu spüren – egal, ob im Haus oder bei den

Unternehmen. Man trifft hier auf Menschen, die wiederholt höhere Positionen angeboten bekommen, jedoch abgelehnt haben, weil ihre aktuelle Arbeit sie glücklich macht und auch eine höhere Bezahlung für eine andere Tätigkeit das nicht ersetzen könnte. Dies zeigt einmal mehr, wie wichtig es ist, dass die richtigen Leute auch an den richtigen Positionen eingesetzt werden. Bei Unionen spürt man, dass die Mitarbeiter mit Herz und viel Einsatz bei der Sache sind. Der Job ist hier mehr als reiner Gelderwerb.

Den größten Eindruck aber hat die Informationspolitik der Unionen bei mir hinterlassen: Die Gewerkschaft macht an der Universität auf sich aufmerksam, klärt über ihre Arbeit auf und versorgt die Studierenden mit wichtigen Informationen. Dadurch hat es die Betriebsrätin bzw. der Betriebsrat in dem Unternehmen, in dem ein/e AbsolventIn zu arbeiten beginnt, um einiges leichter. Schließlich muß sie/er nicht mehr über die Tätigkeitsbereiche der Gewerkschaft aufklären, denn die Jugend kennt diese bereits durch die Information an den Universitäten. Und das finde ich sehr wichtig, da meiner Erfahrung nach in Österreich viele Universitätsabsolventinnen und -absolventen kaum etwas über die Gewerkschaften wissen; die Betriebsräte müssen deutlich mehr Aufklärungsarbeit leisten als ihre schwedischen Kolleginnen und Kollegen. Da die Information neben der „eigentlichen" Arbeit der Betriebsrätinnen und Betriebsräte geschieht, bleibt andere Arbeit zum Teil unerledigt liegen, was bei der Belegschaft für Unzufriedenheit sorgt. So wird immer etwas vernachlässigt oder kommt zu kurz, und das ist immer schlecht für alle!

Für mich war die Zeit bei der Unionen unheimlich lehrreich. Ich werde die während des Praktikums gesammelten Erfahrungen bei mir im Betrieb einbringen und hoffe, dass auch die GPA-djp etwas in Bewegung setzt. Denn an den Universitäten und in den Betrieben präsent zu sein erscheint mir nach meinem Besuch in Schweden – wo Energie, Wille und Tatendrang bei allen sehr stark sind – als unumgängliches Muss. Es gibt noch viel zu tun für die Gewerkschaften in Österreich!

Andreas Krammer,
SAK Helsinki (Finnland)

Besuchte Einrichtungen und Organisationen

- SAK – Finnische Dachorganisation der ArbeiterInnengewerkschaften
- Historische Abteilung der SAK
- Metalli – Finnische Metallgewerkschaft der ArbeiterInnen
- Tarifabteilung der Metalli
- Juristische Abteilung der Metalli
- Organisatorische Abteilung der Metalli
- Internationale Abteilung der Metalli
- Treffen der Jugend innerhalb der Metalli
- Firma Sandvik (Bohrmaschinen)
- Firma Nokia (Handyhersteller)
- Sea Fortress auf Suomenlinna (Navy auf der größten Verteidigungsinsel)
- Papiergewerkschaft
- Firma Tervakoski Oy (Papierfabrik)
- Finnisches Parlament
- Olkiluoto Kernkraftwerk
- STX Europe, Rauma shipyard
- Sozialdemokratische Jugend

Mitglieder und Einzugsgebiet der finnischen Metallgewerkschaft

Das Einzugsgebiet der Metallgewerkschaft erstreckt sich über ganz Finnland und verschiedene Branchen wie Metall- und Elektrizitätsbereich (zum Beispiel Atomkraftwerke), Telekommunikation, Bergbau, Autoreparaturwerkstätten, Schiffswerften, technologische Industrie …

Aktuell hat die Metalli rund 161.000 Mitglieder – davon ca. 20 Prozent Frauen – die einen Gewerkschaftsbeitrag in der Höhe von 1,8 Prozent ihres Bruttoeinkommens zahlen. Der Organisationsgrad der Gewerkschaft beträgt 85 Prozent.

Mitgliederstatistik seit 1899 (Gründungsjahr):

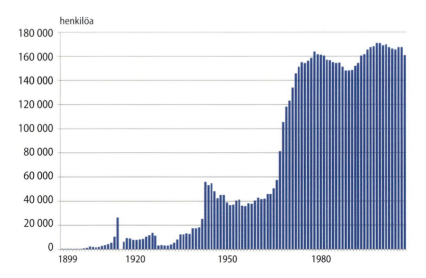

Im Gegensatz zu Österreich muss ein/eine GewerkschaftssekretärIn, der/die in einer Partei ins Parlament gewählt wurde, die Gewerkschaft verlassen, da beides Fulltime-Jobs sind und sich ein politisches Amt nicht mit dem Grundsatz der Überparteilichkeit vereinbaren lässt. KandidatInnen, die zur Wahl stehen, erhalten allerdings von den Gewerkschaften finanzielle Hilfe. Obwohl die Gewerkschaften grundsätzlich alle im Parlament vertretenen Parteien unterstützen, konkurrieren innerhalb derselben zwei große Parteien, nämlich einerseits die Sozialdemokratische Partei, die auch den größten Teil der Mitglieder und FunktionärInnen hält, und andererseits die Kommunisten.

Aktueller Themenschwerpunkt der Gewerkschaften: das Lohnsystem

Eine wichtige Frage für die zukünftigen Kollektivvertragsverhandlungen stellt das Lohnsystem dar. Momentan ist es wie folgt aufgebaut: ArbeitnehmerInnen bekommen einen fixen Stundenlohn (das ist der kollektivvertragliche Grundlohn, der ihnen aufgrund ihrer Arbeitsleistung gebührt), darüber hinaus erhalten sie einen freiwilligen Teil zwischen drei und 25 Prozent des normalen Lohnes. Diese nicht zwingende zusätzliche Bezahlung kann zurzeit als die größte Herausforderung für die Gewerkschaften betrachtet werden. Denn es gibt dazu zwar einige Regelungen im Kollektivvertrag, die jedoch durch ihr Alter dermaßen schwer auszulegen sind, dass sich die ArbeitgeberInnen relativ leicht herausreden können. Der persönliche Zuschlag gebührt den ArbeitnehmerInnen nach einem halben Jahr der Beschäftigung und seine Höhe richtet sich nach den Leistungen des einzelnen Arbeitnehmers bzw. der einzelnen Arbeitnehmerin. Er/sie muss diesen Teil quasi selbst verhandeln und ist dabei von der Einstufung seiner Leistung durch den/die ArbeitgeberIn abhängig. Darüber hinaus gibt es dann noch diverse Zulagen (Nachtarbeitszulage, Schmutzzulage, Gefahrenzulage usw.), wie sie auch in österreichischen Kollektivverträgen geregelt sind.

Ein großes Problem ist die Bezahlung der ausländischen Arbeitskräfte. Bei dem Bau des dritten Reaktors des Olkiluoto Kernkraftwerkes sind sehr viele aus dem Ausland stammende Personen beschäftigt, die eigentlich den Lohn der finnischen Kollektivverträge bekommen sollten. Die Firmen, die diese ArbeiterInnen schicken, zahlen jedoch oft den in ihrem Land üblichen Lohn, und das ist meist zu wenig, da die Standards in Finnland ziemlich hoch sind. Also haben die Gewerkschaftssekretärinnen bzw. -sekretäre und ihre FunktionärInnen im Atomkraftwerk alle Hände voll zu tun, die ArbeiterInnen dort immer wieder auf ihre Ansprüche aufmerksam zu machen.

Gewerkschaftliche Bildung

Die größeren Gewerkschaften haben ihre eigenen Bildungszentren, wo sie Betriebsrätinnen und Betriebsräte, Sicherheitsvertrauenspersonen, Funktionärinnen und Funktionäre sowie gewöhnliche Mitglieder ausbilden.

Auch die Metallgewerkschaft bietet diverse Weiterbildungsmöglichkeiten für unterschiedliche Zielgruppen an. So gibt es speziell für Betriebsräte und Sicherheitsvertrauenspersonen einen dreimonatigen Intensivkurs. Bei Spezialkursen wie diesen trägt die Gewerkschaft alle Kosten, ebenso dann, wenn eine Bildungsfreistellung – die kollektivvertraglich verankert ist und auf die Betriebsrätinnen und -räte im Allgemeinen Anspruch haben – ausgeschöpft ist oder sonstige Gründe es dem/der ArbeitgeberIn unmöglich machen, den Lohn weiterzubezahlen. Neben den Spezialkursen stehen weiters Grundkurse für Jugendliche sowie für Betriebsrätinnen und Betriebsräte auf dem Programm, deren Inhalt sehr breit gefächert ist.

Das Beispiel eines einwöchigen Grundkurses, der für Jugendliche im Ausbildungszentrum „Murrika" angeboten wird, illustriert dieses inhaltliche Spektrum. Ziel des Kurses ist es, die TeilnehmerInnen mit der Tätigkeit der Gewerkschaften bekannt zu machen, und zwar aus der Perspektive der Jugendlichen selbst. Der Kurs ist praxisorientiert und in jedem Teil werden die persönlichen Erfahrungen der TeilnehmerInnen berücksichtigt, die Anknüpfungsmöglichkeiten für den Unterricht bieten. Ausgangspunkt ist die Jugendarbeit in der eigenen Verwaltungsstelle, verknüpft mit der Frage: Wie verbindet man lokale Arbeit mit dem Tätigkeitsbereich und der nationalen Ebene? Im Rahmen der Auseinandersetzung mit dieser Fragestellung wird den Jugendlichen u. a. durch Beispiele aus der Geschichte deutlich gemacht, wie wichtig die gewerkschaftliche Interessenvertretung und gesellschaftliches Engagement sind.

Nach der einführenden Beschäftigung mit der Geschichte der Gewerkschaftsbewegung wird zur heutigen Tätigkeit auf den verschiedenen Organisationsebenen übergegangen. Dieser zweite Teil des Kurses besteht aus stärker traditionellen Organisationslehrgängen mit dem Ziel, durch aktivierende Methoden die TeilnehmerInnen mit der Beschlussfassung in der Verwaltungsstelle bekannt zu machen. Hier lernen sie die Planung der Tätigkeit in den Jugendausschüssen als Teil der Planung der Beschlussfassung in der Verwaltungsstelle kennen und üben in Sitzungssimulationen, wie sich die Pläne der Herbstversammlung als endgültige Beschlüsse realisieren. Die Pläne werden dann im nächsten Kursabschnitt weiterentwickelt. Indem man im Verlauf des Kurses die Grundzüge der Tätigkeitsplanung für die Jugendausschüsse durchnimmt, werden die Einflussmöglichkeiten der Jugendlichen in der Verwaltungsstelle, der Ortsgruppe sowie auf der Vorstandebene verständlich. Außerdem sprechen die TeilnehmerInnen während dieser Planungsphase über überzeugende Informationstätigkeit und darüber, wie man verschiedene Themen zügig weiterbringt.

Da Statuten und verschiedene Regelwerke unsere Arbeit steuern und man deren Kenntnis auf den verschiedenen Ebenen der gewerkschaftlichen Tätigkeit – nicht zuletzt bei der Jugendarbeit – braucht, wird im Rahmen des Kurses auch auf deren Funktion tiefer eingegangen. Gleichzeitig überlegt man gemeinsam, was anders gestaltet werden könnte.

Zudem verfolgt der Kurs das Ziel, die sozialen Medien als Einflusskanäle einzubeziehen und die TeilnehmerInnen anzuregen, sich über mögliche Alternativen für eine effektivere Gewerkschafts- und Informationsarbeit im weiteren Sinne Gedanken zu machen. Die sozialen Medien, die als Werkzeug für den Informations- und Erfahrungsaustausch mit den Mitgliedern dienen können, aber auch Nachteile haben, werden daher im Kurs ausführlich besprochen. Außerdem überlegen die TeilnehmerInnen im Rahmen dieser Weiterbildung, welche Medien für die Jugendarbeit in den Verwaltungsstellen die geeignetsten wären.

In den Sitzungsübungen – deren Anzahl hängt von der Gruppengröße und den unterschiedlichen Fähigkeiten der TeilnehmerInnen ab – wird das Gelernte schließlich praktisch umgesetzt. Dabei kommt es zur Zusammenführung aller Teilthemen der Woche.

Am Ende des Kurses überlegen die TeilnehmerInnen, welche eigenen Lernbedürfnisse sie haben, und diskutieren darüber, welche Kurse das Ausbildungszentrum in Zukunft noch anbieten könnte. Zuletzt erfolgt eine Bewertung, sowohl mündlich als auch schriftlich durch Fragebögen.

Gewerkschaftliche Bildung ist auch Teil des Arbeiter-Musikfestivals, das am letzten Juli-Wochenende stattfindet. Dort sind Zelte aufgebaut von den verschiedenen Organisationen und der Sozialdemokratischen Jugend in der Metalli, die für Information sorgen. Schlafmöglichkeiten gibt es in einem Ausbildungszentrum in Valkeakoski, in dem zeitgleich auch die Aus- und Weiterbildung für die Sozialdemokratische Jugend stattfindet. Die angebotenen Seminare mit MinisterInnen und Vorsitzenden der Parteien sollen Interessierten den Einstieg in die Sozialdemokratie erleichtern.

Die Internationale Vernetzung der Gewerkschaft Metalli

Die Kernfunktion der internationalen Abteilung in der Metalli besteht in der Koordination und Entwicklung internationaler Aktivitäten. In diesen Bereich fallen auch Solidaritätsprojekte, internationale Ausbildungen, Aufbau und Pflege von Beziehungen zu Schwesterorganisationen usw. Darüber hinaus ist die Metalli in folgenden internationalen Institutionen tätig:

Nordic IN – Netzwerke der nordischen Länder
Netzwerke innerhalb der Nordic IN, in denen die Metalli vertreten ist:
» Kollektivvertragsverhandlungen,
» Arbeitswelt,
» Firmenspezifische Grundsätze,
» Industrielle Grundsätze,
» Ausbildung,
» Internationale Koordination & Baltische Länder.

EMF – Ausschüsse, Arbeitsgruppen, sozialer Dialog
Ausschüsse des EMF, in denen die Metalli vertreten ist:
» Kollektivverhandlung Grundsätze,
» Industrielle Grundsätze,
» Firmenspezifische Grundsätze.

Arbeitsgruppen des EMF, in denen die Metalli vertreten ist:
» Bildung und Ausbildung,
» Öffentlichkeitsarbeit,
» Beschäftigtennetzwerke,
» Mitgliederservice (Solidaritätspakt),
» Jugendaktivitäten.

Branchenspezifische Gruppen des EMF, in denen die Metalli vertreten ist:
- » Autoindustrie,
- » Stahlindustrie,
- » Schiffbau,
- » Informationstechnologie,
- » Maschinenbautechnik,
- » Gießereiindustrie,
- » Nichteisenmetalle.

IMF – Regionale Ausschüsse, sozialer Dialog
Ausschüsse des IMF, in denen die Metalli vertreten ist:
- » Schiffbau,
- » Elektronik,
- » Technik,
- » Stahl.

Sehr interessant sind auch die Solidaritätsprojekte in diversen Entwicklungsländern. Die Grundsätze dafür wurden am Gewerkschaftstag 2008 beschlossen und lauten wie folgt:
- » Ein Prozent des Mitgliedsbeitrages fließt in die Solidaritätsprojekte.
- » Priorität haben die Förderung der Gewerkschaftsrechte, die Organisation, die Verbesserung der Arbeitsbedingungen und die weltweite Kollektivvertragspolitik.
- » Projektpartner sind meistens globale Gewerkschaftsinstitutionen wie IMF und EMF in Asien, Afrika, Lateinamerika sowie Forschungsinstitutionen und Gewerkschaften.

Deutschland

IG Metall

Petra Gege,
IG Metall Hannover

Mein Praktikum umfasste von Betriebsratssitzungen über Betriebsversammlungen, Jugend- und Auszubildendenversammlungen bis zu Gesprächen in der Rechtsabteilung ein sehr umfangreiches Gebiet und eröffnete mir neue Blickwinkel.

Organisation und Struktur der IG Metall Hannover

Die IG Metall vertritt die ArbeitnehmerInnen der Branchen Eisen und Stahl, Handwerk (z. B. Elektro- und Kfz-Handwerk), Holz und Kunststoff, Metall- und Elektroindustrie sowie Textil-Bekleidung und ist mit über 2,3 Millionen Mitgliedern die größte Einzelgewerkschaft weltweit.

Die Verwaltungsstelle Hannover der IG Metall ist für die Landeshauptstadt Niedersachsens und für ein Gebiet zuständig, das die Städte Barsinghausen, Garbsen, Gehrden, Laatzen und Langenhagen sowie die Gemeinden Hemmingen, Isernhagen, Ronnenberg, Seelze und Wennigsen im Südwesten und Norden Hannovers umfasst.

Zu den wichtigen Betrieben im Organisationsbereich der IG Metall Hannover zählen:
» die VW Nutzfahrzeuge Hannover mit gegenwärtig zirka 13.500 Beschäftigten und einem Organisationsgrad von fast 100 Prozent;
» der Lkw-Teile-Hersteller WABCO (Westinghouse Air Brake Company) in Hannover mit 2.650 Beschäftigten vor Ort und einem Organisationsgrad von etwa 50 Prozent;
» der auf Wartung und Instandhaltung spezialisierte Standort des Flugzeugtriebwerksherstellers MTU am Langenhagener Flughafen – hier sind zirka 1.600 Personen beschäftigt, von denen nach beachtlichen Erfolgen bei der Mitgliederwerbung in den letzten Jahren mittlerweile rund 50 Prozent organisiert sind;
» die Mercedes-Benz-Niederlassung mit mehreren Standorten in Hannover und Umgebung, die etwa 1.000 Personen beschäftigt – hier sind knapp 69 Prozent der Belegschaft Mitglieder der IG Metall;

- » mehrere Teilgesellschaften von Siemens mit insgesamt mittlerweile weniger als 1.000 Beschäftigten und einem durchschnittlichen Organisationsgrad von unter 30 Prozent;
- » der Autobatteriehersteller VB (früher Varta, mittlerweile Teil des amerikanischen Konzerns Johnson Controls) mit ebenfalls zirka 1.000 Beschäftigten, von denen über 80 Prozent organisiert sind;
- » die frühere Hanomag, die heute zum japanischen Konzern Komatsu gehört und für diesen mit mittlerweile weniger als 1.000 Beschäftigten Radlader produziert;
- » der frühere Produktions- und heutige Verwaltungs- und Servicestandort von IBM – von den rund 900 Beschäftigten in verschiedenen Abteilungen sind 15 bis 25 Prozent Mitglieder einer der Gewerkschaften (IG Metall, ver.di);
- » der Standort Langenhagen-Godshorn des Mobilfunkbetreibers Vodafone, an dem vor allem Kundenbetreuung (Callcenter) und technischer Service mit gut 750 Personen vertreten sind – weniger als 15 Prozent von ihnen gehören der Gewerkschaft an;
- » die Bosch Siemens Hausgeräte mit einem reinen Dienstleistungsstandort, an dem zirka 600 Personen vor allem im Service arbeiten; der Organisationsgrad ist gering;
- » Bosch-Rexroth mit rund 600 Beschäftigten, unter denen die IG Metall relativ schwach organisiert ist;
- » die aus historischen Gründen zum Organisationsbereich der IG Metall gehörende Deutsche Messe AG mit über 700 Beschäftigten;
- » Berstorff mit 500 Beschäftigten – ein Unternehmen, das unter den im Allgemeinen stark geschrumpften Maschinenbaubetrieben heute noch eine bedeutsamere Stellung einnimmt.

Struktur einer Verwaltungsstelle der IG-Metall

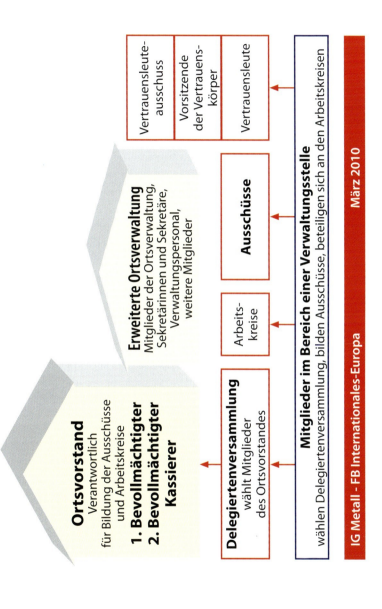

Die IG Metall in der Gesellschaft und ihre Hauptanliegen

Die IG Metall fordert eine soziale, demokratische und ökologische Wirtschaftsordnung sowie Gerechtigkeit in der Arbeits- und Lebenswelt. Gemeinsam mit ihren Mitgliedern gestaltet sie die politische Entwicklung mit, um faire Arbeits- und Lebensverhältnisse zu erreichen.

In der traditionellen Metallindustrie mit den meist klassischen, eher hierarchisch organisierten Arbeitsbereichen – die jedoch seit Langem im Schrumpfen begriffen sind – ist die IG Metall Hannover relativ gut aufgestellt, vor allem in der Produktion. In diesen Unternehmen funktioniert die Interessenvertretungsarbeit noch relativ gut: Meist gibt es starke Betriebsräte und -rätinnen[35], man kann auf eine gewerkschaftliche Kultur mit hohem Organisationsgrad verweisen. Eine Besonderheit in diesem Bereich stellt der größte Betrieb VW Nutzfahrzeuge dar: Hier sind auch zahlreiche moderne ArbeitnehmerInnen anzutreffen. Die Arbeitsbedingungen erweisen sich in besonderem Maß als von Gruppenarbeit geprägt, die der starke Betriebsrat teilweise beeinflussen kann.

Unternehmen moderner Branchen unterscheiden sich vor allem im Bereich IT deutlich von traditionellen Unternehmen. Die Beschäftigten arbeiten projektorientiert in kleinen Arbeitsgruppen oder Teams. Hier ist eine relativ große Distanz zwischen Habitus und Ansprüchen der Beschäftigten einerseits und der IG Metall andererseits zu erkennen.

In den meist kleinen Handwerksbetrieben herrschen oftmals patriarchalisch geprägte Strukturen vor. Da die Beschäftigten relativ verstreut sind, bringt dieser Bereich – sofern er überhaupt gewerkschaftlich erschlossen ist – intensive Betreuungsarbeit mit sich. Gleiches gilt auch für die im Außendienst Tätigen aus anderen Unternehmen, beispielsweise Monteure. Hier besteht das Hauptproblem darin, dass diese Beschäftigten kaum noch Kontakt miteinander haben, weil sie sich aus arbeitsorganisatorischen Gründen nur selten begegnen.

Außerdem gibt es noch den Bereich der gering qualifizierten bzw. prekären Beschäftigung, der auch die ZeitarbeiterInnen umfasst, sowie jene Mitglieder, die nicht im Arbeitsprozess stehen – vor allem Arbeitslose und RentnerInnen. Letztere sind in der Verwaltungsstelle seit 1976 im Arbeitskreis Senioren der IG Metall organisiert, der sich alle zwei Wochen im Freizeitheim Ricklingen zusammenfindet, um unter anderem aktuelle gewerkschaftliche Fragen zu diskutieren oder sich bei Referaten von Fachleuten aus Politik und Wirtschaft zu informieren. Auf dem Programm stehen weiters Bildungsmaßnahmen und gemeinsame Aktivitäten. Die SeniorInnen sind explizit auch zur Unterstützung

---

[35] Der Betriebsrat wird von allen Beschäftigten gewählt und ist die gesetzliche Interessenvertretung im Betrieb. Seine Rechte und Pflichten regelt das Betriebsverfassungsgesetz. Mehr als 80 Prozent der Betriebsratsmitglieder in der Metallwirtschaft sind in der IG Metall organisiert. Sie wollen die Mitbestimmungsrechte zugunsten der Belegschaft ausweiten.

von betrieblichen Aktionen bereit, sofern dies nötig sein sollte: „Wenn ihr uns braucht, sagt Bescheid. Wir kommen in und vor die Betriebe."

In der IG Metall Hannover herrscht eine stark politische Orientierung vor. Die Gewerkschaft richtet sich an alle demokratischen Parteien, die offen für ArbeitnehmerInneninteressen sind. Aufgrund ihrer historischen Entwicklung und der Identifikation mit sozialliberalen und sozialdemokratischen Positionen steht die IG Metall der Sozialdemokratie und ihren politischen Akteuren bzw. Akteurinnen jedoch weitaus näher als anderen. Nachdrücklich vertritt die IG Metall Hannover die Forderung nach einer arbeitnehmerInnenorientierten Politik. Wie manche GewerkschafterInnen betonen müsse allerdings in der gesamten IG Metall wie auch in der Verwaltungsstelle Hannover noch deutlicher gemacht werden, dass die Gewerkschaft ein „politisches Mandat" habe, das über den Bereich der Betriebs- und Tarifpolitik hinausreiche.

Erfolge bei der Mitgliederwerbung sind vor allem dort zu vermelden, wo es gelingt, die Beschäftigten durch Betriebsratsmitglieder persönlich anzusprechen, statt dies von außen kommenden GewerkschaftsvertreterInnen zu überlassen. Als ein erfolgversprechender Weg hat sich auch die in den letzten Jahren stärker betriebene strategische Mitgliederentwicklung in enger Kooperation von Verwaltungsstelle und Betriebsrat erwiesen. Hier sei nicht zuletzt auf das Informations- und Werbematerial lobend verwiesen. Die Gewerkschaft versucht, sich auf die Modernisierungsprozesse und Veränderungen der Belegschaftsstruktur einzustellen.

Die Netzwerke der IG Metall

Um ihre Mitglieder optimal zu vernetzen und so einen regelmäßigen Kontakt, aber auch Austausch von Informationen zu gewährleisten, ist die IG Metall bzw. ihre Jugendorganisation IG Metall Jugend in zahlreichen Sozialen Netzwerken präsent: auf twitter, Facebook, Google+, YouTube, studiVZ, meinVZ und Flickr.

Weiters finden IG-Metall-Mitglieder im Forum A.T.U, im Netzwerk Chancengleichheit, in der Gruppe Conti-Schaeffler-Nachrichten der IG Metall, im Engineering-Netz, in den Netzwerken Europäische Betriebsräte und Holzwürmer, im Hochschulinformationsbüro der IG Metall, in den Netzwerken i-connection und ITK, im Gutachternetzwerk Ingenieurwissenschaften und Informatik, in den Netzwerken Landtechnik sowie Maschinen- und Anlagenbau, beim Bildungsportal Weiterbilden – Ausbilden – Prüfen, beim Netzwerk Worker Wheels und beim Netzwerk Zeitarbeit vielfältige Unterstützung.

Auf das IG-Metall-Intranet haben ausschließlich hauptamtliche MitarbeiterInnen Zugriff. FunktionärInnen bekommen über das IG-Metall-Extranet alle

Werkzeuge, Unterlagen und Informationen, die sie für ihre Tätigkeit als Betriebsrätin bzw. Betriebsrat, als Vertrauensperson und Jugendvertrauensrätin bzw. Jugendvertrauensrat benötigen.

Organizing-Projekt der IG Metall Hannover

Um noch mehr Mitglieder an sich zu binden und die gewerkschaftlichen Anliegen effizienter durchsetzen zu können, entschied man sich bei der IG Metall Hannover dazu, Organizing einzuführen und diese Strategie in das Bezirksprojekt einzubinden.

Hierfür bedarf es eines gut durchdachten und strukturierten Plans. Die ersten Umsetzungsschritte erweisen sich dabei immer als die schwierigsten. Es gilt einen Fragenkatalog zu erstellen und diesen Punkt für Punkt abzuarbeiten. Zunächst gilt es einen Fragenkatalog zu erstellen und diesen Punkt für Punkt abzuarbeiten. Von Rückschlägen und Stillständen im Prozess darf man sich nicht entmutigen und vom Ziel abbringen lassen. Jedes Projektmitglied sollte immer auf dem aktuellsten Stand des Prozesses sein, daher muss die Projektgruppe in regelmäßig organisierten Treffen Informationen darüber auszutauschen, wie weit man noch vom Ziel entfernt ist und was schon erreicht werden konnte. Für eine erfolgreiche Kampagnenarbeit ist es außerdem entscheidend, nach erreichten Zielen nicht aufzuhören, sondern „am Ball" zu bleiben, denn es gibt immer wieder Neues, das man erreichen möchte und kann. Das Wichtigste an einer erfolgreichen Organizing-Kampagne ist: Nicht nachlassen!

Im Rahmen meines Praktikums kristallisierte sich immer mehr heraus, dass Organizing nicht nur in einem einzelnen Betrieb umzusetzen, sondern eine ganze Branche in den Fokus zu nehmen ist. Das erfordert sehr viel Engagement, Zeit und Teamarbeit – aber der Erfolg spricht für sich, lassen sich doch ein höherer Organisationsgrad sowie bessere Bedingungen für die Mitglieder erreichen. Um etwa einen Flächentarifvertrag für das Elektrohandwerk zu erreichen, strebte die Verwaltungsstelle Hannover die Kooperation mit anderen Verwaltungsstellen an, in deren Bereich ebenfalls Elektrohandwerksbetriebe liegen. Gemeinsam sollte innerhalb eines Zeitrahmens von eineinhalb bis zwei Jahren eine Organizing-Kampagne umgesetzt werden.

Als die Entscheidung für ein Organizing-Pojekt in Hannover und dessen Einbindung in das Bezirksprojekt gefallen war, wurde eine Recherche geeigneter Betriebe für das Organizing durchgeführt. Die Wahl fiel schließlich auf die Firma Wahl + Co, weil hier ein wenngleich nicht intensiver Kontakt zum Betriebsrat bestand und es sich um einen strategischen Betrieb im Elektrohandwerk handelt. Der Familienbetrieb in dritter Generation hat mittlerweile drei Geschäftsführer, 15 Mitarbeiter (Stand zu Beginn des Projekts) und seit 1994 den IG Metall Tarifvertrag. In der Firma wird der CGM-Tarifvertrag angewendet; der Betriebsratsvorsitzende ist Mitglied der CGM (Christliche Gewerkschaft Metall), einige IG-Metall-Mitglieder sind im Betriebsrat.

Die interne Zielsetzung des Organizing-Projekts umfasste folgende Punkte:
» Kontaktaufnahme mit Beschäftigten,
» Finden von Konfliktthemen,
» Schaffung eines Aktionstreffs,
» Erstellung eines Aktionsplanes,
» Erhöhung des Organisationsgrads,
» Erhöhung der IGM-Orientierung im Betriebsratsgremium,
» Herstellung der IGM-Tarifbindung.

Als personelle Ressourcen dafür wurde ein Drittel der Arbeitszeit einer vollen Sekretärsstellung eingeräumt, zusätzliche personelle Unterstützung kam von der Bezirksleitstelle und der IGM Hannover. Das Organizing-Team setzte sich schließlich aus einem Sekretär, dem Team der Firma Wahl + Co sowie den unterstützenden KollegInnen aus der Verwaltungsstelle und der Bezirksleitstelle zusammen.

Die Finanzierung erfolgte durch einen Strukturfonds über die Bezirksleitstelle, wissenschaftliche Unterstützung bekam man durch den Soziologen Juri Hälker.

Projektablauf und Ergebnis

Zunächst wurde Kontakt mit dem Betriebsrat von Wahl + Co aufgenommen und die Entscheidung getroffen, gemeinsam den Weg des Organizings zu gehen. Darauf erfolgte eine Recherche zum Relationsnetz mit ersten spannenden Erkenntnissen: starke Haltung pro Hannover-Region und ein Kunden- und GeschäftspartnerInnenkreis, der in der IGM organisiert ist. Nach einem gemeinsam beschlossenen Rating wurden One-to-One-Gespräche nach einem Gesprächsleitfaden (Botschaft und Ziel) geführt und Gesprächsprotokolle erstellt.

Im Mittelpunkt eines ersten organisierten Treffens mit Kolleginnen und Kollegen von Wahl + Co standen die Fragen „Was läuft bei euch gut im Betrieb?" bzw. „Was muss besser laufen?". Positiv bewerteten die MitarbeiterInnen die pünktliche Lohnzahlung und die Kollegialität, Verbesserungsbedarf sahen sie hingegen bei der Wertschätzung, in den Bereichen Überstunden, Gesundheitsbonus, Entgelt und beim CGM-Kollektivvertrag. In der Betriebsversammlung diskutierten die KollegInnen vor allem das zentrale Thema Überstunden. Eine Abstimmung zu diesem Thema und ein Handlungsauftrag der Belegschaft folgten. Seitdem finden wöchentliche Aktiventreffen statt. Die Betriebsversammlungen waren in der Folge vorbereitet, es gab beteiligungsorientierte Aktionen, eine Absprache bei Wortbeiträgen und organisierte Wortmeldungen.

Von den nunmehr durchgeführten öffentlichkeitswirksamen Aktionen sei etwa auf die Rote-Beetle-Aktion vor der Kochschule des Chefs, die Operation Tandure (Plakat bei der Betriebsfeier), eine Flyerverteilaktion (Aufruf zum Mitmachen bei den Aktiven), Anzeigen in der Lokalzeitung (Motto: „Wir werden öffentlich"), Blitzaktionen (konstatierter Besuch von Baustellen) und Anhängeraktionen (Plakatierung der Forderungen vor der Firma und dem Privathaus des Chefs) verwiesen. Außerdem kamen die Neuen Medien zum Einsatz: Interessierte konnten sich online informieren und auf YouTube ein Video36 [36] über das Leben eines Arbeitnehmers bei Wahl + Co ansehen. Bei manchen Aktionsformen – Operation Tandure und Anhängeraktion – gab es kritische Momente, auch eine Internetpanne und Spannungen zwischen Aktivenkreis/Betriebsrat bzw. Betriebsrat/IG Metall erwiesen sich als problematisch. Außerdem stießen die Beteiligten auf Gegenwehr des Arbeitgebers (Brennpunkte, Belegschaftsversammlungen).

Die zentralen Erkenntnisse aus dem Projekt: Organizing ist ein Teamprojekt, der Betriebsrat als Koalitionspartner unabdingbar. Bei der Umsetzung von Organizing gilt es die Zielrichtung der Aktionen genau zu prüfen (keine Normverstöße, nicht immer direkte Angriffe auf den Arbeitgeber bzw. die Arbeitgeberin) und die Legitimationsgröße des Aktivenkreises zu beachten. Aktive sollten außerdem auf mögliche Auseinandersetzungen vorbereitet werden. Elemente wie Beteiligungsorientierung, Rating und Mapping/Betriebsplan können in die Betreuungsarbeit übernommen, der Übergang in die Regelbetreuung muss gut organisiert werden.

Für die MitarbeiterInnen von Wahl + Co. ließen sich einige Erfolge erzielen, welche die Notwendigkeit der kampfstarken Gewerkschaft verdeutlichen: Es gab materielle Verbesserungen (jede Überstunde wird gezahlt, Intranetplattform) und eine Emanzipation von Betriebsrat und Teilen der Belegschaft. Die Gesprächskultur der Geschäftsleitung hat sich verändert und die IG Metall spielt nun wieder eine Rolle im Betrieb (Mitgliedersteigerung). Aktivierte Mitglieder ergriffen außerdem Eigeninitiative und implementierten ein Branchentreffen. Die zuvor beschriebene interne Zielsetzung des Organizing-Projekts wurde somit in allen Punkten erreicht!

---

[36] Das Video ist abrufbar unter *http://www.youtube.com/watch?v=BcBG-gjz8lM*.

Wertvolle Einblicke in die Arbeit der IG Metall Hannover

Obwohl ich selbst aus einem Industriebetrieb komme, war für mich die Arbeit bei der IG Metall – sie reichte von der Teilnahme an Betriebsratssitzungen und Betriebsversammlungen über Jugend- und Auszubildendenversammlungen bis zu Gesprächen in der Rechtsabteilung – etwas völlig Neues. Der Spagat zwischen den einzelnen Bereichen war nicht immer leicht, aber ich denke, er ist mir recht gut gelungen.

Auf den ersten Blick ähnelt die Gewerkschaft in ihrer Struktur jener in Österreich. Auf den zweiten Blick fallen jedoch gewisse Unterschiede auf. So haben nur Mitglieder der IG Metall Anspruch auf einen Tarifvertrag. Die ArbeitgeberInnen zahlen aber auch den Nichtmitgliedern den Tariflohn. Sie wollen damit verhindern, dass noch mehr MitarbeiterInnen der Gewerkschaft beitreten.

Bei den Bürobesprechungen wurde mir außerdem bewusst, wie umfangreich das Aufgabengebiet eines Gewerkschaftssekretärs bzw. einer Gewerkschaftssekretärin ist, auch das Mitspracherecht scheint hier umfassender zu sein. Neben völlig unterschiedlichen Aufgaben in der Organisation – etwa die Organizing-Kampagne von Koll. Sascha Dudzik – betrifft dies insbesondere die Betreuung der Betriebsräte in den verschiedenen Betrieben. Neu für mich war, dass der betreuende Sekretär/die betreuende Sekretärin bei Beratungsgesprächen der Betriebsrätinnen und Betriebsräte, bei fast jeder Betriebsversammlung und jeder Betriebsratssitzung anwesend ist. Diese unterscheiden sich im Übrigen wesentlich von jenen, die ich aus meinem Betrieb kenne: Der Aufbau einer solchen Betriebsratssitzung ist viel strukturierter und umfangreicher, Betriebsversammlungen werden jedes Quartal abgehalten und sind meines Erachtens hochprofessionell organisiert. Die GewerkschaftssekretärInnen prüfen weiters, ob die ausgehandelten Tarifverträge (viele gelten länger als ein Jahr) und deren Sonderregelungen termingerecht eingehalten werden. Ein Beispiel aus der Praxis: Im Zuge von mehr als ein halbes Jahr dauernden Tarifverhandlungen wurde bei einer Firma eine wöchentliche Mehrarbeitszeit vereinbart, dies aber nur im Gegenzug mit Investitionen und erheblichen Vergünstigungen für die ArbeitnehmerInnen. Die Firma musste hierfür nachweisen, dass die Mehrarbeitszeit tatsächlich so viele Einsparungen bringt wie vorgerechnet.

Ich habe während des Praktikums auch festgestellt, dass den Betriebsrätinnen und -räten sowie Vertrauensleuten für die Weiterbildung ein sehr umfangreiches Ausbildungsprogramm offen steht – einer von vielen Aspekten der gewerkschaftlichen Arbeit. Diese erfährt große Wertschätzung, wie etwa der Umstand beweist, dass die gesamte Verwaltungsstelle der IG Metall Hannover jedes Jahr vom Oberbürgermeister zu einem Brunch eingeladen wird.

Persönliche Erfahrungen beim Praktikum

Auf ein Auslandspraktikum muss man sich, so meine Erfahrung, vorbehaltlos einlassen können. Dafür war für mich der Rückhalt aus meinem privaten Umfeld, hauptsächlich von meiner Familie, sehr wichtig. Schließlich nehmen die Eindrücke, die auf einen zukommen, so viel Raum ein, dass kaum noch Platz für anderes ist. Der Kopf muss komplett frei für diese Aufgabe sein, und man sollte sich auch bewusst machen, dass nicht immer alles reibungslos vonstattengehen kann.

Ich habe das Glück gehabt in ein tolles Team aufgenommen worden zu sein. Die Kolleginnen und Kollegen haben ihre Termine so abgesprochen, dass ich an möglichst vielen Veranstaltungen, Sitzungen und Besprechungen jeder Art teilnehmen konnte. Auch bei der Erstellung meines Praktikumsberichtes bekam ich unglaubliche Unterstützung: Mir wurden umfangreiche Unterlagen zur Verfügung gestellt, und die KollegInnen waren sehr geduldig, wenn ich mit Fragen zu ihnen kam.

Hätte ich noch einmal die Möglichkeit, ein Praktikum bei einer Gewerkschaft zu machen, dann nur in der Verwaltungsstelle der IG Metall Hannover.

Vielen Dank!

Daniel Hubmann,
IG Metall Frankfurt und GEW Frankfurt

PRAKTIKUMSORT 1: IG Metall Frankfurt

Aktuelle Themenschwerpunkte und Kampagnen der IG Metall Frankfurt

„Gemeinsam für ein gutes Leben: Arbeit: sicher und fair!"

Die Kampagne macht darauf aufmerksam, dass junge Menschen auch ein Recht auf sichere Arbeit, gute Arbeit, Vereinbarkeit von Arbeit und Leben, gerechte Chancen auf Bildung, Ausbildung und soziale Sicherheit haben.

„Leiharbeit (Gleiche Arbeit – Gleiches Geld)"

Dabei geht es um alles, was mit dem Begriff Leiharbeit zu tun hat – ein Problembereich, der uns in Österreich ja auch beschäftigt.

„Operation Übernahme"

Hier wird das Problem angesprochen, dass nur 50 Prozent der Auszubildenden nach ihrem Abschluss fix vom Betrieb übernommen werden.

IG Metall zum Atomausstieg der Bundesregierung

Die IG Metall kritisiert die von der Regierung beschlossene Energiewende als nicht weitreichend genug und setzt sich für eine leistungsstarke und wachsende Wind- und Photovoltaikindustrie ein. In beiden Branchen müssen aber faire Arbeitsbedingungen herrschen und Tarifverträge Standard sein. Eine Branche, die eine hohe öffentliche Förderung erhält, muss auch ihrer sozialen Verantwortung gerecht werden.

Hände weg von der Tarifautonomie

Mit einer gemeinsamen Wirtschaftsregierung will die Europäische Union mehr Einfluss auf die Wirtschaftspolitik der Mitgliedsstaaten nehmen. Nach den Plänen der EU-Kommission und konservativer Regierungen sollen nicht

Banken und SpekulantInnen, sondern RentnerInnen, Kranke und Beschäftigte für die Kosten der Krise zahlen. Zwar haben die Mitglieder der Kommission ihre Angriffe auf ArbeitnehmerInnenrechte etwas abgemildert, dennoch hat sich der Inhalt des Papiers nicht verändert. Bei den Euro-Schuldenländern wird die Sparschraube angezogen, sie sollen Sozialleistungen kürzen und das Lohnniveau senken. Der Druck auf die Löhne würde in ganz Europa steigen. So sieht das Papier vor, die Lohnstückkosten jedes Landes an der Entwicklung der anderen europäischen Länder auszurichten. Der öffentliche Sektor soll bei der Lohnentwicklung die Vorbildrolle übernehmen und als Lohnbremse in der Privatwirtschaft wirken. Mich wundert es, dass das in Österreich nicht öffentlich diskutiert wird.

Bildungspolitische Veranstaltungen – der Theorie-Praxis-Dialog

Der Theorie-Praxis-Dialog bringt Menschen aus der gewerkschaftlichen und wissenschaftlichen „Praxis" zusammen, die sich über ihre Arbeit austauschen wollen. In der Bildungsarbeit der IG-Metall-Bildungsstätten und in der regionalen Bildungsarbeit werden Methodik und Didaktik von Bildungsprozessen ständig weiterentwickelt und beispielsweise in ReferentInnen-Arbeitskreisen diskutiert. Ein bundesweiter systematischer Austausch darüber fehlt bislang. Auch die pädagogischen WissenschaftlerInnen entwickeln ihre Theorien – zum Teil sehr nah an den praktischen Anforderungen – weiter. Sie freuen sich, diese theoretischen Neuerungen mit erfahrenen Praktikerinnen und Praktikern zu diskutieren. Es eint uns dabei das Interesse an einem gemeinsamen Anliegen: die Verbesserung der gesellschaftlichen Verhältnisse. Der Theorie-Praxis-Dialog greift aktuelle, kontrovers gewordene, aber auch „vernachlässigte" Themen der gewerkschaftlichen Bildungsarbeit auf und stellt die Ergebnisse für eine weitere Diskussion in den unterschiedlichen Gremien oder Arbeitsebenen der IG Metall zur Verfügung.

Die bisherigen Themen des Theorie-Praxis-Dialogs waren:
» Krise-Kritik-Praxis;
» Didaktische Beispiele zum Thema „Interessengegensatz";
» Aspekte „Interkultureller Kompetenz";
» Methoden internationaler Bildungsarbeit im Praxistest;
» „Der politische Mensch" – Im Dialog mit Oskar Negt;
» Von der politischen Bildung zur politischen Aktion „Revolutionen beginnen am Bahnsteig …" mit Dr. Bettina Lösch (Universität Köln).

Sie sind alle als Broschüre erhältlich.

Internationale Vernetzung der IG Metall Frankfurt

Neben der Internationalen Abteilung nehmen auch einige MitarbeiterInnen in den unterschiedlichen Abteilungen (z. B. Tarifverträge, Bildung, Jugend) internationale Aufgaben wahr. Sie sind die EuropaexpertInnen in ihren Fachbereichen und alle gemeinsam in einer „Arbeitsgruppe Europa" tätig, die aktuell 28 Personen umfasst. Diese AG Europa trifft sich des Öfteren zu Besprechungs- und Koordinierungssitzungen, und ich habe dort während meines Praktikums die meisten Kontaktpersonen zu den jeweiligen Abteilungen kennengelernt.

Die letzten internationalen Aktivitäten der IG Metall Frankfurt waren folgende:

Rechtliche Hürden gegen Dumping-Wettbewerb:
Ab dem 1. Mai gilt das europäische Grundrecht auf Freizügigkeit auch für Menschen aus Osteuropa, die in Deutschland arbeiten möchten. Verschiedene Gesetze sollen sie und die Deutschen vor Lohndumping schützen, sie reichen aber noch nicht aus.

Mindesteinkommen für alle:
Im Rahmen des 3. Deutsch-Französischen Gewerkschaftsforums Ende November 2010 in Paris forderten die im EGB vertretenen GewerkschaftsorganisatorInnen die Politik auf, nachhaltiges Wachstum und gute Arbeit in den Mittelpunkt zu stellen, und eine zukunftsfähige Industriepolitik zu fördern. Um den sozialen Wettbewerb zu verringern und allen ein Mindesteinkommen zu sichern, forderten die GewerkschafterInnen zudem einen gesetzlichen oder tariflichen Mindestlohn.

Vom Aussterben bedroht?:
Die US-Gewerkschaftsbewegung kämpft ums Überleben. Trotz der erfolgreichen Wahl Barack Obamas zum Präsidenten und eines mehrheitlich demokratischen Kongresses seit 2008 gelang es den Gewerkschaften nicht, eine umfassende Arbeitsrechtsreform im Kongress durchzusetzen. Zudem sinken die Mitgliederzahlen in den Schlüsselbranchen. Die Friedrich-Ebert-Stiftung analysiert den Zustand der US-Gewerkschaften und erklärt die internationalen Auswirkungen.

Aktuelle Aktionen und Kampagnen

Die Highlights der Mitglieder-Kampagnen bei der IG Metall Frankfurt sind die Sommer-, Winter- und Auszubildendenaktion. Hier bekommen Mitglieder in einem gewissen Zeitraum 15-Euro-Gutscheine (von verschiedenen Anbietern) für jedes geworbene Mitglied, oder im Winter eine Flasche Sekt zu Silvester. Finanziert werden diese Aktionen von den Verwaltungsstellen selbst. Die erste bundesweit von Vorstand durchgeführte Sommeraktion war ein großer Erfolg: In einem Monat konnten über 6.000 neue Mitglieder gewonnen werden.

Eine weitere Kampagne heißt schlicht und einfach BOB (Betriebe ohne Betriebsrat) und richtet sich in erster Linie an die Hauptamtlichen, die hier geschult werden, neue Betriebe zu organisieren. Um das Thema noch etwas breiter zu streuen, werden aber auch immer mehr FunktionärInnen in diese Schulung hinein genommen. Es gibt zum Bereich des Organisierens recht viel Infomaterial, unter anderem auch einen genauen Leitfaden, wie man vorgehen sollte. Dort kann man dann genau nachsehen, in welcher Phase man sich befindet und welche Techniken man am besten einsetzen kann:

» Phase 1: Recherche und Kontakt
» Phase 2: Die „heiße" Phase
» Phase 3: Vorbereitung der Wahl
» Phase 4: Die Wahl
» Phase 5: Qualifikation und Integration des neuen Betriebsrats

Auch die Mitgliederrückgewinnung hat bei der IG Metall zentralen Stellenwert. Jedem einzelnen Austritt wird nachgegangen, zuerst vom Betriebsrat oder den Vertrauensleuten, und wenn diese die Ausgetretene/den Ausgetretenen vom Zurückkommen überzeugen können, von der Verwaltungsstelle. Diese versorgt die betreffenden Personen dann mit wichtigen Unterlagen (per Mail bzw. Post), damit sie sehen, was sie bei einem Austritt alles verlieren würden. Gegebenenfalls wird auch noch nachgerufen. Die stillen Austritte laufen hier Hand in Hand mit, nur eben erst ab der Verwaltungsstellen-Ebene. Die Betriebsräte sind auch in den Betrieben aufgefordert sich des Problems anzunehmen und auf das Unternehmen zugeschnittene automatische Systeme zu finden, um den Mitgliederverlust möglichst klein zu halten.

Und zu guter Letzt möchte ich noch die Kampagne „Gemeinsam für ein gutes Leben" vorstellen. Hier geht es darum die Probleme der Jugendlichen aufzuzeigen, vor allem jenes, dass sie im Moment nicht recht viele Chancen auf eine sichere Zukunft haben. Die Hauptthemen der Kampagne sind: Arbeits- und Leistungsbedingungen, Ausbildungsplätze, befristete Arbeitsverträge, Beschäftigungssicherung, betriebliche Altersvorsorge, Familie und Beruf, Leiharbeit, Praktika, Werkverträge, Qualität der Ausbildung sowie Übernahme, Weiterbildung und Qualifizierung. Das Ganze können Interessierte mithilfe eines Betriebschecks im eigenen Unternehmen Punkt für Punkt durchgehen, am Ende sehen sie dadurch, wie sicher die Zukunft der Jugend in der Firma ist. Bei der Kampagne dabei ist noch eine Jugend-Charta, mit der jede Verwaltungsstelle ihre jeweiligen BündnispartnerInnen zusammenstellen kann, um dann gemeinsame Aktionen und Medienauftritte durchzuführen. Und nebenbei ist auch noch eine Roadshow in ganz Deutschland unterwegs, die die Bevölkerung auf das Problem aufmerksam machen will.

PRAKTIKUMSORT 2: Gewerkschaft Erziehung und Wissenschaft (GEW) Frankfurt

Organisation und Aufgaben der GEW

Zweck und Aufgabe der GEW sind die Wahrnehmung der beruflichen, wirtschaftlichen, sozialen und rechtlichen Interessen ihrer Mitglieder, der Ausbau der Geschlechterdemokratie, die Förderung von Erziehung und Wissenschaft, der Ausbau sowie die interkulturelle Öffnung der in deren Diensten stehenden Einrichtungen.

Als Mittel zur Erreichung dieser Ziele betrachtet die GEW unter anderem:
» die Arbeit der GEW in allen satzungsmäßigen Organen und Gremien,
» die Meinungs- und Willensbildung in Kundgebungen, Versammlungen, Tagungen und Kursen,
» die berufliche und gewerkschaftliche Fortbildung der Mitglieder,
» den Rechtsschutz für die berufliche Tätigkeit des Mitglieds und die Gewährung von kollegialer Hilfe in besonderen Fällen,
» die gesetzlich gewährleistete Einflussnahme auf die Verwaltung,
» den Abschluss von Tarifverträgen,
» die Zusammenarbeit mit Parlamenten und deren Ausschüssen,
» die Zusammenarbeit mit Körperschaften und Organisationen sowie mit ausländischen Gewerkschaften und internationalen Verbänden,
» die Einflussnahme auf die Öffentlichkeit durch Pressearbeit,
» die Herausgabe von Zeitungen und Druckschriften,
» die Unterstützung solcher Mitglieder, die wegen ihres Eintretens für die Gewerkschaft Schaden erleiden.

In der GEW organisieren sich hauptberuflich tätige Arbeitnehmerinnen und Arbeitnehmer sowie nicht betriebsgebundene freie Mitarbeiterinnen und Mitarbeiter mit lehrenden, ausbildenden oder assistierenden Tätigkeiten im Bereich der öffentlichen und privaten Schulen oder mit pädagogischen und sozialpädagogischen Tätigkeiten im öffentlichen und privaten Dienst. Außerdem Angehörige von Hochschulen, wissenschaftlichen Instituten und Forschungseinrichtungen, Personen mit verwaltenden Tätigkeiten, wenn sie vor Aufnahme dieser Tätigkeit einen der vorgenannten Berufe ausgeübt haben, oder Schulaufsichtsbeamte. Weiters organisieren sich in der GEW Personen, die im Anschluss an eine oben genannte Tätigkeit in den Ruhestand getreten sind oder ein politisches Mandat erworben haben, Studierende, die sich auf einen der oben genannten Berufe vorbereiten, und Personen, die für einen oben genannten pädagogischen, sozialpädagogischen oder wissenschaftlichen Beruf ausgebildet sind, aber aufgrund der Arbeitsmarktsituation eine Beschäftigung nicht ausüben können. Mitglieder, die eine Tätigkeit außerhalb des Organisationsbereichs der GEW aufnehmen, werden zur Wahrung ihrer tariflichen und sonstigen Rechte an die für sie zuständige DGB-Gewerkschaft überwiesen.

Gewerkschaftliche Bildungsarbeit (gb@)

Die gewerkschaftliche Bildungsarbeit in der GEW hat die Aufgabe, die politische Arbeit der Gesamtorganisation im Bund und in den 16 Landesverbänden zu unterstützen.

Die Arbeit der gb@, d. h. die Umsetzung des vom Gewerkschaftstag 1997 in Chemnitz beschlossenen Rahmenkonzeptes der gb@ und der darin enthaltenen Ziele und Aufgaben findet regional statt. Konkret: Die GEW-Landesverbände entwickeln auf der Basis der skizzierten Vorgaben in eigener Verantwortung ein gb@-Angebot, das den Erfahrungen und Interessen ihrer Mitglieder entspricht.

Die Finanzierung erfolgt aus einem auf der Bundesebene eingerichteten Gemeinschaftsfonds (teilweise ergänzt durch Eigenmittel der Landesverbände). Qualitätssicherung und Koordinierung der gb@ in den Landesverbänden und die Bearbeitung zentraler Aufgaben (Konzeptentwicklung, Evaluation, Weiterbildung der Bildungsarbeiterinnen und Bildungsarbeiter u. ä.) werden vom Koordinator der gb@ beim Hauptvorstand der GEW in Frankfurt wahrgenommen. Dessen Tätigkeit gliedert sich in vier Arbeitsfelder: die Koordination der gb@-Zusammenarbeit mit den gb@-Vertreterinnen und -Vertretern der GEW-Landesverbände im Rahmen der Bildungsarbeitskonferenz (BAK), die Seminare/Angebote für die Arbeits- und Organisationsbereiche beim HV, die Kooperation zur Weiterentwicklung der gb@ (externe und interne Kontakte) und die Organisation der Koordination bzw. des Büros der gb@.

Mit ihrer Tätigkeit verfolgt die gb@ folgende Ziele:
» Stärkung der Eigenständigkeit der GEW als Bildungsgewerkschaft,
» Erfolgreiche Bearbeitung zukunftsorientierter politischer Inhalte,
» Entwicklung und Förderung politischer Strukturen, die demokratische Beteiligung und effizientes Arbeiten in der GEW verbessern.

Damit die gb@ ihren Beitrag zur Innovationsfähigkeit und Handlungskompetenz der GEW leisten kann, hat sie differenzierte Seminar-, Schulungs- und Beratungsangebote entwickelt. Das Programm der gb@ umfasst Basisseminare zur Grundlagenbildung in gewerkschaftlichen Fragen (Aufbau und Ziele der GEW, gewerkschafts- und bildungspolitische Positionen, aktuelle Themen wie Bildungsfinanzierung, Autonomie von Schulen, multikulturelle Erziehung u. ä.) und Trainings zur Erweiterung sozialer und kommunikativer Tätigkeiten (Moderation und Mediation, Team-, Zeit- und Selbstmanagement, Stress- und Konfliktbewältigung). Kurz- und langfristige Kooperationen mit den verschiedenen „Ebenen" der GEW (Verbesserung der Gremienarbeit, Unterstützung bei Organisationsentwicklung, Integration der schulischen und nicht schulischen Bereiche) sind ebenfalls Teile des gb@-Programms.

Zielgruppen für diese Angebote sind zum einen die Aktiven der GEW (gewählte Funktionärinnen und Funktionäre in den Untergliederungen und in den Fach- und Personengruppen, Vertrauensleute in den pädagogischen Einrichtungen, Beschäftigte der GEW). Zum anderen richten sich die Angebote an ausgewählte Mitgliedergruppen (Frauen, junge Mitglieder, Seniorinnen und Senioren usw.).

Mein Fazit zu den Lerneffekten

Meine Erwartung vor dem Praktikum war, dass ich viele Betriebe von innen sehen, direkt mit den Leuten vor Ort in den Betrieben zusammen kommen und natürlich auch die Strukturen und Kampagnen der Gewerkschaften kennenlernen werde. Erstens kam es anders und zweitens besser, als ich je erwarten konnte. Ich wurde von allen super aufgenommen. Zwar habe ich keine Firmen von innen gesehen, was mich anfangs noch sehr beschäftigt hat, aber dafür war ich in den wichtigen zentralen Abteilungen, habe mich direkt bei den ExpertInnen informiert und mit ihnen über die einzelnen Fachbereiche diskutiert. Anfangs wurde ich noch überhäuft mit Informationen und Materialien, doch am Ende lichtete sich das meiste und ich habe einen guten Überblick gewonnen.

Die meisten Systeme in Deutschland sind zwar gänzlich anders, aber die kleinen Problemchen doch irgendwie vertraut. Der Faktor 10 hat mich durch das gesamte Praktikum begleitet: Werden die ganzen Zahlen (Mitglieder, EinwohnerInnen, Budget) durch 10 gerechnet, sind sie ungefähr mit unseren vergleichbar. Beeindruckend war auch die riesengroße IG-Metall-Zentrale (Vorstand).

Was ich mir auf alle Fälle mitnehmen werde ist die gut gelebte Einstellung für ein gemeinsames Europa und die Mitgliederarbeit, denn die IG Metall hat die Austrittswelle gestoppt und die GEW verzeichnet seit einigen Jahren sogar ein leichtes Mitgliederplus. Außerdem hat der Umstand, dass die Tarifverträge nur für Mitglieder gelten, bei mir Eindruck hinterlassen. Denn seit ich Gewerkschafter bin, hat man mir erklärt, dass das nicht geht und es der Tod der Gewerkschaften wäre, weil die Firmen den Nichtmitgliedern dann mehr bezahlen und in der Folge die meisten Gewerkschaftsmitglieder austreten würden. Es stellt sich daher für mich die Frage, warum unsere SpitzengewerkschafterInnen nicht sehen, dass dieses Modell in Deutschland gut funktioniert und die Ängste dort überhaupt nicht verstanden werden.

Im Rahmen meines Praktikums habe ich erlebt, dass bei fast jeder Gewerkschaft Aktionen zur Anwerbung neuer Mitglieder durchgeführt werden. So werben etwa bei der IG Metall Frankfurt Mitglieder selbst neue Mitglieder und bekommen für jede Neuanmeldung zum Beispiel 15-Euro-Gutscheine, Sachen aus dem Webshop usw. Solche Vorschläge werden in Österreich aber seit Jahren als unerwünscht und nicht rentabel abgeschmettert. Die GEW fährt eine ganz besondere Linie bei den Neugeworbenen. Sie hat einmal erhoben, dass die meisten Austritte in den ersten beiden Jahren nach dem Beitritt zur Gewerkschaft erfolgen. Deshalb werden jetzt alle neuen Mitglieder zu einer Kanufahrt mit anschließendem Abendessen eingeladen, wo sie sich kennenlernen können und ihnen von einer Spitzenfunktionärin oder einem Spitzenfunktionär die GEW erklärt wird (z. B. was die genauen Vorteile einer Mitgliedschaft sind und wer als AnsprechpartnerIn in ihren Problemfeldern zur Verfügung steht). Das ist ein gutes Beispiel für eine kleine, eher kostengünstige Aktion mit großer Wirkung, durch die eine enge Beziehung zwischen Mitglied und Organisation aufgebaut wird und sich die Mitglieder wirklich vertreten und wertgeschätzt fühlen. Angesichts dieser Erfolge habe ich mir viele Informationen zu gut laufenden und interessanten Kampagnen mitgenommen, die ich auch in Österreich zur Umsetzung bringen möchte.

Im Großen und Ganzen ist es mir gelungen, alles Nützliche aus den Organisationen aufzunehmen. Dabei habe ich auch festgestellt, dass wir bei manchen Sachen schon um einiges weiter sind, manche Probleme besser gelöst haben und wir selbst die Rolle eines erfolgreichen Vorbilds einnehmen.

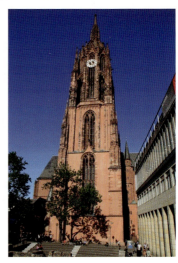

Erika Machac,
IG Metall Wuppertal

Organisation und Mitgliederentwicklung

Die IG Metall ist organisationspolitisch auf einem „extrem guten Weg". Das sagte ihr Zweiter Vorsitzender Detlef Wetzel auf der Bezirkskonferenz der IG Metall NRW in Münster. Seine Begründung: Die Zahl der betriebsangehörigen Mitglieder werde in 2011 wahrscheinlich stabil gehalten.

Weiter sagte Wetzel vor den 138 Delegierten aus allen 43 Verwaltungsstellen der IG Metall NRW, der gewerkschaftliche Organisationsgrad – das Verhältnis von Mitgliedern und Nichtmitgliedern im Betrieb – sei erstmals seit der Wiedervereinigung drei Jahre lang gehalten worden. Das sei ein historischer Erfolg. Die IG Metall habe in der jüngsten Wirtschaftskrise relativ weniger Mitglieder verloren als Arbeitsplätze; in früheren Krisen sei das umgekehrt gewesen. Ein Grund dafür dürfte sein, dass die Zahl der Betriebsratsgremien von 9.456 (2009) um mehr als 1.500 auf 10.992 (2010) gesteigert werden konnte. Traditionell gelingt Mitgliederwerbung dort am besten, wo die IG Metall im Betrieb verankert ist. In Nordrhein-Westfalen steht die IG Metall am Jahresende womöglich besser da als im Bund. Sie habe das Jahr 2010 „gut gemeistert" und sei in das Jahr 2011 „gut gestartet", sagte Bezirksleiter NRW Oliver Burkhard. „Schon 2010 haben wir mit 20.460 Neuaufnahmen fast 13 Prozent mehr neue Mitglieder gewonnen als 2009", erklärte Burkhard. Und in diesem Jahr habe man bis Ende April mit 7.500 neuen Mitgliedern 2.000 mehr gewonnen als im Vergleichszeitraum 2010. „Wenn wir jetzt richtig Gas geben, dann können wir am 31. Dezember 2011 richtig im Plus sein."

Aktuell sind 640 000 Menschen Mitglied der IG Metall NRW. Sie arbeiten in über 10.000 Betrieben. Die IG Metall in Wuppertal[37] hat 13.124 Mitglieder[38] (Stand August 2010), davon 5.645 Mitglieder in 132 Betrieben mit 12.359 Beschäftigten, dies entspricht einem durchschnittlichen Organisationsgrad von 45,68 Prozent. Schwerpunkte der IG Metall Wuppertal sind Automo-

---

[37] In der Stadt Wuppertal leben aktuell 348.599 EinwohnerInnen (Stand 30. Juni 2010).

[38] Der Mitgliederbestand setzt sich aus 7.629 Ein-Prozent-ZahlerInnen, 3.344 RentnerInnen, 1.804 Arbeitslosen, 790 Jugendlichen und 365 Auszubildenden zusammen.

bilzulieferer, Werkzeugindustrie, Elektroindustrie, Maschinenbau, Textil, Handwerk. Es gibt 132 Betriebe mit Betriebsrat, 460 organisierte Betriebsratsmitglieder, 399 Vertrauensleute und insgesamt 859 ehrenamtliche Funktionärinnen und Funktionäre.

Aktuelle Themenschwerpunkte der IG Metall Wuppertal

Neben der Mitgliederentwicklung liegt der Schwerpunkt der IG Metall auf den Tarifverträgen bzw. Tarifverhandlungen. Da in Nordrhein-Westfahlen demnächst Tarifverhandlungen stattfinden, gibt es drei Hauptthemen, die die Gewerkschaft in Angriff nehmen will.

Das erste ist die Leiharbeit (befristete Arbeitsverhältnisse); sie ist und bleibt ein Instrument der ArbeitgeberInnen, sich aus der sozialen Verantwortung gegenüber den Beschäftigten zu stehlen, Belegschaften zu spalten und die Interessenvertretung zu schwächen. Dort, wo sie nicht verhindert werden kann, muss sie auf begründbare Sachverhalte begrenzt und so gestaltet werden, dass zumindest der Grundsatz „Gleicher Lohn für gleiche Arbeit" eingehalten wird. Hierzu gibt es auch eine

Kampagne unter dem Titel „Gleiche Arbeit – Gleiches Geld" (*www.gleichearbeit-gleichesgeld.de*). Ziel dieser Kampagne soll sein, Leiharbeit fair und gerecht zu gestalten, da Leiharbeit oft missbraucht wird und dies dann zu Lohndrückerei, Verschlechterung von Arbeitsbedingungen und zur Verkleinerung der Stammbelegschaft führt. Einer der zentralen Punkte bei den Tarifverhandlungen wird ein erweitertes Mitbestimmungsrecht für Betriebsräte sein, um zu verhindern, dass Leiharbeit von ArbeitgeberInnen ausgenutzt wird. Beispiel: Wenn ein/e ArbeitgeberIn keinen Azubi nach der Ausbildung übernimmt, hat er/sie auch keine Möglichkeit eine Leiharbeiterin oder einen Leiharbeiter einzustellen etc.

Ein weiterer Punkt bei der Tarifrunde wird das Thema Übernahme sein, die Arbeitgeberin bzw. der Arbeitgeber hat im Moment eine Behaltepflicht – praktisch eine verlängerte Probezeit – von zwölf Monaten (die ja immerhin besser als unsere dreimonatige ist). Hier möchte die Gewerkschaften den Jugendlichen auch eine Perspektive nach der Ausbildung anbieten und fordert eine unbefristete Übernahme nach der Ausbildung. Auch dazu gibt es eine Kampagne – „Operation Übernahme" – mit großen Aktionstagen (*www.operation-uebernahme.de*).

Und natürlich wird die Entgelterhöhung einer der wichtigsten Punkte sein. Warum Entgelt und nicht Lohn-/Gehaltserhöhung? Im Metall- und Elektrobereich gibt es seit 2004 das Entgeltrahmenabkommen (ERA), ab diesem Zeitpunkt wurden Löhne und Gehälter vereinheitlicht und in einem Punktesystem zusammengefasst – seither gibt es nur mehr den Entgeltbegriff.

Bei ihrer Tätigkeit wird die IG Metall in erster Linie von Arbeitgeberverbänden, aber auch von ArbeitgeberInnen selbst angegriffen, da hier die größte Uneinigkeit besteht. Ein gutes Beispiel dafür ist das Thema Leiharbeit: Arbeitgeberverbände haben dazu eine Kampagne gestartet, die sich „Einstieg-Aufstieg-Wachstum" (*http://einstieg-aufstieg-wachstum.de/*) nennt. Die Gewerkschaft reagierte auf diese Angriffe und antwortete darauf mit einer Kampagne, nämlich mit „Einstieg-Aufstieg-Sackgasse" (*http://www.einstieg-abstieg-sackgasse.de/*). Aber auch von politische Parteien wie zum Beispiel der FDP (vergleichbar mit unserer FPÖ) werden die Gewerkschaften angegriffen, so meinte der FDP-Abgeordnete Friedrich Merz im Jahr 2003: „Wer den Sumpf austrocknen will, darf die Frösche nicht fragen."

Internationale Aktivitäten der IG Metall

Europabetriebsräte und Unterstützung afghanischer Gewerkschafter

Die IG Metall unterstützt alle Betriebsrätinnen und Betriebsräte bei Verhandlungen von Europabetriebsrat-Vereinbarungen. Bei Unternehmen mit Sitz in Deutschland begleitet sie im Auftrag des Europäischen Metallgewerkschaftsbundes (EMB) die Verhandlungen federführend. Befindet sich die Unternehmensleitung im Ausland, führt die dort zuständige Gewerkschaft für den EMB die Europabetriebsrat-Verhandlungen. Die IG Metall berät dann die deutschen Mitglieder im Verhandlungsgremium. Zurzeit betreut sie 110 europäische Betriebsräte, davon gehören 15 zur Branche Holz und Kunststoff und vier zur Textilbranche. In über 100 EBR (Europabetriebsräten) in Konzernen, die ihren Sitz nicht in Deutschland haben, sind IG-Metall-Mitglieder vertreten.

Die IG Metall engagiert sich aber nicht nur auf europäischer Ebene, sondern unterstützt auch afghanische Gewerkschafter bei der Durchsetzung des Arbeitsrecht. Mithilfe der IG Metall kamen ArbeitnehmervertreterInnen in Afghanistan voran: Gewerkschaft, Regierung und Arbeitgeber haben Arbeitsschutz, Arbeitszeit und Urlaub für die ArbeitnehmerInnen nach deutschem Vorbild geregelt. Dies hat die afghanische Gewerkschaft NUAE durchgesetzt. Die IG Metall unterstützt die NUAE seit ihrer Gründung nach Ende der Taliban-Herrschaft 2002 mit Beratung, IG-Metall-Seminaren in Afghanistan und Spenden zum Aufbau von Büros und Betriebsbetreuung.[39]

Begleitung und Betreuung der Betriebsrätinnen und Betriebsräte

Das „Netzwerk Cronenberg"

Obwohl die Zielsetzung der Verbesserung der Arbeitsbedingungen und der Lebensqualität einer Arbeitnehmerin bzw. eines Arbeitnehmers im Erwerbsleben und möglichst in ihrem/seinem Betrieb und an ihrem/seinem Arbeitsplatz in weiten Bereichen deckungsgleich ist, ist nicht nur die praktische Zusammenarbeit im Einzelfall, sondern auch der Informationsfluss ausbaufähig. Um diesen Zustand zu verändern und Defizite im Bereich des Informationsaustausches, der Übernahme von Best-practise-Beispielen und spezifischer belastungsorientierter Inhalte abzubauen, haben sich Betriebsrätinnen/Betriebsräte und IG Metall in einem Arbeitskreis zusammengeschlossen.

Das Mitte der 90er-Jahre auf Initiative von mehreren Betriebsräten Cronenberger[40] Betriebe und der IG Metall Wuppertal gegründete „Netzwerk Cronenberg" zielt auf die Weiterentwicklung des Austausches und der Zusammenarbeit zwischen den Betriebsräten dieser Betriebe mit Blick auf die gemeinsame Interessenvertretung ab. Seine Absicht ist also der Aufbau eines Kompetenznetzwerks zur Verzahnung der betrieblichen und gewerkschaftlichen Interessenvertretung, um einerseits neue effiziente Ansätze zu entwickeln, andererseits die Ergebnisqualität bestehender Regelungen und Vereinbarungen im Betrieb zu steigern. Das soll über eine Verbesserung des Informationsflusses und der Kooperation zwischen den Betriebsräten, der IG Metall und weiteren Interessierten erreicht werden. Die Treffen des Netzwerk Cronenbergs finden in einem rollierenden Verfahren in den „Mitgliedsbetrieben" statt. Dazu wird eine Vertreterin oder ein Vertreter der jeweiligen Geschäftsleitung eingeladen, um ihr/sein Unternehmen, Innovationen und Veränderungen vorzustellen.

---

[39] Weitere Informationen unter *http://www2.igmetall.de/homepages/gulbahar-atc/*.

[40] Cronenberg ist ein Stadtteil von Wuppertal.

Von diesem System bin ich sehr beeindruckt, da hier ein sehr guter Austausch zwischen den Betriebsräten eines Bezirks stattfindet und auch ein Kennenlernen der Produktionsabläufe in anderen Betrieben möglich ist. Was mich fasziniert hat war, dass es kein Konkurrenzdenken untereinander gibt – dieses System sollte man sich bei uns auch einmal näher ansehen.

Das Forum Arbeitsrecht

Das Forum Arbeitsrecht ist eine Zusammenkunft von Betriebsrätinnen und Betriebsräten direkt in der Verwaltungsstelle der IG Metall, die ca. alle sechs Wochen stattfindet. Im Forum ist ein Rechtsexperte der IG Metall anwesend, der Neuerungen zum Thema Arbeitsrecht vorstellt, aber auch alle Fragen der Betriebsrätinnen und Betriebsräte beantwortet, die das Arbeitsrecht betreffen. Es handelt sich was Betriebsratsarbeit angeht um eine sehr gute und hilfreiche Veranstaltung und auch um eine Entlastung der Gewerkschaft.

Betriebsrätefrühbesprechung

Eine weitere gute Veranstaltung in Sachen Betriebsrätebetreuung ist die Betriebsrätefrühbesprechung, die bei besonderen Anlässen bzw. bei aktuellen Schwerpunkten drei- bis viermal im Jahr einberufen wird.

Die Themen der letzten Betriebsrätefrühbesprechung waren zum einen Arbeits- und Tarifrecht (Rechtliches rund um die Krankmeldung; Personalplanung und Qualifizierung – Projekt „KONQreT" der Metall- und Elektroindustrie; Leiharbeit – Eckpunkte für eine Betriebsvereinbarung), zum anderen Aktuelles und Verschiedenes (Neues von der IG Metall Wuppertal; Termine und Veranstaltungen).

Europäische Betriebsräte in der IG Metall[41]

Über 850 Euro-Betriebsräte vertreten die Interessen von Beschäftigten in multinationalen Unternehmen und Konzernen, mehr als 300 davon agieren in der Metall- und Elektroindustrie, den textilen Branchen und in der Holz- und Kunststoffindustrie. Nach dem Motto „Schulterschluss statt Standortkonkurrenz" können Europäische Betriebsräte dem Standortpoker eine gemeinsame Strategie der Belegschaften entgegensetzen.

Die IG Metall ist Mitglied in den europäischen und internationalen Branchenverbänden. Diese Verbände vertreten auf europäischer bzw. internationaler Ebene die Interessen der Beschäftigten in den Branchen Metall, Textil und Be-

---

[41] Folgender Text ist der Website der IG-Metall entnommen, *http://www.igmetall.de/cps/rde/xchg/SID-6E4754D9-BF4E36A7/internet/style.xsl/europaeische-betriebsraete-in-der-ig-metall-418.htm*.

kleidung sowie Holz und Kunststoff. Mit den Mitgliedsorganisationen sichern und verteidigen sie die ArbeitnehmerInnenrechte. Dazu gehört auch, die Beteiligungsrechte der ArbeitnehmerInnenvertretungen in transnationalen Konzernen umzusetzen.

Ein wichtiger Schritt in diese Richtung ist die Gründung Europäischer Betriebsräte (EBR). Sie haben ein Informations- und Anhörungsrecht und somit eine wichtige Funktion, um gerechte und soziale Standards auf europäischer Ebene zu etablieren. Die ArbeitnehmervertreterInnen können sich vernetzen, Informationen und Erfahrungen austauschen und sich absprechen. Die gesetzliche Grundlage für die Europäischen Betriebsräte ist die EBR-Richtlinie 94/45 EG vom 22. September 1994. Sie gilt in 30 Ländern: Das sind die 27 Mitgliedsstaaten der Europäischen Union sowie Norwegen, Island und Lichtenstein. Die EBR-Richtlinie wurde in allen Ländern in nationales Recht umgesetzt. Die Verhandlungen über die Bildung eines Euro-Betriebsrats müssen auf Grundlage nationalen Rechts geführt werden. Zurzeit gilt noch das Umsetzungsgesetz zur 94er-Richtlinie. Ab Juni 2011 muss nach dem neuen Umsetzungsgesetz verhandelt werden. Für laufende Gründungs- und Nachverhandlungen müssen bereits jetzt einige Punkte aus der neuen EBR-Richtlinie beachtet werden.

Kooperationsprojekt der Verwaltungsstellen Velbert, Wuppertal und Remscheid-Solingen – ein Best-practise-Beispiel

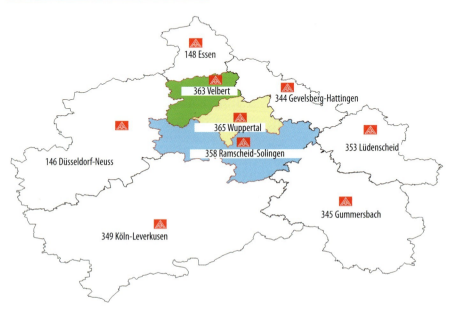

Die Region Velbert, Wuppertal und Remscheid-Solingen ist vom Vorstand als gemeinsamer Wirtschafts- und Kooperationsraum definiert worden und die drei Verwaltungsstellen haben sich in einem längeren Diskussionsprozess konstruktiv darauf verständigt, die riesigen Chancen dieser Region gemeinsam zu nutzen.

Wegen der wirtschaftlichen als auch demografischen Entwicklung und der Finanzkrise können die Regionen Velbert, Wuppertal und Remscheid-Solingen eine Stabilisierung der Mitgliederentwicklung nur erreichen, wenn es ihnen gelingt die Potenziale in den Betrieben auszuschöpfen.

Deshalb gibt es hier ein Projekt im Rahmen des Strukturfonds der IG Metall, das die Kooperation zwischen drei Verwaltungsstellen fördert und einen Schwerpunkt auf betriebliche Arbeit legt. Im Kooperationsraum besteht ein erhebliches Potenzial für eine positive Mitgliederentwicklung. Selbst bei sinkenden EinwohnerInnenzahlen sowie einer Abwanderung der „klassischen" Industriebetriebe verbleibt nach einer Studie der Bertelsmann-Stiftung über die Entwicklung der Städte Remscheid, Solingen, Velbert und Wuppertal ein Potenzial von fast 40.000 Beschäftigten aus dem Bereich der Metallwirtschaft. Selbst wenn es gelingt, nur einen Bruchteil davon zusätzlich zu gewinnen, besteht die Chance nicht nur auf eine ausgeglichene, sondern langfristig auf eine positive Mitgliederentwicklung. Deshalb verfolgen die Verwaltungsstellen Velbert, Wuppertal und Remscheid-Solingen unter anderem das Ziel der Entwicklung eines verwaltungsstellenübergreifenden Konzepts zur Mitgliederentwicklung, das sich an regionale Gegebenheiten anpasst.

Ein wesentlicher Meilenstein besteht darin, feste Arbeitsstrukturen mit entsprechenden AnsprechpartnerInnen in den Verwaltungsstellen zu schaffen, um Synergieeffekte ausschöpfen zu können. So wird etwa – um Kosten und Doppelarbeiten zu vermeiden – im Rahmen der Kooperation bei der Erstellung von Materialien geprüft, ob diese in Form und Inhalt auf die jeweils anderen Kooperations-Verwaltungsstellen übertragbar sind.

Um das oben beschriebene Mitgliederpotenzial erfolgreich erschließen zu können, wurde ein Mitgliederwerbe- und Betreuungskonzept entwickelt und umgesetzt, das den regionalen Besonderheiten Rechnung trägt und die Arbeits- und Lebenssituation der ArbeitnehmerInnen berücksichtigt.

Mit der Umsetzung der nachfolgend beschriebenen Projekte sollen Teile des Potenzials erschlossen werden. Jede Verwaltungsstelle beteiligt sich an zwei Teilprojekten, die immer in Partnerschaft mit einer anderen Verwaltungsstelle durchgeführt werden.

1. Betriebsratsgründung und Aktivierung in Betrieben ohne Betriebsrat (Velbert, Wuppertal)

Das Potenzial zur Gründung von Betriebsräten in Betrieben mit 21–200 Beschäftigten (d. h. ohne freigestellte Betriebsräte) wird als sehr hoch eingeschätzt.

Es wird erwartet, dass durch das Teilprojekt einerseits die „weißen Flecken" auf der Landkarte der ArbeitnehmerInneninteressenvertretungen verschwinden und andererseits, dass durch diesen Prozess zahlreiche Mitglieder gewonnen werden. Zielsetzung ist die Struktur der IG Metall in den genannten Bereichen zu ergänzen, zu stärken und den Generationswechsel positiv zu begleiten.

Durch die Gründung neuer Betriebsräte in Betrieben, in denen bisher kein Betriebsrat besteht, werden die Beschäftigten erreicht und vom Nutzen der Mitgliedschaft überzeugt. Aus der Vielzahl der infrage kommenden Betriebe erfolgt eine Auswahl, in welcher Reihenfolge gezielt und konzentriert Betriebsratswahlen angegangen werden. Im Einzelnen geht es darum Mitgliederpotenziale zu erschließen, Durchsetzungs- und Arbeitskampffähigkeit zu erreichen sowie Tarifbindung herzustellen.

Projektverantwortlich ist im Rahmen der Kooperation die Verwaltungsstelle Velbert.

2. Strategische Betriebe und betreute Betriebe mit Angestellten-Schwerpunkt[42] (Velbert, Remscheid-Solingen)

Im Kooperationsraum gibt es mehrere Betriebe, in denen der Angestelltenanteil an der Belegschaft deutlich wächst, sowohl in Prozent- als auch in absoluten Zahlen. Dafür gibt es unterschiedliche Gründe: Ausbau von Forschung und Entwicklung, Verlagerung oder Schließung der Produktion etc. Die Betriebsratsgremien sind teilweise noch die gleichen wie in der Zeit, als die Angestellten in der Minderheit waren. Weder die Betriebsräte noch die örtliche IG Metall haben zurzeit ein schlüssiges Konzept, um mit den Bedürfnissen der in diesen Firmen Beschäftigten umzugehen und damit die Mitgliederpotenziale zu heben. Es gibt vereinzelte Versuche neue Wege zu gehen, zum Beispiel Mail-Aussendungen an die Mitglieder im Betrieb. Die guten Ansätze, die durch das bezirkliche Engineering- und IT-Projekt vorliegen, müssen auf die betriebliche Ebene transferiert und die Erfahrungen müssen ausgewertet, systematisiert und in weitere Betriebe gespiegelt werden.

Bisher konnte diese ArbeitnehmerInnengruppe kaum für die IG Metall gewonnen werden konnten. Bei einem zielgerichteten Einsatz in diesen Betrieben ist es aber durchaus möglich, bei mehr als 8.000 Angestellten pro Jahr mindestens

---

[42] Zur Erläuterung: In Deutschland gibt es nicht wie bei uns in Österreich Angestellten- und ArbeiterInnenbetriebsräte, sondern einen Betriebsrat, der sich um alle kümmert.

300 Mitglieder hinzuzugewinnen. Der Schwerpunkt wird hier auf die Gewinnung von kaufmännischen Angestellten gelegt. Dazu überlegt die IG Metall eine Kooperation mit der Uni Wuppertal, um eine entsprechende Attraktivität und Begleitung zu erarbeiten.

Projektverantwortlich ist im Rahmen der Kooperation die Verwaltungsstelle Remscheid-Solingen.

3. Auszubildende, Jugendarbeit und Mitglieder bis 35 Jahren (Remscheid-Solingen, Wuppertal)

Das Ziel des Projekts liegt unter anderem in der Gründung von Jugend- und Auszubildendenvertretungen (JAV) in den aufgeführten Betrieben aber auch in Betrieben mit neugeschaffenen Betriebsräten, um das hohe Mitgliederpotenzial im Azubi-Bereich zu erschließen. Des Weiteren werden vorhandene oder neue Strategien eingesetzt, um junge Beschäftigte nach der Ausbildung weiterhin an die IG Metall zu binden und neue Mitglieder in der Altersstruktur zwischen 25 und 35 Jahren zu erreichen.

Die durchgeführte Potenzialanalyse hat ergeben, dass in den beiden Verwaltungsstellen ein Mitgliederpotenzial allein bei Auszubildenden in Höhe von 1.420 besteht. Wird nun noch die Einstellung von Auszubildenden im Projektzeitraum berücksichtigt, kann man bei gleichbleibender Ausbildungsstärke von einem doppelt so hohen Potenzial ausgehen.

In einem ersten Schritt sollen also Jugend- und Auszubildendenvertretungen – dort wo sie noch nicht vorhanden sind – eingerichtet und in die entsprechenden örtlichen Arbeitsstrukturen integriert werden. Durch eine intensive Betreuung der einzelnen Gremien und eine Neustrukturierung der örtlichen Ortsjugendausschüsse (OJA) wird eine engere Bindung an die Verwaltungsstelle erreicht. Denn nur mit vorhandenen betrieblichen Strukturen, die den Kontakt zur Verwaltungsstelle nutzen, ist es möglich, eine nachhaltige Mitgliederwerbung zu gewährleisten.

Die neugewählten und bestehenden Jugend- und AuszubildendenvertreterInnen werden als MultiplikatorInnen werbewirksam eingesetzt. Zur Unterstützung wird ein neu zu entwickelndes Angebot von Wochenendschulungen mit Schwerpunkt der Mitgliedergewinnung für JAV und andere interessierte junge Beschäftigte eingeführt.

Parallel zu den oben genannten Aktivitäten soll die YOUnite-Tour (hier gehen Gewerkschaftsmitarbeiter in Berufsschulen) in den entsprechenden Berufsschulen stattfinden. Dies bedarf einer detaillierten und intensiven Vorbereitung, insbesondere in Bezug auf die Kontaktaufnahme mit den Verantwortlichen der für diese Aktionen auszuwählenden Schulen. Im Rahmen der Tour können auch

Azubis aus noch nicht betreuten Betrieben erreicht werden und neben der Werbung als Mitglied wird außerdem eine Kontaktaufnahme zu den Betrieben möglich. Durch eine kontinuierliche Dokumentation aller Daten lassen sich in diesen Betrieben Betriebsratsgremien bzw. JAV und somit neue Mitgliederpotenziale erschließen.

Projektverantwortlich ist im Rahmen der Kooperation die Verwaltungsstelle Wuppertal.

4. Mitgliederbindung und Rückholmanagement (Remscheid-Solingen, Velbert, Wuppertal)

Alle drei Kooperationsverwaltungsstellen beteiligen sich zurzeit schon am zentralen Projekt Mitgliederbindung, zum Beispiel durch koordinierte Mitgliedermailings des Vorstandes.

Eine weitere zentrale Aktivität ist die Arbeit am und mit dem Mitglieder-Rückholsystem, bezogen auf Austritte und Streichungen. Als Ziel wird eine Rückholquote von 25 Prozent angestrebt. In der Umsetzung bedeutet das zum einen den Ausbau der Rückholtelefonate und die Implementierung eines effizienten Rückholmanagements in ausgewählten Betrieben. Hier bieten sich die Betriebe mit guten bis sehr guten betrieblichen IG-Metall-Strukturen an. Zum anderen sind eine einheitliche personelle Lösung für alle drei Kooperationsverwaltungsstellen für Rückholmanagement (auf 400-Euro-Basis) und die Schaffung einheitlicher administrativer Strukturen für das Rückholmanagement nötig. Weiters bedarf es der Bildung eines Kompetenzteams „Rückholen" für die Kooperationsverwaltungsstellen unter Beteiligung geeigneter ehrenamtlicher Kolleginnen und Kollegen.

Eine regelmäßige Berichterstattung wird in einem gemeinsamen Gremium der drei Kooperationsverwaltungsstellen durchgeführt. Damit soll gewährleistet werden, dass erfolgreiche Strategien auch durch nicht direkt am Einzelprojekt beteiligte Verwaltungsstellen in deren „normale" Arbeit transferiert werden können.

Für mich zeigt diese Kooperation zwischen den drei Verwaltungsstellen, dass man hier Synergien positiv nutzen kann. Allein die finanzielle Überlebensfähigkeit einer Verwaltungsstelle ist kein Kriterium für ihren Fortbestand, vielmehr steht das Gesamtinteresse der Organisation, eine starke IG Metall zu bleiben, über diesen finanziellen Aspekten. Kooperations-Verwaltungsstellen sichern die regionale Präsenz der IG Metall in der Region ab, bei gleichzeitiger Ausnutzung von Synergieeffekten in personellen und finanziellen Bereichen.

Der Strukturfonds hat sich als Gestaltungsinstrument bewährt, um strategische Zukunftsprojekte, eine nachhaltige Mitgliedergewinnung und die Anpassung der Organisationsstrukturen umzusetzen. Hier steht die Forcierung der Mitgliederentwicklung in übergreifenden Verbundprojekten und Konzernen im Vordergrund. Kooperationen zwischen Verwaltungsstellen erzielen Einspareffekte. Kooperationsmodelle können auch auf Dauer als eigenständige Organisationsform angelegt sein und führen nichtzwangsläufig zu Fusionen.

Um die politische Präsenz der IG Metall in den Regionen zu stärken und zu verbessern, haben Kooperationen zwischen benachbarten Verwaltungsstellen eine wichtige Bedeutung. Sie haben das Ziel, die IG Metall in den Regionen zu stärken, indem materielle und personelle Ressourcen stärker auf politische Aufgabenstellungen konzentriert und verwaltungsinterne Aufgaben effektiver kooperativ wahrgenommen werden.

Darüber hinaus können auch Fusionen geeignet sein, die Handlungsfähigkeit der IG Metall in einer Region zu erhalten und auszubauen.

Mein Fazit zum Praktikum bei der IG Metall Wuppertal

Anfänglich möchte ich erwähnen, dass dieser Teil der Sozialakademie-Ausbildung einer der wichtigsten für mich war.

Da ich aus dem Feld der Betriebsratsarbeit komme, hatte ich wenig Erfahrung bzw. Einsicht in die gewerkschaftliche Arbeit. Gewerkschaftsarbeit kannte ich nur am Rande. Ich bin mir auch nicht sicher, ob es von Vorteil gewesen wäre, wenn ich vor meinem Praktikum mehr von der österreichischen Gewerkschaftsarbeit mitbekommen hätte – aber eines steht fest: Dieses Engagement und dieser Einsatz, denn ich bei der IG Metall Wuppertal gesehen habe, bleibt mir ewig in Erinnerung. Ich hatte den Eindruck, diese Leute müssen sich sehr ins Zeug legen, um an ihr Ziel zu kommen. Vor allem beeindruckte mich die Zusammenarbeit zwischen IG Metall und Betriebsräten bzw. Vertrauensleuten. Vertrauensleute kannte ich zum Beispiel bis jetzt noch nicht, ich finde sie aber für die Kommunikation sehr wichtig. Sie haben als InteressenvertreterInnen und SprecherInnen der IG-Metall-Mitglieder in den Abteilungen eine andere Aufgabe als der Betriebsrat und sie wissen durch den täglichen Kontakt mit den Kolleginnen und Kollegen am besten, wo der Schuh drückt. Vertrauensleute tragen dazu bei, dass die Beschäftigten die IG Metall als offen, lebendig, engagiert und durchsetzungsfähig erleben. Betriebsrat und Vertrauensleute unterstützen und ergänzen sich also. Aber auch die Betriebsrätinnen und Betriebsräte untereinander kommen von Zeit zu Zeit zusammen und tauschen sich aus. Sehr spannend in diesem Zusammenhang fand ich die kollegiale Beratung und das Netzwerk Cronenberg.

Ich habe mich auch intensiv mit dem Thema Tarifverträge beschäftigt, das meiner Meinung nach ein sehr komplexes Gebiet ist und die Gewerkschaft hier immer sehr fordert. Wenn ich da an unser „einfaches" System der Kollektivverträge denke, ist das schon sehr übersichtlich im Gegensatz jenem unserer Kolleginnen und Kollegen in Deutschland. Ich würde überhaupt sagen, das System hier in Österreich erfordert nicht so viel Kampfgeist, da bei uns kaum ein Betrieb bzw. Unternehmen nicht einem Arbeitgeberverband angehört und bei uns größtenteils alle unter Kollektivverträgen arbeiten.

Wo ich mir auch sehr viel mitnehmen konnte, waren die wöchentlichen Bürobesprechungen. Bei diesen ging es vor allem ging um die Mitgliederentwicklung der vergangenen Woche (wie viele Eintritte/Austritte) bzw. wurde über neue Prämien nachgedacht. Es ist wirkliche Knochenarbeit Mitglieder zu gewinnen, deshalb wird sehr viel mit Prämiensystemen für die WerberInnen, aber auch für die zukünftigen Mitglieder gearbeitet. Die Prämien ändern sich aber ständig. So wurde zum Beispiel für die Sommermonate, in denen ja meistens eine Flaute herrscht (Urlaubszeit), eine unter dem Titel „heißer Sommer" laufen-

de Prämienaktion konzipiert: Alle WerberInnen bekamen eine „Musikflatrate" (ein Monat Musik-Download nutzen) und es wurde zusätzlich unter allen WerberInnen ein iPad 2 im Wert von 479 Euro verlost. Interessant waren in den Bürobesprechungen auch sogenannte Brainstorming-Runden, die zwar manchmal nur langsam ins Laufen kamen, aber immer einen guten Endeffekt hatten (jedes Wort, das gesagt wurde, kam sofort auf ein Flipchart und danach wurde analysiert).

Das Beste an dem System der IG Metall ist meiner Meinung nach, dass grundsätzlich alles von den Mitgliedern gewählt bzw. entschieden wird. Die IG Metall entscheidet nichts ohne die Mitglieder gefragt zu haben, und somit fühlen sich die Menschen hier auch wertgeschätzt. Da ich schon vor meinem Praktikum die Ansicht vertreten habe, dass man Leute in Entscheidungen miteinbeziehen sollte, wurde ich in meinem Denken, dass dies ein wichtiger Weg ist, bestärkt.

Meine Erkenntnis, die ich aus diesem Praktikum mitnehme: Ich weiß jetzt wie Gewerkschaftsarbeit bei der IG Metall funktioniert (zu mindestens einen Teil davon). Und ich konnte den deutschen GewerkschafterInnen auch ein wenig über unser System in Österreich erzählen.

Ein großer Wunsch von mir persönlich wäre eine über den Tellerrand hinausschauende Kooperationspartnerschaft zusammenhängender Gewerkschaften, um sich über die gemeinsamen Interessen der ArbeitnehmerInnen auszutauschen.

ver.di

Beatrix Eiletz,
ver.di Berlin-Brandenburg

Besuchte Organisationen, Bereiche und Betriebe

In den Wochen meines Praktikums lernte ich die Bundesverwaltung ver.di Deutschland kennen und bekam Einblick in den Fachbereich 3 der Landesfachbereichsleitung Berlin-Brandenburg, der Bezirksverwaltung Berlin sowie der Bezirksverwaltung Potsdam-Nordwestbrandenburg.

Bei zahlreichen Sitzungen, Treffen und Veranstaltungen offenbarten sich mir die unterschiedlichsten Arbeitsbereiche. Es waren dies:

» Betriebsübergreifende Gewerkschaftsgruppe (Vertrauensleute) der Berliner Assistenzbetriebe „ambulante dienste" und „Lebenswege"
» MitarbeiterInnen von „Der Steg gGmbH"
» Tarifkommissionssitzung und Tarifverhandlung Charité und CFM (Charité Facility Management GmbH)
» Stadtpolitische Konferenz des DGB – Berlin in Arbeit
» AltenpflegeschülerInnen (Information über ver.di)
» Treffen mit Gabriele Feld-Fritz, ver.di Bundesverwaltung Altenpflege und Gesundheitspolitik
» Mitgliederversammlung Mosaik
» Demonstration Assistenzbetriebe
» Hauptamtlichentreffen des Bereiches Kirchen
» Bezirksvorstandssitzung Berlin
» Mitgliederversammlung der Fürst Donnersmarck-Stiftung (Diakonie)

Darüber hinaus besuchte ich eine Reihe von Betrieben, und zwar das Seniorenheim der Unternehmensgruppe „pro seniore" (Am Magdeburger Platz), das Seniorenheim der Unternehmensgruppe „Senioren-Domizile" (Tempelhof), die Vivantes Service GmbH (ausgelagerter Bereich des Krankenhauses Neukölln), das Klinikum am Urban in Kreuzberg (ein Vivantes-Betrieb), das Seniorenheim Alpenland (Marzahn-Hellersdorf), die Arbeiterwohlfahrt AWO (Kemlitz) sowie die OSZ Gesundheit 1 – Berufsschule, Fachoberschule, Berufsfachschule.

Bevor ich auf die spezifische Situation von Arbeitnehmern und jene Themen eingehe, die sich mir während meines Praktikums in Deutschland erschlossen haben, folgen einige allgemeine Informationen zu ver.di und zum Fachbereich 3.

Die Vereinte Dienstleistungsgewerkschaft ver.di

Gründungsgewerkschaften, Mitgliederentwicklung und das Verhältnis zur Politik[43]

Die ver.di entstand 2001 durch Zusammenschluss von fünf Einzelgewerkschaften, die bis auf die DAG alle dem Deutschen Gewerkschaftsbund angehörten:
- » Deutsche Postgewerkschaft (DPG)
- » Gewerkschaft Handel, Banken und Versicherungen (HBV)
- » IG Medien – Druck und Papier, Publizistik und Kunst (IG Medien)
- » Gewerkschaft Öffentliche Dienste, Transport und Verkehr (ÖTV)
- » Deutsche Angestellten-Gewerkschaft (DAG)

Dass die Deutsche Angestellten-Gewerkschaft (DAG) mit dem Zusammenschluss in den Deutschen Gewerkschaftsbund (DGB) integriert wurde, werteten manche GewerkschafterInnen als historischen Schritt.

Seit ihrer am 18. März 2001 in Berlin beschlossenen Gründung verzeichnet die Dienstleistungsgewerkschaft – wie die nachstehende Tabelle dokumentiert – eine negative Mitgliederentwicklung. Grund für diesen Rückgang ist laut ver.di vor allem der Arbeitsplatzabbau in vielen Branchen wie dem öffentlichen Dienst, der Druckindustrie und dem Bankgewerbe.

Jahr	Mitglieder (Mio.) am Jahresende
2001	2,80
2002	2,74
2003	2,61
2004	2,46
2005	2,36
2006	2,27
2007	2,21
2008	2,18
2009	2,14
2010	2,09

---

[43] Folgende Ausführung basieren zum Teil auf dem Wikipedia-Eintrag „Vereinte Dienstleistungsgewerkschaft", http://de.wikipedia.org/wiki/Vereinte_Dienstleistungsgewerkschaft#Urheberrecht.

Entsprechend den ver.di-Mitgliederzahlen sank auch die Summe der Beiträge von rund 430 Millionen Euro Ende des Jahres 2003 auf etwa 415 Millionen Euro Ende 2009.

Anders als in Österreich existieren bei ver.di keine Fraktionen. Es gibt aber Hauptamtliche und Funktionärinnen bzw. Funktionäre, die auch Parteifunktionen einnehmen. In den Parteien wiederum beschäftigt man sich in einer Reihe von Ausschüssen mit den unterschiedlichsten Themen aus den Bereichen Sozial-, Gesundheits-, Branchenpolitik etc. Die Koalitionsfreiheit und das Streikrecht sowie das Tarifvertragsgesetz sind im Grundgesetz festgelegt.

Organisationsbereiche der ver.di[44]

Fachbereich 3 – Gesundheit, Soziale Dienste, Wohlfahrt und Kirchen

In Deutschland arbeiten 5,5 bis sechs Millionen Menschen im Gesundheits- oder Sozialwesen. Allen hier Beschäftigten bietet der Fachbereich 3 in der ver.di seine gewerkschaftliche Vertretung an.

Das Gesundheitswesen – in diesem Sektor werden rund elf Prozent des Bruttoinlandsprodukts erwirtschaftet – ist in viele einzelne Bereiche mit mehr als 800 Berufen gegliedert. Um ihre Ziele zu erreichen, müssen Gewerkschaften diese Unterteilung überwinden. Hierfür hat der ver.di-Fachbereich 3 – Gesundheit, soziale Dienste, Wohlfahrt und Kirchen auf Bundesebene einen Bundesfachbereichsvorstand mit 49 ehren- und vier hauptamtlichen Mitgliedern eingerichtet. Die regionale Gliederung erfolgt über 13 Landesbezirksfachbereichsvorstände und die (Unter-)Bezirke der Vereinten Dienstleistungsgewerkschaft. Darüber hinaus gibt es eine fachliche Unterteilung in sieben Bundesfachgruppen (Kirchen, Diakonie und Caritas, Krankenhäuser, psychiatrische Einrichtungen, Einrichtungen der ambulanten, teilstationären und stationären Pflege, Einrichtungen der Rehabilitation, des Rettungsdienstes, Fachgruppen für einzelne Berufsgruppen sowie für Wohlfahrtsverbände und Soziale Dienste). Parallel dazu können sich Gewerkschaftsmitglieder auch noch in Personengruppen, etwa für Frauen, Senioren oder Jugend, beteiligen. Eine Vereinfachung dieser Strukturen, insbesondere der Fachgruppen, befindet sich in Vorbereitung.

Ein besonderes Ereignis bei der gewerkschaftlichen Vertretung im öffentlichen Dienst und bei den Wohlfahrtsverbänden und Kirchen waren die Streiks 2005/2006. Der TVöD (Tarifvertrag für den öffentlichen Dienst) stellt den Leittarifvertrag für die gesamte Branche dar und ist mit dem TV-L fast überall in den Ländern gültig (Tarifbindung).

---

[44] Textauszüge entnommen aus Wikipedia, *http://de.wikipedia.org/wiki/Vereinte_Dienstleistungsgewerkschaft#Urheberrecht*

Der Fachbereich 3 im Landesbezirk Berlin-Brandenburg

Der Fachbereich vertritt und betreut Beschäftigte von ambulanten, stationären und teilstationären Alters- und Pflegeeinrichtungen bzw. -diensten, von Apotheken, Arztpraxen, Freizeit-, Sport- und Bäderbetrieben, Gesundheitszentren, kirchlichen Einrichtungen einschließlich Diakonie und Caritas, Krankenhäusern (und mit ihnen verbundenen Einrichtungen), Kurheimen (ohne Sozialversicherungsträger), Labors, Polikliniken, Rehabilitationseinrichtungen (soweit nicht von Sozialversicherungsträgern), Einrichtungen der Rettungsdienste, sozialen Diensten und sonstigen sozialen Diensten in privatrechtlicher Rechtsform, Sozialstationen, Sozialzentren, Wohlfahrtsverbänden, Zahnarztpraxen, psychiatrischen Einrichtungen.

Für einzelne Berufsgruppen – beispielsweise medizinisch-technische AssistentInnen, Ärztinnen/Ärzte, Angehörige der Pflegeberufe – gibt es eigene Fachgruppen. In den vergangenen drei Jahren ist es dem Fachbereich 3 gelungen, wieder einen Mitgliederzuwachs zu erzielen, und so verzeichnete er im Mai/Juni 2011 im Landesbezirk Berlin-Brandenburg rund 22.000 Mitglieder. In der Altenpflege verfügt der Landesbezirk über rund 300 Betriebe im stationären Bereich (Seniorenheime), zirka 115 Betriebe im teilstationären sowie 560 Betriebe im ambulanten Bereich, weiters finden sich hier etwa 1.000 Betriebe aus dem sonstigen Sozialbereich wie AWO, Kirche (ohne Pflege), Behinderteneinrichtungen etc. Zirka 39.000 Beschäftigte arbeiten in den Pflegeeinrichtungen – überwiegend Frauen (80 Prozent) und mehrheitlich in Teilzeit (nur 40 Prozent Vollzeitkräfte), knapp neun Prozent sind geringfügig beschäftigt. Entsprechend beziehen knapp acht Prozent der im Pflegebereich Tätigen ergänzende Leistungen. Stationäre und ambulante Pflege halten sich bei den Beschäftigten in etwa die Waage (19.674 gegenüber 19.408). Allerdings fällt auf, dass im nichtstationären Bereich der Anteil der Teilzeitbeschäftigten höher ist (65 versus 55 Prozent) als im stationären Bereich, ebenso jener der geringfügig Beschäftigten (zwölf Prozent versus vier Prozent) und entsprechend auch jener der AufstockerInnen (14 Prozent versus ein Prozent).[45]

---

[45] Nähere Informationen sind auf der Webseite der ver.di Berlin-Brandenburg verfügbar, *http://berlin.verdi.de/berufe_ und_branchen/fb_03_-_gesundheit_soziale_dienste_wohlfahrt_und_kirchen/archiv/kampagnen/pflegekampagne*.

Der Organisationsgrad liegt im Pflegebereich bei rund zehn Prozent. In rund 600 Betrieben, die zum sonstigen Sozialbereich zählen, gilt kein Tarifvertrag, etwa 15 Prozent der Seniorenheime sind tarifvertraglich abgedeckt.

Umkehrung der Mitgliederentwicklung der ver.di

Mitgliederwerbung

Da ver.di in der Vergangenheit mit einem Rückgang der Mitgliederzahlen konfrontiert war und sich dadurch auch die finanzielle Situation zuspitzte, hat die Gewerkschaft bei ihrem letzten Bundeskongress unter anderem das Projekt „Fokus Mitglied" beschlossen: „Mitgliederorientierung muss Ziel und Maßstab für das gesamte Organisationshandeln werden." Dabei setzt man drei Schwerpunkte: Mitglieder gewinnen – Mitglieder halten – Mitglieder zurückgewinnen.

Durch mitgliederorientiertes Arbeiten sollen das Selbstbewusstsein und die Handlungsfähigkeit möglichst vieler Mitglieder so gestärkt werden, dass sie ihre eigenen Interessen und die Organisation überzeugend vertreten. Die Mitgliederorientierung im Organisationshandeln stärken heißt auch: den Dialog mit den Mitgliedern suchen und ihre Meinungen, Ansichten, Wünsche einbeziehen. Befragungen, Feedback und Interviews stellen gute Instrumente für eine direkte Beteiligung dar. Sie sind eine wertvolle Quelle für neue Ideen und Anregungen zur weiteren Gestaltung der Gewerkschaftsarbeit.

Eine große Wirkung in Sachen Bindung und Aktivierung haben Befragungen von Mitgliedern und Zielgruppen – aber nur, wenn sich die Ergebnisse konsequent in Handlungen, also in praktischen Schritten niederschlagen. Allerdings bergen Befragungen das Risiko, dass ihr Ergebnis – die Meinungen und Wünsche der MitarbeiterInnen – nicht immer mit den Auffassungen der ehrenamtlichen und hauptamtlichen FunktionärInnen übereinstimmen, manchmal sogar die kurzfristigen Ziele der Mitglieder mit den mittel- und langfristigen kollektiven Interessen der Beschäftigten kollidieren. Dann sollten in Diskussionen gemeinsame Ziele vereinbart werden. Damit lässt sich auch zeigen, dass die Stimme der Mitglieder Gewicht hat, wenn es um die Vertretung ihrer Interessen geht.

Bedingungsgebundene Gewerkschaftsarbeit

Aus dem erwähnten Projekt „Fokus Mitglied" möchte ich ein Konzept von vielen besonders hervorheben, nämlich „Bedingungsgebundene Gewerkschaftsarbeit".

Die Krise der Gewerkschaften ist eine Identitätskrise ihrer Mitglieder, ausgelöst durch den Umstand, dass die ehren- und hauptamtlichen Funktionärinnen und Funktionäre eine andere subjektive Betroffenheit gegenüber den Kernarbeitswerten aufweisen als die übrigen gewerkschaftlichen bzw. nichtorganisierten

Kolleginnen und Kollegen. Eine Befragung hat ergeben, dass die Betroffenheit, also die wahrgenommene Wichtigkeit eines Punktes (Arbeitszeit, Bezahlung etc.), von Mitgliedern anders bewertet wird als von Funktionärinnen und Funktionären. Denn: „Was einen sehr betroffen macht und beschäftigt, geht in die Selbstwahrnehmung und Selbstbewertung ein ... Was einen emotional nicht berührt und kalt lässt, wird auch nicht identitätsrelevant."[46] Daher ist es notwendig, Fragen über die eigene Arbeit zu stellen und das Selbstkonzept infrage zu stellen: „Bin ich wirklich die Basis? Weiß ich eigentlich, wie die Kolleginnen und Kollegen denken und fühlen? Ist vorne wirklich da, wo ich bin? Und wie ehrlich darf bzw. muss ich sein?" Hier ist es wichtig, den Organisationsgrad bekannt zu machen: ArbeitgeberIn und Belegschaft müssen wissen, wie stark oder wie schwach die Gewerkschaft ist.

Nach dem Motto „Sage, was du tust, und tue, was du sagst" sollte man immer nur zusagen, wovon man zu 100 Prozent überzeugt ist, dass man es auch einhalten kann. Aber auch positiv zu denken ist von großer Bedeutung: Strukturen des Widerstands zu benennen und zu erarbeiten; Dinge erst auszuprobieren und dann zu bewerten, nicht umgekehrt. Kurz: HoffnungsträgerIn zu werden!

Bisher lief Prozessbegleitung wie folgt ab: Ein Mitglied forderte, dass „ver.di jetzt endlich was tun muss!", worauf eine Tarifkommission gebildet und Verhandlungen aufgenommen wurden, die dann scheiterten oder ein unbefriedigendes Ergebnis brachten. So ließen sich keine Mitgliedergewinne, sondern eher Verluste verzeichnen, und unter den Funktionärinnen bzw. Funktionären machte sich Frust breit. Die Folge: ein Rückzug. Die neue Prozessbegleitung basiert hingegen auf Mitglieder- bzw. MitarbeiterInnenbefragungen und stellt sich der Frage: „Unter welchen Bedingungen können wir erfolgreich verhandeln?" Der Musterverlauf des neuen Prozesses sieht so aus:

1. ver.di-Workshop für interessierte MitarbeiterInnen, Vertrauensleute, Betriebsrätinnen und Betriebsräte zum Thema „Ziele der Tarifkommission": Das bis zu zwei Tage dauernde Seminar zur Einführung in das Verfahren umfasst jeweils eine Grundlagenschulung im Kollektivrecht sowie in Gesprächs- und Verhandlungsführung, außerdem das praktische Üben von Tarifverhandlungen, Forderungsfindung, Strategie- und Arbeitsplanung sowie das Erarbeiten einer identitätsstiftenden Forderung.
2. Betriebsversammlung: Veranstaltet vom Betriebsrat, liegt das Hauptziel der Themenbetriebsversammlung „Chancen und Risiken eines Haustarifvertrages!" mit einem oder einer externen ReferentIn in der Information der MitarbeiterInnen und der Klärung folgender Fragen: Was ist ein Tarifvertrag und wie kommt er zustande? Welche formalen Voraussetzungen müssen dafür erfüllt werden? Wie kann man erfolgreich verhan-

---
[46] Karl Haußer: Identitätsentwicklung, New York 1983, S. 39

deln? Was ist der Stand des Tarifvertrages? Auch die tatsächliche Umsetzbarkeit der eigenen Forderungen („Sind wir im Betrieb stark genug?") gilt es hier ehrlich zu thematisieren.
3. MitarbeiterInnenbefragung: Dabei wird die Beauftragung erfragt (Wollen die MitarbeiterInnen von ver.di vertreten werden?), Ziel ist es außerdem, Interessen und deren subjektive Bedeutsamkeit benennen zu können (Beteiligtenorientierung).
4. Information: Gehaltsvergleiche in der Branche (Zahlen, Daten, Fakten).
5. Information: Gewinnverteilung (Veröffentlichung des Jahresergebnisses, geteilt durch die Anzahl der MitarbeiterInnen).
6. Information: Aufgreifen eines aktuellen betriebsspezifischen Themas, das mit hoher subjektiver Betroffenheit diskutiert wird.
7. Mitgliederversammlung: Auswertung der Mitgliederbefragung, Einschätzung der Stimmung, Controlling-Workshop, Auswertung Mitgliederentwicklung, bei deutlichen Mitgliederzugängen Wahl einer Tarifkommission. Im Rahmen der Mitgliederversammlung sollen Funktionärinnen und Funktionäre durch Positivbeispiele für das Konzept gewonnen werden. Hinter der Versammlung steht auch die Absicht, Hoffnung zu machen und konkrete Vereinbarungen zu treffen.
8. Mirgliederinformation und -befragung über Forderungen und deren Inhalt.
9. Tarifkommissionssitzung: Auswertung der Mitgliederbefragung, Beschlussfassung der Forderung.
10. Information zum Stand der Tarifauseinandersetzung und Veröffentlichung der Forderung.
11. Eventuelle Verhandlung.

Grundbedingung für ein solches Vorgehen ist eine demokratische Legitimation: Der Organisationsgrad in der Belegschaft muss ausreichend hoch sein. Außerdem sind Aktions- und Handlungsfähigkeit, Prozesssteuerungskompetenz bei den Hauptamtlichen, Verhandlungsgeschick, arbeits- und sozialrechtliches Know-how sowie finanzielle Mittel und eine funktionierende Infrastruktur unverzichtbar.

Der Erfolg des Prozesses basiert auf genauer Analyse, konsequentem Festhalten am Verfahren (kein Wechsel innerhalb des Prozesses), Transparenz, Offenheit, Ehrlichkeit und einem „langen Atem". Inzwischen hat die Umsetzung des Projektes in den Betrieben auch schon Zuwächse bei den Mitgliederzahlen bewirkt.[47]

---

[47] Die Ausführungen zur bedingungsgebundenen Gewerkschaftsarbeit und zur neuen Form der Prozessbegleitung basieren auf einer Power-Point-Präsentation von ver.di.

Die Rückholarbeit

Eine wichtige Rolle bei der Umkehrung in der Mitgliederentwicklung scheint der Rückholarbeit mit ihren guten Argumenten zuzukommen. Ebenso wie in Österreich können Mitglieder aus der Gewerkschaft austreten, die Kündigungsfrist bei ver.di beträgt drei Monate. Ein hoher Prozentsatz (45 Prozent) begründet diesen Schritt mit einer Änderung der Erwerbsbiografie (Renteneintritt, Mutterschaft, Wechsel in die Selbstständigkeit), genannt werden auch finanzielle Gründe (25 Prozent) oder die „Unzufriedenheit mit ver.di und den Tarifabschlüssen" (13 Prozent). Fünf Prozent planen auszuwandern oder in ihr Heimatland zurückzukehren, weitere fünf Prozent wollen nicht mehr dabei sein bzw. sind der Ansicht, dass sie es lange genug waren.

Wie funktioniert nun die Rückholarbeit? In Bayern oder Nordrhein-Westfalen beispielsweise kommen ehemalige ehrenamtliche und hauptamtliche MitarbeiterInnen zum Einsatz, die inzwischen in Pension sind. In einer Schulung lernen sie, wie sie jene Mitglieder, die ihre Mitgliedschaft kündigen, in Aktionen und Gesprächen wieder zurückholen können. Dazu gehört vor allem, in Gespräch und Rückholaktionen gezielt darüber aufzuklären, welche Vorteile eine ver.di-Mitgliedschaft insbesondere für bestimmte Zielgruppen hat.

Leistungen und Ansprüche für Gewerkschaftsmitglieder

Rechtsschutz

Die DGB Rechtsschutz GmbH – im April 1998 als 100-prozentige mittelbare Tochter des Deutschen Gewerkschaftsbunds (DGB) mit Sitz in Düsseldorf gegründet – ist die größte deutsche und europäische „Fachkanzlei" auf dem Gebiet des Arbeits- und Sozialrechts. Sie erbringt den verbandlichen Rechtsschutz für Gewerkschaftsmitglieder und ist in 48 Arbeitseinheiten mit 110 Büros und 58 Service-Points erreichbar. Hier besteht Gelegenheit zur Rücksprache mit Juristinnen und Juristen. Darüber hinaus bietet man an weiteren 20 Orten regelmäßige Beratung an. Bundesweit sind für die Gewerkschaftsmitglieder rund 360 Rechtssekretärinnen und Rechtssekretäre, wie die Juristen bei der DGB Rechtsschutz GmbH heißen, tätig – unterstützt von etwa der gleichen Anzahl an Verwaltungsangestellten.[48]

Betriebsrätinnen und Betriebsräte können nach Beschlussfassung im Betriebsrat (§ 40 Betr.VG) die Leistung von Rechtsanwälten der DGB Rechtsschutz GmbH oder auch einer anderen Kanzlei in Anspruch nehmen. Betriebsratskörperschaften beschäftigen oftmals eigene Rechtsanwälte, zum Beispiel für Klagen. Die Kosten für die Rechtsvertretung muss die Arbeitgeberin bzw. der Arbeitgeber übernehmen.

---

[48] Quelle: Website der DGB Rechtsschutz GmbH, *http://www.dgbrechtsschutz.de/20.html*.

Für ver.di-Mitglieder gibt es einen kostenfreien Rechtsschutz in Arbeits- und Sozialrechtsverfahren, die Vertretung des Mitglieds erfolgt durch qualifizierte Rechtsschutzsekretärinnen und -sekretäre von ver.di oder der DGB Rechtsschutz GmbH. Rechtshilfe wird aber nur gewährt, wenn im Streitfall Erfolgsaussichten bestehen, und sie steht ausschließlich jenen zu, die zum Zeitpunkt der Entstehung eines Streitfalles mindestens drei Monate ordnungsgemäß Mitglied von ver.di waren und satzungsgemäßen Beitrag bezahlen. ver.di-MitarbeiterInnen dürfen außerdem nur bei Mitgliedern eine Rechtsberatung machen, bei Nicht-Einhaltung droht eine Verwaltungsstrafe.

Weiterbildung

Das BetrVG regelt in § 37 Abs. 6 und 7 sowie in § 40 (Kosten und Sachaufwand des Betriebsrates) die Kostenübernahmepflicht der Arbeitgeberin bzw. des Arbeitgebers betreffend Schulungsmaßnahmen für Betriebsrätinnen und -räte. Dabei wird zwischen erforderlichen Schulungen (Übernahme aller Kosten und bezahlte Freistellung) und einem zusätzlichen individuellen Bildungsanspruch von drei Wochen pro Jahr und Betriebsratsmitglied (nur mit Entgeltfortzahlungsanspruch) unterschieden. Darüber hinaus haben alle ArbeitnehmerInnen in Deutschland Anspruch auf eine Woche Bildungsurlaub auf Basis des entsprechenden Landesgesetzes. Trotz des verbrieften gesetzlichen Anspruchs kommt es in der Praxis jedoch häufig zu Streitigkeiten mit dem/der ArbeitgeberIn bzw. der Dienststelle. Es kommt deshalb darauf an, dass der Beschluss von Anfang an richtig formuliert wird.

Zur Situation der ArbeitnehmerInnen in Deutschland

Tarifverträge: Geschichte, Zustandekommen und Besonderheiten

Es hat in Deutschland Zeiten gegeben, in denen die Tarifvertragslandschaft in Deutschland jener in Österreich glich: Man hatte bundesweite Tarifverträge, Branchentarifverträge etc., ein großer Teil der Beschäftigten war durch einen Tarifvertrag abgedeckt, der zwar nur für Gewerkschaftsmitglieder galt, von den ArbeitgeberInnen jedoch auch allen Nicht-Mitgliedern gezahlt wurde. Da auch ohne Mitgliedschaft der Tarifvertrag bezahlt und es als selbstverständlich betrachtet wurde, dass die Gewerkschaft diesen aushandelte, traten viele Beschäftigte der Gewerkschaft entweder nie bei oder kündigten ihre Mitgliedschaft. In der Folge verfügte die Gewerkschaft nicht mehr über ausreichend Unterstützung seitens der Mitglieder, um dagegen anzukämpfen, als Tarifverträge aufgekündigt wurden. Heute gibt es in den wenigsten Betrieben einen Tarifvertrag – und wenn, handelt es sich meist um Haustarifverträge, eventuell noch einzelne Tarifverträge für eine Branche. Die MitarbeiterInnen bekommen niedrige Stundenlöhne, leisten unbezahlte Überstunden; es gibt kein Vorrücken, keine Lohnerhöhungen, keine Sonderzahlungen. Dass eine starke Gewerkschaft mit vielen Mitgliedern zur Vertretung der ArbeitnehmerInneninteressen notwendig ist, macht diese Entwicklung deutlich. Durch die bedingungsorientierte Gewerkschaftsarbeit wird daher versucht, die MitarbeiterInnen – wenn es sein muss, mit Arbeitskämpfen – zu mobilisieren, um für Tarifverträge zu kämpfen.

Was den Prozess des Zustandekommens eines Tarifvertrages betrifft, unterscheidet sich Deutschland deutlich von Österreich: Nicht nur die Herangehensweise ist eine ganz andere (vgl. dazu auch den Musterverlauf). Hier kann außerdem jede/r Interessierte – Betriebsrätinnen und Betriebsräte, Ersatzbetriebsrätinnen und -räte, aber auch MitarbeiterInnen, die nicht im Betriebsrat sind – von der Entwicklung und Entstehung über die Verhandlung bis zum Abschluss des Tarifvertrags mitarbeiten. Allerdings muss man, so die Gewerkschaft, ver.di-Mitglied sein; für den Start von Tarifverhandlungen ist weiters die Mitgliedschaft bzw. ein Organisationsgrad von mindestens 50 Prozent im Betrieb Voraussetzung. Trifft dies alles zu, erteilen die Mitglieder der Gewerkschaft den Auftrag, einen Tarifvertrag zu verhandeln. Nun werden zunächst die MitarbeiterInnen mittels eines Flugblattes, das auch die Termine der geplanten Betriebsversammlungen und die Ankündigung einer Umfrage enthält, darüber informiert, dass es eine Arbeitsgruppe gibt. In dieser wird das Projekt dann mit Vertrauensleuten erarbeitet. Wenn die Teilnahme bei der MitarbeiterInnenbefragung und in weiterer Folge auch der Organisationsgrad ausreichend sind, wird eine Tarifkommission aus Betriebsrätinnen und Betriebsräten, Vertrauenspersonen und hauptamtlichen MitarbeiterInnen der ver.di eingerichtet. Aus dieser wird dann das Verhandlungsteam bestellt. Die Tarifkommission entscheidet in der Folge nicht nur, ob einem Verhandlungsergebnis zugestimmt wird oder nicht, sondern berät auch, wie und wann man die Mitglieder informiert. Prinzipiell erhalten die Mitglieder Informationen über jeden Schritt, jeden Verhandlungstermin und jedes Zwischenergebnis via Flugblatt und/oder Betriebsversammlung.

In solchen Kommissionen werden Forderungen erarbeitet, die in Österreich teilweise gesetzlich geregelt oder dank Kollektivverträgen ganz selbstverständlich sind: Während man hierzulande etwa ein 13. und 14. Gehalt bekommt, wird in Deutschland eine Sonderzahlung in der Höhe von beispielsweise 69,3 Prozent gefordert. Fehlt ein Tarifvertrag, gibt es beim Gehalt außerdem meist nur eine Einstufung, unabhängig davon, ob man nun ein Jahr oder zehn Jahre und länger in einem Betrieb beschäftigt ist. Daher möchte die Gewerkschaft zum Beispiel fünf Gehaltsstufen und eine Vorrückung alle zwei bis fünf Jahre durchsetzen. Auch über Lohnerhöhungen für die nächsten Jahre wird verhandelt. ver.di hat zudem einen gesetzlichen Mindestlohntarif gefordert. Für die Beschäftigten im

Pflegebereich ist ein solcher vor Kurzem in Kraft getreten: Der Mindeststundenlohn lag 2011 bei 8,50 Euro und beträgt 2012 mindestens neun Euro.

Obwohl die Mauer zwischen Osten und Westen seit 1990 Geschichte und Deutschland wieder vereinigt ist, gibt es bei den Löhnen bzw. Gehältern immer noch Unterschiede – und das sogar innerhalb einer Stadt. So hat etwa ein privater Betreiber von Seniorenheimen in ganz Deutschland im Grunde zwei Gehaltsschemen: eines für Westdeutschland und eines für Ostdeutschland. Er ist bei Weitem nicht der Einzige. Da einige DienstgeberInnen gegen die Gleichstellung der Einkommen von Ost und West eine Klage eingereicht haben, belassen nun manche ArbeitgeberInnen das Gehalt, wie es ist, und zahlen die Differenz zum Mindestlohntarif als Zulage aus – mit dem Vorbehalt, dies jederzeit wieder einstellen zu können.

Bei den erwähnten Punkten handelt es sich nur um einzelne von vielen Unterschieden, die ich während meines Praktikums feststellen konnte.

Rechte der ArbeitnehmerInnen: Urlaub und Streik

Neben der Regelung von Löhnen/Gehältern in Tarifverträgen und gesetzlichen Mindestlöhnen haben ArbeitnehmerInnen in Deutschland noch weitere gesetzlich geregelte Ansprüche – wie z. B. jenen auf Urlaub im Ausmaß von 24 Werktagen – und Rechte, etwa das Streikrecht.

Der Streik ist ein Grundrecht (Artikel 9 Absatz 3 Grundgesetz) und ein rechtmäßiges Mittel zur Durchsetzung der Tarifforderung (Bundesarbeitsgericht vom 12. September 1984 – 1 AZR 342/82). Dies gilt für Warnstreiks ebenso wie für den Vollstreik. Jede Kollegin und jeder Kollege – ob gewerkschaftlich organisiert oder nicht – darf an einem Streik teilnehmen, auch Auszubildende und LeiharbeitnehmerInnen haben dieses Recht. § 11 Absatz 5 legt unmissverständlich fest: „Der Leiharbeitnehmer ist nicht verpflichtet, bei einem Entleiher tätig zu sein, soweit dieser durch einen Arbeitskampf unmittelbar betroffen ist. In den Fällen des Arbeitskampfes nach Satz 1 hat der Verleiher den Leiharbeitnehmer auf das Recht, die Arbeitsleistung zu verweigern, hinzuweisen." Die Teilnahme an einem rechtmäßigen Streik stellt keine Verletzung des Arbeitsvertrags dar. Eine Arbeitgeberin bzw. ein Arbeitgeber darf weder die Teilnahme an einem Streik verhindern noch Beschäftigte wegen einer (Warn-)Streikteilnahme benachteiligen, denn: „Gewerkschaftliche Warnstreiks sind nach Ablauf der Friedenspflicht auch während noch laufender Tarifverhandlungen zulässig." (Bundesarbeitsgericht vom 12. September 1984). Maßregelungen wegen der Teilnahme an einem Streik (z. B. Kündigung der/des Streikenden) durch die Arbeitgeberin bzw. den Arbeitgeber sind verboten. Da während des Streiks das Arbeitsverhältnis ruht, brauchen die Beschäftigten keine Arbeitsleistung zu erbringen, können für die Dauer des

Streiks aber auch kein Arbeitsentgelt beanspruchen. Nach Ende des Streiks besteht ein Anspruch auf Weiterbeschäftigung.

Sozial- und Gesundheitsbereich

Grundsätzlich sind viele Probleme in Deutschland ähnlich wie in Österreich: beispielsweise das Zurückholen von MitarbeiterInnen aus dem Urlaub, ständiges Einspringen für KollegInnen, zu wenig Personal in der Pflege und in der Kinderbetreuung, hohe Fluktuation etc. Auch über eine Einführung der 24-Stunden-Betreuung wird diskutiert. Eine nähere Betrachtung der spezifischen Situation in Deutschland würde sich weiters bei Themen wie Ausbildungsformen im Sozial- und Gesundheitsbereich, dem Bereich Kinderbetreuung, diversen gewerkschaftlichen Aktionen etc. lohnen – was im Rahmen meines Praktikums aus zeitlichen Gründen nicht möglich war.

Mein Auslandsprojekt – ein Resümee

Mir war es wichtig, im Verlauf meiner Praktikumswochen so viel wie möglich zu sehen, zu erfahren, zu lernen und zu hören … Dafür muss man offen und neugierig sein, viel fragen, sich auf Situationen und Gegebenheiten einlassen, auf fremde Leute zugehen. Schließlich bekommt man im Leben nicht so oft die Chance für einige Wochen ein anderes Land so kennenzulernen; und um solche Erfahrungen sammeln zu können, bedarf es vor allem auch der Unterstützung durch den Partner und die Familie. Zwar war es eine lange Zeit in einer fremden Stadt, aber gegen Ende des Praktikums hatte ich doch viele Leute kennengelernt und Einblicke in die Tätigkeit der ver.di gewonnen – und es wäre sicher spannend gewesen, noch umfassender in die Arbeit der deutschen Kolleginnen und Kollegen einzusteigen.

Im Zuge meines Auslandsprojekts begleitete ich Gewerkschaftssekretärinnen und -sekretäre zu verschiedenen Gesprächen, Versammlungen, Aktionen und erlebte dabei die verschiedenen Stationen der oben beschriebenen Prozessbegleitung mit – etwa bei einer ersten Vorstellung vor Betriebsräten, bei Vertrauensleute- oder Mitgliederversammlungen, bei Tarifkommissionssitzungen oder Demonstrationen auf der Straße. Zwar gibt es noch SkeptikerInnen, aber ich konnte auch beobachten, dass sich viele Mitglieder, Vertrauensleute und auch Betriebsrätinnen und -räte bereits mit ihrem Projekt identifizierten. Bestes Beispiel, dass ein Projekt funktionieren kann, bot der erfolgreiche Streik an der Charité: Er dauerte 14 Tage und griff auch auf die in CFM (Charité Facility Management GmbH) ausgegliederten Betriebe über – was zur Folge hatte, dass die Firmenleitung bereit war, an den Verhandlungstisch zurückzukehren. Seither wird dieses Projekt immer wieder in anderen Betrieben vorgestellt; es soll veranschaulichen, dass MitarbeiterInnen und Mitglieder etwas erreichen können, wenn sie zusammen- und durchhalten. Den MitarbeiterInnen wird dabei aber auch ganz klar gesagt, dass die ver.di erst ab einem gewissen Organisationsgrad ihre Arbeit aufnimmt. Das führt manchmal zu Diskussionen unter den MitarbeiterInnen, bewirkt aber auch, dass sich diese untereinander solidarisieren und Gewerkschaftsmitglieder werden. Die Entscheidung, ob etwas passieren soll oder nicht, liegt also letztendlich ganz klar bei den MitarbeiterInnen – diese Form der Mitbestimmung bzw. Auftragserteilung werde ich auch in meiner Arbeit als Betriebsrätin umsetzen.

Während meines Praktikums habe ich viele spannende Beobachtungen gemacht und einige Unterschiede zu Österreich festgestellt: Etwa die Tarifkommissionen, die anders zustandekommen und auch besetzt sind als hierzulande. Oder der Umstand, dass die Gewerkschaft – anders als in Österreich – jederzeit ein Zutrittsrecht in allen Betrieben hat, ausgenommen im Bereich der Kirchen. Oder dass ver.di, sobald ein Mitglied  im Betrieb beschäftigt ist, einen Betriebsrat gründen darf.[49] Das Resümee meines Praktikums in Berlin-Brandenburg? Es ist so vieles gleich wie in Österreich … und auch so vieles anders – einer von vielen Gründen, warum es sich bei diesem Projekt nicht um eine einmalige Aktion handeln, sondern ein erster bzw. weiterer Schritt in Richtung länderübergreifende Zusammenarbeit der Gewerkschaften getan werden sollte. Stefan Thyroke und ich haben für 2012 schon einen Gegenbesuch geplant: Eine Delegation aus Berlin soll bald für eine Woche in die Steiermark kommen und dort unsere Gewerkschaft, die Arbeiterkammer, den Sozialbereich etc. kennenlernen. Es wäre schön, wenn das klappte!

---

[49] Mehr Informationen finden sich unter *http://www.verdi.de/tarifpolitik* und für den Sozialbereich unter *http://gesundheit-soziales.verdi.de/tarifpolitik/*.

Reinhard Gratzer,
ver.di Hamburg

Im Rahmen meines Praktikums bei der ver.di Hamburg bekam ich umfassenden Einblick in die vielfältigen Aufgabenbereiche der Gewerkschaft. Insbesondere die Tätigkeit des ver.di-Fachbereiches 3 – Gesundheit, soziale Dienste, Wohlfahrt und Kirchen werde ich nach einer allgemeinen Einführung im Folgenden näher vorstellen. Inhaltlich orientieren sich meine Ausführungen an Besprechungen und Veranstaltungen, an denen ich im Laufe meines Praktikums teilnehmen konnte.

An den Anfang meiner Ausführungen möchte ich eine kurze Schilderung jener Veranstaltung stellen, mit deren Teilnahme mein Praktikum begann: die Feier „15 Jahre Hamburger Spendenparlament". Jeder Spender bzw. jede Spenderin – derzeit zirka 3.500 Personen – ist Mitglied des auf Initiative des Direktors der Diakonie gegründeten Vereins Spendenparlament *(http://www.spendenparlament.de/),* der in den 15 Jahren seines Bestehens an sozialen Brennpunkten der Hansestadt rund 800 Projekte mit 6,35 Millionen Euro unterstützt hat. Gefördert werden überzeugende soziale Aktivitäten unterschiedlicher Art: Dazu gehören Kirchenkaten für Obdachlose, die berufliche Förderung straffällig gewordener Jugendlicher, die Betreuung schwerstbehinderter alter und junger Menschen, die Beratung sozial isolierter Frauen und Kinder sowie viele andere Projekte, vor allem in problematischen Stadtteilen.[50]

Struktur der ver.di Hamburg

Die Vereinte Dienstleistungsgewerkschaft, kurz: ver.di, ist horizontal in die Ebenen Ort, Bezirk, Land, Bund und vertikal in 13 Fachbereiche gegliedert, die sich – an den Branchen der ArbeitgeberInnen orientiert – mit beruflichen und berufspolitischen Themen beschäftigen. Anders als in ländlichen Gebieten, wo oftmals gar nicht alle Fachbereiche vertreten sind und die Sekretärinnen bzw. Sekretäre in ihrem Bereich meist alleine agieren, arbeiten in Hamburg die großen Fachbe-

---

[50] Über die geförderten Projekte können sich Interessierte anhand von sechs beispielhaften Projektbeschreibungen *(http://www.spendenparlament.de/foerderprojekt_beispiel_1.php)* oder über die Projektförderung *(http://www.spendenparlament.de/projekte.php)* informieren.

reiche weitgehend nebeneinander, sie „genügen sich selbst": Es gibt wenig bis keine übergreifenden Themen oder Besprechungen, was durchaus problematisch ist.

Dazu kommt ein Konkurrenzkampf der Fachbereiche um Mitglieder: Bei einem langsamen, aber stetigen Rückgang der ver.di-Mitglieder – in Hamburg lag er im ersten Quartal 2011 bei 2,1 Prozent, was bundesweit beinahe den schlechtesten Wert darstellt – werden infolge von Umstrukturierungen in der Wirtschaft Mitglieder oftmals anderen Fachbereichen zugeordnet. Als zum Beispiel die Krankenhäuser von der Stadt in „private GmbHs" ausgegliedert wurden (an denen sie weiterhin bis zu 100 Prozent hält), kamen die ver.di-Mitglieder vom Fachbereich 6 (Bund und Länder) in den Fachbereich 3 (Gesundheit, soziale Dienste, Wohlfahrt und Kirchen). Dadurch sank die Mitgliederzahl im einen und stieg im anderen Fachbereich. Ein weiteres Beispiel bieten die KassierInnen an den Supermarktkassen. Hier verzeichnet man mittlerweile eine stark steigende Zahl von LeiharbeitnehmerInnen, die der Fachbereich 13 (Besondere Dienstleistungen) als zu sich und nicht mehr zum Fachbereich 12 (Handel) gehörig betrachtet. Eine Grund für diese Konkurrenz zwischen den Fachbereichen: Wie in der ver.di-Satzung festgelegt, wird das Budget exakt nach diesen Zahlen verteilt. Dadurch gibt es wenig Spielraum für eine politische Neuausrichtung.

Ähnliches spielt sich zwischen den Gewerkschaften ab. Da der Telekommunikationsanbieter Vodafone zu Mannesmann gehört, ist die IG Metall der Auffassung, die Gewerkschaftsmitglieder im Unternehmen würden zu ihr gehören.

MitarbeiterInnen und Betriebsratsarbeit in der ver.di[51]

ver.di beschäftigt vorwiegend Vollzeit-, kaum aber Teilzeitkräfte: Bei 3.261 Kolleginnen und Kollegen (Organisationsgrad 100 Prozent) deutschlandweit verzeichnet man ein Vollzeitäquivalent von 3.084,7. In Hamburg sind es 94 Vollzeitäquivalente auf 110 Personen, unter ihnen etwa 70 Gewerkschaftssekretärinnen und -sekretäre sowie 40 Leute in der Verwaltung.[52]

Was das Budget (Mitglieder- und Beitragsentwicklungsschätzung sowie Personalplan) betrifft, erstellt ver.di Drei-Jahres-Planungen. Nach dem derzeitigen Plan (2011 bis 2013) ist beim Personal eine vierprozentige, in Hamburg eine rund zehnprozentige Einsparung vorgesehen. Dieser Unterschied erklärt sich daraus, dass dort vor der ver.di-Gründung die Deutschlandzentrale der DAG (Deutsche Angestelltengewerkschaft) ihren Sitz hatte. Ziel für ver.di Hamburg 2013 sind 87 Vollzeitäquivalente.

---

[51] Die folgenden Ausführungen basieren auf einem Gespräch mit Michael Schulz. Er arbeitet in der Abteilung IKT – Informations- und Kommunikationstechnologie und ist Mitglied im Betriebsrat. Ich halte diese Kombination für sehr gut, weil er dadurch ständig mit allen Abteilungen zu tun hat und somit auch über einen guten Gesamteinblick verfügt.

[52] Alle Zahlen stammen von Ende 2010.

Seit der Gründung von ver.di 2001 gab es noch nie Budgetüberschüsse, sondern immer einen negativen Jahresabschluss. Das bedeutet: Die Dienstleistungsgewerkschaft existiert auf Kosten von Rücklagen. Dem wird zum einen durch einen Personalabbau entgegengewirkt, der ausschließlich durch Pensionierungen erfolgt – allerdings verursacht die großzügige Altersteilzeitregelung wiederum hohe Kosten –, zum anderen durch einen seit Langem bestehenden weitgehenden Einstellungsstopp. Von ihm sind Jugendsekretärinnen und -sekretäre ausgenommen.

Die Entlohnung der ver.di-MitarbeiterInnen ist in Ordnung, vermutlich nach der IG Metall die beste innerhalb der deutschen Gewerkschaften. Dem Betriebsrat in der ver.di obliegt die Tarifvertragszuständigkeit, damit ist er für sogenannte tarifvertragsersetzende Maßnahmen verantwortlich. Ohne Zustimmung des Betriebsrates kann die ver.di beispielsweise keine Anstellung vornehmen. Derzeit läuft ein Verfahren am Arbeitsgericht, weil der Dienstgeber die Altersteilzeitregelung einseitig aufgekündigt hat, der Betriebsrat jedoch die Ansicht vertritt, dass der Dienstgeber so einen Schritt nicht einseitig vornehmen könne, weil auch die Altersteilzeitregelung eine tarifvertragsersetzende Maßnahme darstelle. Im Übrigen ist dies nicht das erste Arbeitsgerichtsverfahren zwischen ver.di-Dienstgeber und ver.di-Betriebsrat. Von Zeit zu Zeit werden Gerichte bemüht, um unterschiedliche Auffassungen zu klären, auch wenn dies kein gutes Bild in der Öffentlichkeit abgibt – aber dieses Risiko geht der Dienstgeber offensichtlich ein.

Organizing in Hamburger ver.di-Fachbereichen

Auch in der ver.di setzt man Organizing ein. Im Fachbereich 13 (Besondere Dienstleistungen) wurde, wie dessen Leiter Peter Bremme mir erzählte, 2006 mit Organizing begonnen: Unter dem Motto „Mit Sicherheit verdienen wir mehr: Respekt und bessere Jobs" initiierte die ver.di damals ein Organizing-Projekt im Hamburger Wach- und Sicherheitsgewerbe. Hierfür holte man sich Valery Alzaga, eine erfahrene Organizerin aus den USA, deren Arbeit die Grundlage für den Film „Bread and Roses" geliefert hatte. Die Ausgangssituation war sehr schwierig, da es hier sehr viele gelbe Betriebsräte gab. Die größten Hürden lagen aber in der internen Organisation: Man hatte bis dahin keine Erfahrung mit Organizing gemacht. Für das zunächst auf ein halbes Jahr bewilligte und später auf ein Jahr verlängerte Projekt wurden vier Hauptamtliche eingestellt, zuerst mit freien Verträgen (prekär beschäftigt!), später mit Festanstellung. Heute gibt es ein Team von OrganizerInnen, die in Berlin stationiert sind und gerade ein entsprechendes Projekt in Nordrhein-Westfalen starten. Rückblickend stellte sich heraus, dass die Mitgliederzahl langsam, aber stetig gestiegen ist. Der wesentlichste Erfolg lag aber im Lernen neuer Methoden gewerkschaftlicher Arbeit, die allerdings für die in traditionellen Strukturen Tätigen schwer verständlich sind. Wie Michael Stock vom Hamburger ver.di-Fachbereich 3 berichtete, habe man vor den letzten Betriebsratswahlen und vor den Tarifverhandlungen gemeinsam mit dem Kooperationspartner ORKA – Organisierung und Kampagnen *(www.orka-web.de)* in allen Betriebsgruppen Organizing-Seminare angeboten. Zwar seien die Seminare sehr interessant gewesen, aber kaum jemand habe etwas davon umgesetzt. Allerdings seien, wie Michael Stock meinte, einige Organizing-Methoden unter anderem Namen auch vorher schon angewandt worden. Neu und interessant findet er den systematischen Ansatz – wenngleich dieser natürlich sehr ressourcenintensiv sei.

Der Fachbereich 3 der ver.di Hamburg

Der Fachbereich 3 – Gesundheit, soziale Dienste, Wohlfahrt und Kirchen der Gewerkschaft ver.di bietet den im Gesundheits- oder Sozialwesen Beschäftigten seine Vertretung an. Das Team des Hamburger Fachbereichs 3 betreut Mitglieder, Betriebs- und Personalräte sowie Mitarbeitervertretungen aus den Bereichen Krankenhäuser, Kindertagesstätten, Behindertenhilfe, Pflegeeinrichtungen, Soziale Dienste sowie Kirchen, Diakonie und Caritas. Obwohl die ver.di in der Tarifpolitik erfolgreich ist, wirkt sich das nicht auf die Mitgliederzahl[53] aus. In Hamburg hat der Fachbereich 3 der Dienstleistungsgewerkschaft 15.115 Mitglieder, die sich folgendermaßen aufschlüsseln:

Bereich	Beschäftigte	ver.di-Mitglieder
Krankenhäuser	25.000	6.120
Kindertagesstätten (Kitas)	15.000	3.277
Pflege (stationär und ambulant)	14.000	2.260
Behindertenbereich	7.000	1.152
Kirchliche Einrichtungen	–	1.878
Sonstige	–	275

Ergänzend bleibt anzumerken, dass die Zuordnung der Mitgliederzahlen und die Schätzung der Beschäftigtenzahlen in den einzelnen Branchen nicht leicht sind. Insbesondere im kirchlichen Bereich und in der Wohlfahrt bereitet die Zuordnung in der MIBS (EDV-Mitgliederverwaltung) Schwierigkeiten.

---

[53] In der Mitgliederwerbung für ver.di waren vor allem Gesundheitsprojekte hilfreich.

Teilnahme an der Klausur des ver.di-Fachbereichs 3

Bei einer Klausur der ver.di-SekretärInnen[54] des Fachbereichs 3 – Gesundheit, soziale Dienste, Wohlfahrt und Kirchen, an der ich teilnehmen durfte, standen die Arbeitsfelder des Fachbereichs, eine Bewertung und eventuelle Neuverteilung derselben – dies alles auf Grundlage des Leitbildes von ver.di Hamburg und der Bundesvorgaben des Fachbereichs 3 – als Themen im Zentrum.

Auf einer Skala von eins bis zehn wurde zunächst bewertet, wie gut die verschiedenen Punkte des Leitbildes gelebt werden, in einem zweiten Schritt, wie wichtig die einzelnen Themen sind. Anschließend erfolgte eine Analyse der derzeitigen Struktur. Dabei kristallisierte sich rasch heraus, dass es in der EDV-Mitgliederverwaltung (MIBS) eine Veränderung braucht. Derzeit erfolgt die Speicherung der Mitglieder entweder nach Branchen oder nach Trägern; vor allem bei Kirchen und in der Wohlfahrt kommt es aber zu Überschneidungen bei der Erfassung.

Hilke Stein stellte außerdem noch eine interessante Methode vor, die auch auf Organisationen anwendbar ist: Epidemien – Tipping Point. Die Methode basiert auf der von Buchautor Malcolm Gladwell populär gemachten Erkenntnis, dass „soziale Epidemien" den gleichen Gesetzmäßigkeiten folgen wie „normale Epidemien". Laut Gladwell sind drei Faktoren für die Ausbreitung verantwortlich: das Gesetz der Wenigen (es braucht nur wenig, um eine Epidemie auszulösen), der Verankerungsfaktor (der Virus = die Botschaft) und die Macht der Umstände (Epidemien hängen auch von den Bedingungen der Zeit und des Ortes ihres Geschehens ab). Der „Tipping Point" ist dabei jener Punkt, an dem eine Entwicklung kippt. Im „Epidemieprozess", gibt es drei wichtige Typen: die VerkäuferInnen, die KennerInnen und die VermittlerInnen. Erstere besitzen die Fähigkeit zu überreden, selbst wenn sie nicht überzeugt sind, können andere in ihren Rhythmus ziehen und verkörpern Charme, Begeisterung, Energie und Optimismus – als SpezialistInnen für Emotionen wirken sie ansteckend. Die KennerInnen überreden nicht; sie erzählen, beraten, verfügen über Insiderwissen, sind sozial motiviert und lösen die Probleme anderer, indem sie die eigenen lösen – als „InformationsmaklerInnen" stellen sie die Botschaft zur Verfügung. Die VermittlerInnen schließlich mögen Menschen, sie verfügen über eine Vielzahl schwacher

---

[54] Bei der Klausur anwesend waren Hilke Stein (Klausurleitung) und Michael Stock, beide zuständig für Krankenhäuser, Sigrid Ebel, die Zuständige für Kitas (Kindertagesstätten), Norbert Proske (Aufgabenbereich Altenpflege) und Arnold Rekittke, in dessen Zuständigkeit der Kirchen- und Behindertenbereich fällt.

Bindungen, sind in verschiedenen Welten zu Hause und kultivieren Bekanntschaften – VermittlerInnen bringen Menschen in Verbindung.

Am Ende stellte Hilke Stein den Bezug zur Gewerkschaft her: Eine negative Entwicklung ist nicht zu stoppen, wenn wir vom Gleichen mehr machen. Die Gewerkschaft müsse sich fragen: Wer sind die VerkäuferInnen, KennerInnen und VermittlerInnen in unseren Betrieben und wer sind die MeinungsmacherInnen? Stellen sich Letztere gegen die Gewerkschaft, könne nur mehr Schadensbegrenzung betrieben werden.

Arbeitgeber Kirche

Zu den Arbeitgebern, mit denen man im ver.di-Fachbereich 3 zu tun hat, zählen auch die großen Kirchen – insbesondere die evangelische Kirche – als Betreiber von Gesundheits- und Sozialeinrichtungen. Ein heißes Thema in sogenannten Tendenzbetrieben sind die Tarifverträge, wie im Folgenden deutlich wird.

Zuvor sind aber die Unterschiede zu Österreich zu klären: Anders als hierzulande gibt es in Deutschland keine Außenseiterwirkung und keine Pflichtmitgliedschaft im Arbeitgeberverband. Das bedeutet, dass die von der Gewerkschaft erzielten Lohnabschlüsse nur für Gewerkschaftsmitglieder gelten. Um den Zulauf zur Gewerkschaft hintanzuhalten, zahlen die ArbeitgeberInnen aber auch an Nicht-Gewerkschaftsmitglieder freiwillig die gleichen Löhne. Mitglieder der Gewerkschaft können nicht einfach gekündigt werden, da es einerseits den Kündigungsschutz gibt und der Betriebsrat (BR)[55] andererseits Kündigungen abzulehnen vermag. Um ein Verhandlungsmandat für einen Tarifvertrag (TV) zu bekommen, muss zumindest ein Beschäftigter eines Betriebes Gewerkschaftsmitglied sein.

Darüber hinaus existieren unterschiedliche Arten von Tarifverträgen (Flächen- und Haustarifverträge).

Speziell in Tendenzbetrieben gibt es:
» AVR – Arbeitsvertragsrichtlinie der evangelischen bzw. katholischen Kirche (Dienstordnungen des jeweiligen Dienstgebers),
» KDO – Kirchliche Dienstordnung der katholischen Kirche,

---

[55] Anders als in Österreich finden in Deutschland die Betriebsratswahlen bundesweit gleichzeitig innerhalb von drei Monaten statt. Sofern es nur eine Liste gibt, können die WählerInnen so viele Einzelpersonen dieser Liste wählen, als Mandate zu vergeben sind. Darüber hinaus hat man eine „Minderheitenquote". In der ver.di Hamburg sind zum Beispiel sieben Mandate zu vergeben – mindestens zwei davon muss die Minderheit der Geschlechter erhalten.

- » MVG – MitarbeiterInnenvertretungsgesetz (kein staatliches Gesetz, sondern eine interne Ordnung der evangelischen Kirche),
- » MAV – MitarbeiterInnenvertretung (Pendant zu Betriebsrat bzw. Personalrat in Tendenzbetrieben),
- » GTV – Grundlagentarifvertrag (nur in der Diakonie), ohne den die Tarifverhandlungen nicht gelungen wären.

Struktur und Beschäftigte der evangelischen Kirche in Norddeutschland

Das Bundesland Hamburg gehört gemeinsam mit Schleswig-Holstein zum Bistum Nordelbien, das strukturell zwei große Bereiche kennt: die verfasste Kirche und die Diakonie.

In der verfassten Kirche sind Gemeinden, Kindertagesstätten (Kitas), Friedhöfe etc. organisiert. Während in den Kitas rund 15.000 Personen arbeiten, zählt man im Rest der verfassten Kirche etwa 1.500 Beschäftigte. Für sie gilt der KAT (Kirchliche ArbeitnehmerInnen Tarifvertrag).

Die verschiedenen Betriebe der Diakonie beschäftigen etwa 40.000 Menschen – um die 8.000 in Krankenhäusern, rund 10.000 in Behinderteneinrichtungen und 20.000 in der Pflege. Für etwa die Hälfte ist inzwischen der TVD (Tarifvertrag Diakonie) in Kraft. Für die andere Hälfte gilt (noch) die AVR DW EKD (Arbeitsvertragsrichtlinie des Diakonischen Werkes der Evangelischen Kirche Deutschlands).

Der Kirchliche Tarifvertrag Diakonie

Basis für die Tarifverträge in den kirchlichen Einrichtungen (KTD und KAT) ist der Grundlagentarifvertrag, der fünf Jahre Gültigkeit besitzt. Während dieser Laufzeit besteht Friedenspflicht (Streikverbot). Die Tarifrunde KTD (Kirchlicher Tarifvertrag Diakonie) wurde mit einem Zweijahresabschluss beendet. Per 1. April 2011 erfolgte eine Erhöhung der Tabellenentgelte um 1,7 Prozent, per 1. April 2012 werden sie linear um 1,3 Prozent angehoben. Bereits jetzt ist eine positive Wirkung hinsichtlich der Verbesserungen der Voraussetzungen für die Wechselschichtzulage erkennbar.  Schließlich konnte noch eine Erhöhung der Zeitzuschläge für gesetzliche Feiertage erreicht werden. Mit 1. Jänner 2012 wurden die Zuschläge von 45 Prozent auf 65 Prozent heraufgesetzt, mit 1. Jänner 2013 erfolgt eine Erhöhung auf 75 Prozent.

Zwar war die DienstnehmerInnen-Tarifkommission mit dem Abschluss nicht zufrieden, stimmte aber dennoch zu. Wegen der Friedenspflicht im Zusammenhang mit dem Grundlagentarifvertrag (GTV) und der fehlenden Verhandlungsbereitschaft seitens der DienstgeberInnen sah man wenig weitere Durchsetzungsmöglichkeiten. Bei den nächsten Grundlagentarifvertragsverhandlungen wird die Verkürzung der Laufzeit eine wesentliche Forderung von ver.di sein, man denkt selbst über die Kündigung des GTV nach. „Die Mitglieder und MitarbeiterInnen müssen spüren, dass es um sie geht", meinte Wolfgang Werner, Vorstandsvorsitzender der Arbeitsgemeinschaft der Mitarbeitervertretungen Diakonisches Werk Hamburg (AG-MAV), bei einer Mitgliederversammlung im ver.di-Center, an der ich teilnahm. „Die Zeiten, in denen sich alle denken: ‚Die Tarifkommission macht das schon!', sind vorbei!"

Die Arbeitsrechtliche Kommission ist eine von der Dienstgeberin oder dem Dienstgeber eingerichtete „paritätische" Kommission, die arbeitsrechtliche Fragen klärt. „Paritätisch" unter Anführungszeichen, weil die DienstnehmervertreterInnen von der Leitung ausgesucht werden. Die MAV halten bei jeder Sitzung dieser Kommission eine Mahnwache ab, weil man die AG-MAV aus der Kommission ausgeschlossen hat.

Tarifverhandlungen im Agaplesion Diakonieklinikum

In zwei von fünf Krankenhäusern der Diakonie wird der KTD (Kirchlicher Tarifvertrag Diakonie) nicht angewendet. Dort gilt die Arbeitsvertragsrichtlinie (AVR) der Dienstgeberin bzw. des Dienstgebers – was einen Unterschied in der Entlohnung von monatlich rund 300 Euro ausmacht! Aus diesem Grund wurde im Hamburger Agaplesion Diakonieklinikum erstmals gestreikt

und nur eine Notversorgung aufrechterhalten. Der Dienstgeber versuchte zunächst, den Streik zu ignorieren, drohte beim zweiten Streik mit einer Unterlassungsklage und brachte diese beim dritten und vierten Streik tatsächlich ein, da die Beschäftigten – so die Auffassung der Diakonie – aufgrund des Tendenzparagrafen gar nicht streiken dürften. Zwar wurde die Zahl der StreikteilnehmerInnen zunehmend kleiner, aber die Medien berichteten sehr positiv. Nach insgesamt sechs Streiks urteilte ein Gericht, dass Streik in der Diakonie (Tendenzbetrieb) ein zulässiges Mittel ist.

Darauf trat das Diakonieklinikum der DienstgeberInnenvereinigung (DG) bei, womit der Kirchliche Tarifvertrag Diakonie Gültigkeit bekam und Überleitungsverhandlungen von der Arbeitsvertragsrichtlinie der Diakonie (AVR) in den KTD anstanden.

Eine eigens eingerichtete Tarifkommission, an der ich im Rahmen meines Praktikums teilnahm, bereitete den Übergang in den KTD vor. Dazu gab es einen Vorschlag von DienstgeberInnenseite, der von der Kommission überarbeitet wurde:

DienstgeberInnenvorschlag	Position der ver.di Hamburg
Einstufung in jene Gehaltsstufe der neuen Gehaltstabelle, die der derzeitigen Entlohnung am nächsten ist, aber unter der derzeitigen Entlohnung liegt, und Aufzahlung der Differenz durch eine Besitzstandszulage.	Im KTD gibt es eine klare Einschleifregelung. Es kann nicht sein, dass die Kolleginnen und Kollegen von der Umstellung, die sie sich erstritten haben, erst nach frühestens drei Jahren etwas spüren.
Eine höhere Entgelterreichung verringert den Besitzstand.	Einstufung nach Vordienstzeiten, nicht nach Datum des Inkrafttretens des KTD.
Treueleistungen: Nach zehn Jahren 153,39 Euro, nach 25 Jahren 613,55 Euro und nach 40 Jahren 1.227,10 Euro als Einmalzahlung.	Treueleistungen des KTD nach dem Grundsatz „Zeit vor Geld": nach zehn Jahren fünf Tage, nach 20 Jahren zehn Tage, nach 30 Jahren 15 Tage und nach 40 Jahren 20 Tage einmaliger Zusatzurlaub.
Beibehaltung der derzeitigen Arbeitszeitregelung bis 2015.	Schnellerer Übergang.
Altersvorsorge: Eine Staffelung von 0,5 bis zwei Prozent über mehrere Jahre.	Viele Details offen.
	Einstufung von MitarbeiterInnen, die ohne Fachfortbildung aufgrund ihrer Erfahrung diese höhere Tätigkeit ausüben, in die nächsthöhere Stufe.

Im Vorfeld der Verhandlungen war es zu einer heftigen sachlichen Auseinandersetzung zwischen Hilke Stein, der Verhandlungsführerin von ver.di, und Jochen Kunst vom VKDA (Verband kirchlich-diakonischer Arbeitgeber) als Verhandlungsführer der DienstgeberInnen über die Frage gekommen, warum der VKM (Verband kirchlicher Mitarbeiter) bei den Verhandlungen dabei sei, obwohl er im Klinikum keine Mitglieder vertrete und es daher keine Tarifpartnerschaft zwischen ver.di und VKM gebe. Zur Erklärung: Als „selbsternannte" Gewerkschaft außerhalb des DGB wird der VKM zwar von der Diakonie immer zum Verhandeln auf DienstnehmerInnenseite eingeladen und ist daher auch Mitunterzeichner des KTD, darf aber keine Tarifverhandlungen führen, da dies in Deutschland Gewerkschaften vorbehalten ist, die in den betreffenden Betrieben auch Mitglieder haben.

Die Stimmung in den Verhandlungen, die auf ArbeitgeberInnenseite sieben VertreterInnen des VKDA und des Diakonieklinikums (inklusive der Schriftführerin), auf ArbeitnehmerInnenseite fünf VertreterInnen von ver.di und drei des VKM (sowie ich als Gast) führten, war aufgrund des Vorgeplänkels gespannt, zumal man seitens des Diakonieklinikums zugeben musste, wegen einer gewissen

Vorlaufzeit noch nicht Mitglied in der DienstgeberInnenvereinigung zu sein. Nach Vorstellung der einzelnen Punkte durch Jochen Kunst und der Präsentation der ver.di-Position durch Hilke Stein ging es in eine Verhandlungspause, in der sich die einzelnen Delegationen berieten und ver.di einige Alternativvorschläge vorbereitete, die sehr ins Detail gingen und auf ArbeitgeberInnenseite teils Interesse hervorriefen. Nach einer weiteren Unterbrechung und überraschenden Annäherungen war den DienstgeberInnen bewusst, dass es keinen kostenneutralen Umstieg geben könne. ver.di kam ihnen insofern entgegen, als man einräumte, sich angesichts der angespannten finanziellen Lage des Klinikums bei den Treuetagen befristet auch ein geringeres Ausmaß vorstellen zu können. Am Ende der Sitzung kam man überein, dass die DienstgeberInnen einige Berechnungen über die ihnen aus den verschiedenen Maßnahmen entstehenden Kosten anstellen müssten, und vereinbarte einen Termin für weitere Verhandlungen, die Anfang Juli 2011 stattfanden.

In der Fachkommission Kirche wurde den TeilnehmerInnen über die Tarifverhandlungen im Diakonieklinikum und die geplante Umstrukturierung des Fachbereichs 3 berichtet. Anschließend diskutierte man über den Grundlagentarifvertrag, dessen Laufzeit ver.di auf zwei Jahre verkürzen möchte.

KDA (Kirchlicher Dienst in der Arbeitswelt)

Im KDA (Kirchlicher Dienst in der Arbeitswelt) haben sich landeskirchliche Einrichtungen der evangelischen Kirche zu einer bundesweiten Arbeitsgemeinschaft zusammengeschlossen. Ziel des KDA ist es, soziale, ökonomische und sozialethische Fragestellungen zu verknüpfen, Ideen zu fördern, die zu einer gerechten, humanen und zukunftsfähigen Arbeits- und Wirtschaftsweise beitragen und Menschen in der Arbeitswelt zu begleiten und zu unterstützen.

Aus diesem Auftrag heraus organisiert der KDA etwa viermal jährlich Betriebsrätetreffen, die jeweils in einem anderen Unternehmen stattfinden. Vor Ort sorgen die Betriebsrätinnen und -räte des Unternehmens für den Veranstaltungsrahmen, der KDA organisiert gegebenenfalls ReferentInnen und verschickt die Einladung per E-Mail an rund 70 Betriebsrätinnen und -räte, von denen etwa zehn bis zwölf tatsächlich kommen. Die TeilnehmerInnen schätzen den branchenübergreifenden Austausch, die Unverbindlichkeit der Teilnahme und dass die Themenauswahl nicht vorgegeben ist, sondern gemeinsam getroffen wird.

Ein neues Angebot des KDA ist die kollegiale Beratung. Betriebsrätinnen und Betriebsräte verschiedener Betriebe tauschen sich dabei aus und beraten einander – zu Beginn ein paar Mal unter Anleitung, in der Folge allein.[56]

---

[56] Die Ausführungen basieren auf einem Gespräch mit Angelika Kähler und Heike Riemann vom KDA, *http://www.kirche-hamburg.de/af.arbeitwirtschaft/af.arbeitwirtschaft.0102/one.adressen/index.html?entry=page.kd.1126000020.2.*

Mitarbeitervertretungen in Tendenzbetrieben

Anders als in Österreich gibt es in Deutschland in Tendenzbetrieben keine Betriebsräte, sondern Mitarbeitervertretungen (MAV). Die rechtliche Grundlage für diese ist nicht im Gesetz, sondern in innerbetrieblichen Bestimmungen geregelt. Bei einer der regelmäßig stattfindenden Mitgliederversammlungen „MAV-Arbeit – praktisch – konkret" der Arbeitsgemeinschaft der Mitarbeitervertretungen Diakonisches Werk Hamburg (AG-MAV) im ver.di-Center umriss der Vorstandsvorsitzende Wolfgang Werner deren Zukunft: Nach seiner Einschätzung würden die Kämpfe in Zukunft schärfer werden.

Das machte schon das Thema des Abends, Urlaub und Krankenstand, deutlich. Werners Stellvertreter Michael Imbusch leitete ein und erklärte die Situation: Der EuGH fällte am 20. Jänner 2010 eine Entscheidung, wonach Urlaub in Zeiten des Krankenstandes nicht verfällt. Das bringt Kolleginnen und Kollegen mit viel Krankenstand unter Druck, da die DienstgeberInnen für den Urlaub Rücklagen bilden müssen. In seinem Referat führte der Arbeitsrechtler Johannes Patett genauer aus: Der EuGH habe zu urteilen gehabt, ob ein Arbeitnehmer, der jahrelang im Krankenstand gewesen sei, in dieser Zeit Urlaubsanspruch erworben habe. Der EuGH entschied, dass der Urlaubsanspruch erst bei Genesung, dann aber rückwirkend ohne Zeitgrenze auflebe. Wenn der Urlaub dann zum Beispiel wegen Kündigung nicht konsumiert werden kann, ist er in Geld abzugelten. Das widerspricht dem deutschen Urlaubsrecht, nach dem Urlaub verfällt, der bis zum 30. Juni des darauffolgenden Jahres der Anspruchsentstehung nicht genommen wird.

Diese Entscheidung kann Unternehmen vor allem bei langen Krankenständen teuer zu stehen kommen. Hier ist das Arbeitsvertragsverständnis „Geld für Arbeit" in völlige Schieflage geraten. Ist beispielsweise ein/e ArbeitnehmerIn drei Jahre lang krank, kommen insgesamt zwölf Wochen gesetzlichen Urlaubs zusammen, die er/sie nach dem Krankenstand konsumiert. Der Arbeitgeber bzw. die Arbeitgeberin zahlt dem Arbeitnehmer bzw. der Arbeitnehmerin zwölf Wochen Urlaub dafür, dass er/sie drei Jahre lang nicht gearbeitet hat. Ob der tarifliche Urlaub, der meist zwei Wochen beträgt, in dieser Frage gleich zu behandeln ist wie der gesetzliche, ist umstritten. Drei teils widersprüchliche Gerichtsentscheide dazu stellen darauf ab, ob eine Unterscheidung zwischen gesetzlichem und tariflichem Urlaubsanspruch erkennbar ist. Wenn nicht, so ein Entscheid, dann sind sie gleich zu behandeln. Ein anderes Urteil gesteht den Tarifparteien zu, Ansprüche, die den gesetzlichen Urlaub übersteigen, frei zu regeln.

In Deutschland dürfen ArbeitnehmerInnen in Betrieben ab zwölf Beschäftigten nicht ohne Grund gekündigt werden. Voraussetzung für eine Kündigung ist, dass eine betriebliche Belastung vorliegt – und die Rückstellungspflicht für Urlaube bei langjährigen Krankenständen könnte durchaus eine solche darstellen. Arbeitsrechtler Patett sah zwei mögliche Lösungen, dem daraus entstehenden

Druck entgegenzuwirken: Durch Vereinbarung eines Sonderurlaubes würde kein neuer Urlaubsanspruch entstehen. Auch ein Verzicht des Arbeitgebers bzw. der Arbeitgeberin auf sein/ihr Direktionsrecht ist möglich. Dadurch bleibt das Arbeitsverhältnis aufrecht, aber es entstehen keine neuen Ansprüche (Zustand wie vor dem EuGH-Entscheid). ArbeitnehmerInnen hätten dann trotz aufrechten Arbeitsverhältnisses Anspruch auf Arbeitslosengeld 1, das sich auf 68 Prozent des vorherigen Bruttoeinkommens beläuft, während das Arbeitslosengeld 2 (frühere Sozialhilfe) 364 Euro für den Haushaltsvorstand plus Mietgeld, Heizungsgeld und Wassergeld beträgt (für Paare je 328 Euro).

Kindertagesstätten in Hamburg

In Hamburg gehören die Kitas bei ver.di zum Fachbereich 3. Dies ist eine Besonderheit, die aus den Trägerschaften der Kitas resultiert: In den anderen Bundesländern sind die Kitas – da meist von öffentlichen Einrichtungen betrieben – den Fachbereichen 6 bzw. 7 zugeordnet. In Hamburg zählt man vier verschiedene Trägerschaften für insgesamt zirka 1.000 Kitas:

» AVH (Arbeitsrechtliche Vereinigung Hamburg): Sie ist eine Arbeitgebervereinigung von fünf GmbHs, zu der die von der Stadt ausgelagerten Kitas gehören. Die größte dieser GmbHs betreibt 176 Kitas. Insgesamt arbeiten in den Kitas der AVH ca. 5.000 Beschäftigte. Für diesen Bereich gilt der TV AVH (Tarifvertrag für die Arbeitsrechtliche Vereinigung Hamburg e.V.).
» Kirchliche Kitas: Sie beschäftigen rund 4.000 Personen, die evangelische Kirche betreibt zirka 160 Kitas.
» DPWV (Deutscher paritätischer Wohlfahrtsverband): Dabei handelt es sich um eine Dachorganisation von zirka 35 verschiedenen Wohlfahrtsverbänden.
» Freie Träger, wie zum Beispiel private Initiativen.

In Kitas sind (Heil-)Pädagoginnen und -pädagogen, TherapeutInnen, Hauswirtschafts- sowie VerwaltungsmitarbeiterInnen – überwiegend Frauen, kaum Männer – beschäftigt. Grundlage der Arbeit von Kitas ist das Kinderbetreuungsgesetz, in dem die Qualifikation der Beschäftigten, die Finanzierung, die Gruppengröße etc. genau geregelt sind. Die Eltern erhalten von der Stadt einen Gutschein, den sie in der Kita abgeben. Diese rechnet die Gutscheine mit der Stadt ab. Für wie viele Stunden Betreuungszeit ein Gutschein gilt, hängt vom Beschäftigungsausmaß der Eltern ab. Darüber hinaus müssen sie – nach Einkommenshöhe gestaffelt – einen Eigenbeitrag leisten.

Nun wurde der Vorschlag gemacht, dass Kinder ab dem fünften Lebensjahr in die Vorschule gehen sollten. Nicht nur, dass in den Schulen die nötige Infrastruktur hierfür fehlt – vor vielen Schulen werden wegen Platzmangels sogar Container aufgestellt! Allein im AVH-Bereich würde das darüber hinaus zirka 1.000 Arbeitsplätze gefährden: Denn laut Gesetz bekommen Kitas eine Fachkraft für 20 Kinder, in den Schulen ist es eine Person auf 25 Kinder. (Bei dieser Berechnung sind Urlaube, Krankenstände, Weiterbildungen etc. nicht berücksichtigt!) Für eine Entscheidung über den Vorschlag müssen sich die Senatoren für Bildung und Soziales einigen … das aber wird voraussichtlich nicht so bald passieren.

Zudem hat die Fachkommission Kitas – sie setzt sich aus gewählten Mitgliedern der Mitgliederversammlung in Betrieben zusammen und definiert Bildung ganzheitlich von 0 bis 18 Jahren – ein Konzept zur Vorschule- und Horte-Reform erstellt, das sie den Senatoren vorlegen wird.

Fachkommission Pflegeeinrichtungen

Neben den Beschäftigten von Krankenhäusern und Kitas vertritt der ver.di-Fachbereich 3 auch jene der Pflegeeinrichtungen. Als gewerkschaftliches Gremium hat ver.di Hamburg die Fachkommission Pflegeeinrichtungen installiert, die sich an Beschäftigte in Pflegeeinrichtungen und in der ambulanten Pflege richtet. An einem der monatlichen Treffen, bei dem gewählte Vertreterinnen aus den Krankenhäusern und Gäste zusammenkommen, nahm auch ich im Rahmen meines Praktikums teil. Dabei erfuhr ich Interessantes über die Größe des Pflegebereichs in Hamburg: In über 150 stationären Einrichtungen sind 11.489 Menschen beschäftigt – 42 Prozent Vollzeit und zwölf Prozent geringfügig. Der ambulante Bereich verzeichnet 9.726 Beschäftigte, davon je 27 Prozent Vollzeit bzw. geringfügig.

Dass die Arbeit der Fachkommission Pflegeeinrichtungen, so mein Eindruck, derzeit eher holprig läuft, hat mehrere Gründe: Zum einen sind viele Leute in der Pflege schlicht müde. Zum anderen dürfte – wie sich aus dem hohen Anteil an Teilzeitbeschäftigten schließen lässt – zumindest für das Gros der ArbeitnehmerInnen die Arbeit keinen so zentralen Stellenwert einnehmen. Zudem scheint nicht nur eine Überschneidung der Fachkommissionen Kirche und Pflege in der Struktur von ver.di – ein Teil der Pflegeeinrichtungen befindet sich im Fachbereich Kirche –, die überarbeitet werden soll, eine Rolle zu spielen, sondern auch die Inhalte der Kommission: Je übergeordneter das Thema, desto weniger Gäste kommen zu den Treffen – je konkreter die Betroffenheit ist, desto mehr nehmen teil.

Bei dem Treffen, das ich besuchte, wurde unter anderem darüber diskutiert, dass zahlreiche Betriebsrätinnen und -räte keine Betriebsratsgrundkurse machen und dadurch die Betriebsratsarbeit oft nicht richtig in Gang kommt. Eine Betriebsrätin bestätigte, dass auch sie die Grundausbildung nicht bei ver.di gemacht habe: zum einen, weil eine private Organisation in Berlin einen terminlich passenden Kurs – die Zeit hierfür wurde ihr als Arbeitszeit angerechnet – angeboten habe, zum anderen, weil es Vorgabe des Dienstgebers gewesen sei, dass die Ausbildung günstig sein und ihre Dienstplanzeiten möglichst nicht beeinträchtigen solle. Ein anderer Betriebsrat meinte, dass das politische Interesse in dieser Berufsgruppe generell gering sei und sich die Frage stelle, wie man gegen die Vereinzelung vorgehen könne bzw. was überhaupt der Mehrwert der Fachkommission sei. Dazu ist festzuhalten, dass die Fachkommission den Vorteil hat, keine Zugangsbeschränkungen zu kennen und sich politisch einbringen zu können. Aktuell etwa hat die Stadt Hamburg den Entwurf zu einer neuen Pflegeverordnung erstellt, für den sie eine Rückmeldung der Fachkommission erhofft.

Eine Möglichkeit, mit den Beschäftigten in Kontakt zu kommen, ist der  „Pflegeheim-TÜV" – ein auf Taschenformat zusammengelegter Fragebogen von ver.di zum Ankreuzen. Diesen könnte man, so ein Vorschlag, verteilen und eine Woche später wieder abholen. Allerdings würden sich nach einer Einschätzung der Betriebsrätinnen und -räte die MitarbeiterInnen im Pflegebereich kein Material von ver.di anzunehmen trauen. Eine Aktion – beispielsweise mit einem ver.di-Bus vor einer Firma zu parken und Kaffee auszuschenken – würde vermutlich nicht angenommen, da die Angst vor den GeschäftsführerInnen der Unternehmen (und wohl auch die Angst der GeschäftsführerInnen vor ver.di) zu groß sei. Wie am Ende der Veranstaltung festgestellt wurde, lässt auch die Teilnahme an den Betriebsversammlungen zu wünschen übrig: Dass etwa von 500 MitarbeiterInnen nur 30 anwesend sind, liegt teilweise an den sehr dezentralen Betriebsstrukturen.

ASB-Betriebsgruppe

Anders als in Österreich bietet der Arbeiter-Samariter-Bund (ASB) eine sehr breite Leistungspalette an, die über Rettungsdienst und ambulante wie stationäre Pflege hinausgeht und auch die Betreibung von Obdachlosenheimen oder Kitas sowie Bestattungsleistungen einschließt. Der ASB, so die Kolleginnen und Kollegen bei einem Treffen der Betriebsgruppe des ASB Hamburg, übernehme alles, was die öffentliche Hand auslagere, und sei ein sozialer Arbeitgeber, der sehr gute Arbeitsbedingungen gewährleiste. Bei dem Treffen der Betriebsgruppe bekam ich Einblick in die Arbeit der Interessenvertretung. Zunächst ging es um den – durchaus sehr unterschiedlichen – Organisationsgrad im ASB Hamburg. Im Bereich Pflege, der 900 MitarbeiterInnen umfasst, liegt er bei neun Prozent, in den Kitas mit 100 Beschäftigten bei 30 Prozent, und bei der Rettung, die 60 MitarbeiterInnen zählt, kann man auf einen Organisationsgrad von 63 Prozent verweisen.

Den in der Pflege geringen Organisationsgrad führen die – überwiegend aus der ambulanten Pflege kommenden – Kolleginnen und Kollegen darauf zurück, dass es hier rund 300 geringfügig beschäftigte MitarbeiterInnen gibt, die man nur sehr schwer zu werben könne. Möglicherweise seien sie auch in einem anderen Arbeitsverhältnis Mitglieder. Ohne die geringfügig Beschäftigten beträgt der Organisationsgrad in der Pflege immerhin 14 Prozent. Eine große Schwierigkeit bei der Mitgliederwerbung, so der Tenor unter den Anwesenden, sei die Streuung der ASB-Einrichtungen über ganz Hamburg. Selbstverständlich lag auch die Frage nahe, welches für die ASB-MitarbeiterInnen interessante Thema man für die Mitgliederwerbung nutzen bzw. was ver.di bieten könne? Abschließend wurde darüber diskutiert, dass man beim ver.di-Bundeskongress die Frage in den Raum gestellt habe, ob ver.di in Betrieben mit einem Organisationsgrad von weniger als 40 Prozent überhaupt einen Tarifvertrag verhandeln solle.

Vielfältige Erfahrungen im Praktikum bei ver.di

Während meines Praktikums bei ver.di Hamburg nahm ich aber nicht nur an zahlreichen gewerkschaftlichen Veranstaltungen, Sitzungen, Verhandlungen teil. Um den Einblick in diese vielfältige Zeit abzurunden, sei auf zwei weitere, überaus unterschiedliche Erfahrungen verwiesen.

Warnstreik der Beschäftigten in der Versicherungswirtschaft

Das eine war ein Warnstreik von rund 2.000 Beschäftigten der Versicherungswirtschaft aus Hamburg, Kiel und Rostock, die am 20. Juni 2011 bereits zum dritten Mal gegen die Verschlechterungsvorschläge der DienstgeberInnen bei den Tarifvertragsverhandlungen protestierten. Bei der Kundgebung vor dem Gewerkschaftshaus hielt die ver.di-Verhandlungsleiterin Beate Mensch eine hervorragende Rede. Tief beeindruckte mich auch die Trommlergruppe, die zwischen den Reden für Auflockerung sorgte.

Die beiden folgenden Berichte sollen einen Eindruck des Warnstreiks vermitteln:
„Tarifrunde Versicherungen
Dritter Warnstreik in Hamburg
Rund 2.000 Beschäftigte des Hamburger Versicherungsgewerbes folgten am 20. Juni dem Warnstreikaufruf von ver.di. Auf der Kundgebung vor dem Gewerkschaftshaus machten sie ihre Empörung über die Angebote der Arbeitgeber deutlich. Nachdem am 31. Mai das Scheitern der Verhandlungen erklärt wurde, steht noch kein neuer Verhandlungstermin fest."[57]

„Nach Streikgewitter: Heißer Sommer?
Das Versicherungsgewerbe streikt. Auch, um eine
Spaltung der Belegschaften zu verhindern.

Berlin, Hamburg, Leipzig und Nordrhein-Westfalen machten gestern den Auftakt – am heutigen Dienstag (21. Juni) folgen Hessen und das Saarland: Mehrere tausend Beschäftigte im Innendienst der Versicherungsunternehmen streiken. Dazu hat ver.di nach dem Abbruch der Tarifverhandlungen für die rund 175.000 Beschäftigten aufgerufen. Der Arbeitgeberverband der Versicherungsunternehmen (AGV) war auch in der dritten Verhandlungsrunde nicht bereit, ein Gehaltsangebot ohne gleichzeitige Verschlechterungen im Manteltarifvertrag des privaten Versicherungsgewerbes zu unterbreiten. Der AGV verlangt unter anderem:
» die Ausdehnung befristeter Arbeitsverträge,
» die Ausweitung des Niedriglohnbereiches,
» die Herausnahme übertariflich bezahlter Beschäftigter aus dem Manteltarifvertrag.

‚Die Versicherungsarbeitgeber wollen mit der Ausdehnungsmöglichkeit der befristeten Beschäftigung die Belegschaften spalten – prekäre Beschäftigung weiter fördern, das Tarifniveau senken und somit die Arbeitsbedingungen in der Branche nachhaltig verschlechtern', betonte ver.di-Verhandlungsführerin Beate Mensch. Dagegen fordert ver.di:
» eine Anhebung der Gehälter um sechs Prozent, mindestens 150 Euro monatlich,
» auch für die Auszubildenden sechs Prozent mehr Gehalt,
» Beschäftigungssicherung und Maßnahmen zum Gesundheitsschutz.

---

57 Entnommen von der Website des ver.di-Fachbereichs 1 Finanzdienstleistungen in Hamburg, *http://fidi.hamburg.verdi.de/*.

‚Die Beschäftigten haben zu der guten Situation der Versicherungsbranche beigetragen, sie müssen jetzt auch an diesen Gewinnen beteiligt werden', so Mensch. Am Dienstag und Mittwoch werden die Streiks in weiteren Bundesländern fortgesetzt."[58]

Teambesprechung

Mit einem kurzen Bericht über meine Teilnahme an einer Teambesprechung möchte ich den breiten Bogen der in Hamburg gemachten Praktikumserfahrungen beschließen. Im Unterschied zur Bürobesprechung beginnt die Teambesprechung – bei wechselnder Zuständigkeit, was Vorbereitung, Organisation und Leitung betrifft – mit einem gemeinsamen Arbeitsfrühstück, dauert den ganzen Vormittag und ist wesentlich ausführlicher. In der Teambesprechung wurden jene Themen behandelt, mit denen ich bereits zuvor konfrontiert gewesen war – methodisch waren sie aber besonders interessant aufbereitet.

Auf einer Pinnwand waren in fünf Spalten – „Tarifverträge", „Team", „Kommende Veranstaltungen", „Sonstiges" und „Nicht heute" – Kärtchen angebracht, die Spalte für Spalte und Punkt für Punkt zur Bearbeitung gelangten. Nach jedem Punkt wurde das entsprechende Kärtchen entweder weggeworfen (Punkt erledigt) oder für die nächste Teambesprechung abgelegt.

---

[58] Pressemitteilung der ver.di vom 16. Juli 2011, entnommen von der ver.di-Website, *http://presse.verdi.de/pressemitteilungen/showNews?id=e1b6d2dc-98b2-11e0-5982-001ec9b05a14*.

Christine Payrleitner,
ver.di Niederbayern

Gründung, Struktur, Statuten und Mitglieder der ver.di[59]

Im März 2001 erfolgte der Zusammenschluss der fünf Einzelgewerkschaften DAG, DPG, HBV, IG MEDIEN und ÖTV zur Dienstleistungsgewerkschaft ver.di. Mit 2,8 Millionen Mitgliedern zum Gründungszeitpunkt ist sie die größte deutsche Einzelgewerkschaft für Dienstleistungsbranchen.

Im April und Mai 2001 gründeten sich in der ver.di 13 Landesbezirke:
- » Niedersachsen/Bremen
- » Rheinland-Pfalz
- » Thüringen
- » Saarland
- » Baden-Württemberg
- » Sachsen-Anhalt
- » Hamburg
- » Schleswig-Holstein/Mecklenburg-Vorpommern
- » Berlin-Brandenburg
- » Sachsen
- » Nordheim-Westfahlen
- » Hessen
- » Bayern

Der ver.di-Bezirk Niederbayern ist mit den Gebietsgrenzen des gleichnamigen Regierungsbezirks identisch. Er umfasst die Landkreise Landshut, Dingolfing-Landau, Kelheim, Deggendorf, Straubing, Regen, Rottal-Inn, Freyung-Grafenau, Passau sowie die Städte Landshut und Passau. Bei ver.di Niederbayern hat jeder Fachbereich eine eigene Satzung und seine Fachbereichsstatuten. Mit rund 14.950 Mitgliedern, davon 2.300 im Fachbereich 12 – Handel, ist ver.di im Bezirk Niederbayern eine der größten freien Einzelgewerkschaften.

---

[59] Ausführungen zur Organisation, zu Themenschwerpunkten und Bildungsarbeit basieren auf meinem Gespräch vom 14. Juni 2011 mit Kollegin Monika Linsmeier vom ver.di-Büro Landshut.

Zwischen der Gewerkschaft und politischen Parteien gibt es keine offizielle Verflechtung. Zwar ist ver.di parteiunabhängig, allerdings besteht Parteinähe zur SPD; aber auch mit den anderen Parteien wird zusammengearbeitet.

Themenschwerpunkte der ver.di Niederbayern

Im Mittelpunkt der Arbeit von ver.di Niederbayern steht die Tarifpolitik. Aktuell beschäftigt man sich zudem stark mit den Themen Mindestlohn und Leiharbeit sowie mit der Gründung von Betriebsräten. Dabei wird die Gewerkschaft – wie ArbeitnehmerInneninteressenvertretungen im Allgemeinen – immer wieder angegriffen, insbesondere seitens der FDP („Wir brauchen keine Gewerkschaften!"), aber auch der konservativen Kolleginnen und Kollegen („Gewerkschaften sind wie Fossile"). Diesen Widerständen zum Trotz leistet ver.di viel Öffentlichkeits- und Überzeugungsarbeit und versucht, in gewerkschaftlich nicht organisierten Unternehmen Betriebsräte zu gründen.

Gewerkschaftliche Bildung

Ein zentrales Anliegen der ver.di ist gewerkschaftliche Bildung, beispielsweise zu speziellen Fachbereichsthemen. Neben dem DGB-Bildungswerk und dem ver.di-Bildungswerk bietet insbesondere die eigenständige Gewerkschafts-GmbH ver.di B&B (Bildung und Beratung) die Möglichkeit zur Weiterbildung. Hier können arbeitgeberfinanzierte Seminare besucht werden, einzelne Bezirke führen zudem Bildungsmaßnahmen in Kooperation mit der Erwachsenenbildungsinstitution „Arbeit und Leben" durch.

Umfassendes Wissen erhalten Interessierte in einem gewerkschaftlichen Lehrgang an der Europäischen Akademie der Arbeit (EADA) in Frankfurt/Main[60]. Nach einem gewerkschafts- und sozialpolitischen Auswahlverfahren – der Lehrgang ist sehr gefragt und immer ausgebucht – stehen im Rahmen der von Oktober bis August dauernden elfmonatigen Ausbildung die Bereiche Arbeitsrecht, Tarifrecht, soziale Absicherung, wissenschaftliches Arbeiten sowie Teamfindung auf einem fixen Stundenplan. Vorlesungen finden auch samstags statt, nach jedem Trimester wird das Wissen in zwei Klausuren überprüft. Teil der Ausbildung sind auch ein Ausflug mit Besichtigung des Arbeitssozialgerichts, eine Exkursion nach Brüssel sowie eine rund zehntägige Studienreise nach Istanbul. In deren Rahmen werden verschiedene Gewerkschaften und Betriebe besichtigt, aber auch kulturelle Ausflüge stehen auf dem Programm. Jene LehrgangsteilnehmerInnen, deren Wohnort mehr als 100 Kilometer entfernt liegt, bekommen ein Zimmer in einem direkt bei der AdA gelegenen Wohnheim mit 40 Plätzen zur Verfügung gestellt. Heimfahrten werden alle

---

[60] Die EADA ging im Oktober 2009 aus der Akademie der Arbeit in der Universität Frankfurt (AdA) hervor.

zwei Wochen bezahlt. Eigene Auslandspraktika der ver.di Niederbayern gibt es nicht.

Kampagnen der ver.di

Mittels Kampagnen macht die ver.di auf zentrale Themen ihrer Arbeit aufmerksam – in jüngster Zeit etwa durch die Kampagne „Der Deckel muss weg" oder eine unter dem Motto „Gerecht geht anders" stehende Demo in Nürnberg. Im Rahmen einer Kampagne zum Mindestlohn war am 22. Juli 2011 der „Mindestlohntruck" in Landshut/Passau unterwegs, in dem es eine Ausstellung über die Lohnverhältnisse zu besichtigen gab; außerdem wurden die Stadtbusse mit Werbung zur Mindestlohn-Aktion beklebt.

Schwerpunkt: Arbeitsbelastung in Krankenhaus und Pflege

Die Kampagne „Der Druck muss raus. Gemeinsam für bessere Arbeitsbedingungen im Krankenhaus" macht darauf aufmerksam, dass im Krankenhaus Beschäftigte infolge von Arbeitsverdichtung, Überstunden, Mehrarbeit und Aus-dem-Urlaub-zurückgeholt-Werden unter stetig steigender Arbeitsbelastung und Dauerdruck stehen. Die Folgen sind eine gesundheitliche Belastung der Beschäftigten und unzureichende Versorgung der PatientInnen. Da für Auszubildende keine Zeit bleibt, sinkt auch die Qualität der Arbeit.

ver.di stellt daher die Frage „Wie soll der Druck raus?" und bringt im Rahmen der Kampagne Tarifbeispiele, thematisiert Arbeits- sowie Gesundheitsschutz. Überstunden bzw. Mehrarbeit sollen, so eine Forderung der Gewerkschaft, auch bei Teilzeitbeschäftigten begrenzt und verlässliche Dienstpläne erstellt werden. Einspringen aus dem Frei (= Freitag) gilt es zu verhindern, Springereinsätze sind personell und finanziell zu regeln.

In der Pflege Beschäftigte stehen auch im Mittelpunkt der Kampagne „Gute Arbeit". Sie lenkt die Aufmerksamkeit darauf, dass in den Kliniken 1,2 Millionen Überstunden geleistet wurden, dass 93 Prozent der Pflegenden über Erschöpfungszustände klagen, 62,5 Prozent der in Kliniken Beschäftigten krank zur Arbeit gehen und 67 Prozent der im Pflegedienst Tätigen nicht glauben, dass sie ihre Arbeit bis zur Rente schaffen werden.

Arbeitsbedingungen im Handel

Aktuell beschäftigt man sich im ver.di-Büro Landshut mit dem Thema Arbeitsbedingungen im Handel. Wie die folgenden Beispiele zeigen, gilt es teils schwere Missstände zu beseitigen.

XXXL Hiendl – Passau

Die Zentrale des von den Brüdern Seifert geführten Unternehmens XXX-Lutz befindet sich in Wels. In Österreich gibt es 23 Filialen.

Beim Passauer Möbelhaus XXXL Hiendl hat man zwei Ziele: erstens der „Größte" zu werden und zweitens der „Billigste" zu sein. Außerdem wünscht man keine Gewerkschaft! Der Betriebsrat des Verkaufshauses ist ein „Arbeitgeber-Betriebsrat", Kontakt zu ver.di nicht erwünscht. Insgesamt zählt man in den XXXL-Hiendl-Verkaufshäusern rund 200 Beschäftigte, nur 20 von ihnen sind ver.di-Mitglieder.

Zentraleinkauf Lutz in Fatting

Der in drei Gesellschaften gegliederte Zentraleinkauf Lutz in Fatting umfasst den Verwaltungsteil, die Fahrer und das Auslieferungslager für Passau sowie Landshut. 200 Beschäftigte sind im Unternehmen Fatting tätig, davon 63 ver.di-Mitglieder. Der frühere Familienbetrieb hat ebenfalls einen „Arbeitgeber-Betriebsrat". Betriebsrätinnen und -räte wurden aus dem Unternehmen herausgekauft – ein Betriebsrat beispielsweise mit der Differenz zu jenen sieben Jahre, die er noch zu arbeiten gehabt hätte. Beim Zentraleinkauf Lutz existieren keine Tarifverträge, hier wird nach dem Gesetz gearbeitet, und zwar 48 Stunden pro Woche. Man verzeichnet sehr viele Verfahren wegen Arbeitszeitverstößen und Strafen um die 5.000 Euro. Über die Betriebsvereinbarung sind 1., 2., 3. und 4. Tages-Touren geregelt. Der Betriebsrat drohte, die Betriebsvereinbarung zu kündigen, damit wieder die alte Fassung in Kraft tritt: am ersten und zweiten Tag längere, am dritten Tag kürzere Arbeitszeit, damit 30 Stunden nicht überschritten werden.

real SB Warenhäuser Passau:

Die zu Metro gehörende Kette hat Montag bis Freitag von 8.00 bis 20.00 Uhr geöffnet (sonntags geschlossen). In jedem Haus gibt es Betriebsrätinnen und -räte, einige von ihnen meiden leider den Kontakt mit ver.di. Überhaupt zeigt sich die Situation in Bezug auf die Beteiligung von ver.di in den nieder-

bayrischen real-SB-Warenhäusern unterschiedlich:
- Real Zwiesl: kein ver.di-Betriebsrat und keine Mitglieder,
- Real Deggendorf: kein ver.di-Betriebsrat und keine Mitglieder,
- Real Pfarrkirchen: ver.di-Betriebsratsvorsitzender, zeigt keine Bereitschaft zum Streik, Großteil seiner Mitglieder sind organisiert,
- Real Straubing 1: ver.di-Betriebsratsvorsitzender und sehr wenige Mitglieder (nur 4 bis 5),
- Real Straubing 2: ver.di-Betriebsratsvorsitzender, fast nicht aktiv (Betriebsrat als Familienunternehmen – Frau ist im Betriebsratsteam),
- Real Landshut: ver.di-Betriebsratsvorsitzender ist Tarifkommissionsmitglied.

Schwerpunkt Schlecker

Zwar wurden mit Schlecker mehrere Tarifabschlüsse erzielt, das Unternehmen, das nicht Mitglied des Arbeitgeberverbandes ist, zahlt aber nur ver.di-Mitglieder nach Tarif. Wenn sich die Arbeit nicht mittels eigenen Personals abdecken lässt, werden LeiharbeiterInnen bestellt. Vor dem Inkrafttreten einer Tarifbindung im Juni 2011 bekamen die LeiharbeiterInnen sehr schlechte Stundenlöhne von fünf bis sieben Euro.

Im Tarifsozialplan ist festgelegt, wie Ersatzarbeitsplätze aussehen müssen, z. B. regelt er die Abfindung (Straubing, Passau) bei Schließung einer Filiale. Schlecker sperrt viele Filialen zu – entweder weil das Unternehmen möglichst schnell aus einem Mietvertrag aussteigen möchte oder weil dort viele Gewerkschaftsmitglieder beschäftigt sind. Gekündigte Kolleginnen und Kollegen bekommen keine korrekte Abrechnung bzw. keine Abfindung.

Exkurs: Streikrecht in Deutschland

Als Teil der Koalitionsfreiheit ist das Recht auf Streik in Deutschland grundsätzlich geschützt. Streik ist ein Grundrecht (Art. 9 Abs. 3 Grundgesetz) und ein rechtmäßiges Mittel zur Durchsetzung der Tarifordnung. Durch das Grundgesetz sind die Mitglieder geschützt, die Voraussetzung für die Rechtmäßigkeit eines Streiks stellt aber ein Streikaufruf der Gewerkschaft dar. Jeder Streik ist vom Bundesvorstand zu beschließen.

Für Warnstreik und für Vollstreik gleichermaßen gilt, dass die Hauptpflichten zwischen ArbeitgeberIn und ArbeitnehmerIn aufgehoben werden. Beim Warnstreik handelt es sich um eine Sonderform des Streiks – einen befristeten Streik, bei dem nach Ende der Friedenspflicht (jener Zeit, in der ein Tarifvertrag aufrecht ist) die Bereitschaft angezeigt wird, auch einen dauerhaften Arbeitskampf zur Durchsetzung von tariflichen Forderungen zu führen. Gewerkschaftliche

Warnstreiks sind nach Ablauf der Friedenspflicht auch im Zuge noch laufender Tarifverhandlungen zulässig. Die Tarifverhandlungsparteien bestimmen selbst, wann die Verhandlungen ausgeschöpft sind.

Eine Teilnahme an rechtmäßigen Streiks stellt keine Verletzung des Arbeitsvertrages dar, bestreikte ArbeitgeberInnen dürfen streikende ArbeitnehmerInnen nicht kündigen. Nach Ende des Streiks besteht Anspruch auf Weiterbeschäftigung, ein Anspruch auf Entgelt für die Dauer des Streiks existiert allerdings nicht. Ausgefallene Arbeitsstunden während des Streiks werden weder von der Arbeitgeberin bzw. dem Arbeitgeber noch von der Bundesagentur für Arbeit bezahlt. Streikende bekommen aber Streikunterstützung von der Gewerkschaft: Für jeden Streiktag ohne Arbeitsentgelt erhalten ver.di-Mitglieder das 2,5-Fache ihres Monatsbeitrages als Streikgeld ausgezahlt. Für jene, die weniger als ein Jahr ver.di-Mitglieder sind, beträgt der Streiksatz das 2,2-Fache. Wer innerhalb eines Monats vor oder erst zu Streikbeginn ver.di-Mitglied wird, erhält Streikgeld, muss aber rückwirkend einen Monatsbeitrag zahlen und mindestens ein Jahr lang ver.di-Mitglied bleiben. Das Streikgeld erhöht sich um 2,50 Euro pro Tag für jedes Kind, für das Kindergeld bezogen wird. Da Streikgeld nicht steuerpflichtig ist, fallen keine Beiträge zur Sozialversicherung an. Auch Teilzeitbeschäftigte erhalten Streikunterstützung, wenn sie am Streiktag zur Arbeit eingeteilt sind. Auf Streikunterstützung sind Leistungen aus der Arbeitslosenversicherung oder anderer Sozialversicherungsträger voll anzurechnen. Mitglieder, denen nachträglich Arbeitsentgelt gezahlt wurde, sind verpflichtet, die Unterstützung sofort zurückzuzahlen. Das betrifft auch jene, die innerhalb eines Jahres nach Erhalt der Unterstützung austreten.

Auch für Kolleginnen und Kollegen in Ausbildung gilt das Grundrecht Art. 9 Abs. 3. Soweit es um ihre Ausbildungsbedingungen geht, dürfen sie am Streik und auch an der Urabstimmung teilnehmen. Die Streikbeteiligung gefährdet nicht den Ausbildungszweck.

In Deutschland besteht Maßregelungsverbot, d. h. dass es ArbeitgeberInnen laut Grundrecht, aber auch laut BGB § 612a untersagt ist, wegen Teilnahme am Streik Maßregelungen vorzunehmen.

Niemand ist dazu verpflichtet, den im Betrieb streikenden Kolleginnen und Kollegen in den Rücken zu fallen, sich zum Streikbrechen missbrauchen zu lassen oder direkten Einsatz in einem bestreikten Betrieb zu leisten; die Arbeit kann nach Rechtsprechung des Bundesarbeitsgerichts verweigert werden. Die Ablehnung direkter Streikarbeit gilt nicht als Arbeitsverweigerung. StreikbrecherInnen dürfen nicht bevorzugt werden, d. h. jede auf Streikbruch beruhende Vergünstigung für StreikbrecherInnen durch die ArbeitgeberIn oder den Arbeitgeber steht auch den streikenden Beschäftigten zu.

Auch LeiharbeiterInnen kommt im im bestreikten Betrieb ein Leistungsverweigerungsrecht zu – sie müssen in einem bestreikten Betrieb nicht arbeiten, und es darf ihnen kein Nachteil entstehen, wenn sie von ihrem gesetzlich gewährleisteten Recht Gebrauch machen.

Der/die ArbeitgeberIn muss den Lohn bzw. das Gehalt weiterbezahlen oder für den Einsatz in einem anderen, nicht bestreikten Betrieb sorgen.

Während des Streiks sind die Hauptpflichten aus dem Arbeitsverhältnis suspendiert. Zum Streik bereite ArbeitnehmerInnen dürfen nicht ausstempeln: Zeigen sie nämlich dem/der ArbeitgeberIn beim Streik durch das „Ausstempeln" das Ende der Arbeitszeit an, streiken diese ArbeitnehmerInnen im rechtlichen Sinne nicht, da sie durch das Ausstempeln bereits in der Freizeit sind.

Streiktage dürfen nicht automatisch als Urlaubstage gewertet werden. ArbeitnehmerInnen, die während des Streiks erkranken, melden sich wie sonst auch unter Vorlegung der ärztlichen Bescheinigung krank. Somit endet für ArbeitnehmerInnen der Streik und es tritt die Entgeltfortzahlungspflicht der Arbeitgeberin bzw. des Arbeitgebers in Kraft. Die Entgeltfortzahlung richtet sich im Krankheitsfall beim Streikenden nach der Entgeltzahlung des Beschäftigten. Wer zu Beginn des Streiks krank oder im Urlaub ist, nimmt nicht am Streik teil. Endet der Urlaub oder die Arbeitsunfähigkeit, ist eine Teilnahme am Streik möglich (Mitteilung an den/die ArbeitgeberIn erforderlich).

Sperrt der/die ArbeitgeberIn während des Arbeitskampfes aus, darf er/sie nicht zwischen Streikenden und StreikbrecherInnen unterscheiden. Wird in einem Tarifgebiet gestreikt, darf die Aussperrung ebenfalls nur davon betroffene Beschäftigte erfassen.

Die Anordnung von Überstunden wegen der Teilnahme am Streik ist rechtswidrig und unwirksam. Auch eine Verpflichtung zur Nacharbeit der durch den Streik ausgefallenen Überstunden besteht nicht.

In Arbeitskämpfen darf die Geschäftsleitung nicht sogenannte „Notdienstarbeiten" einseitig organisieren und einzelne ArbeitnehmerInnen verpflichten. Notdienstarbeiten, die nur durch Vereinbarung mit der ver.di-Streikleitung zulässig sind, dürfen ausschließlich zur Erhaltung der Substanz der Eigentümerin bzw. des Eigentümers, nicht aber zur Aufrechterhaltung des Geschäftsbetriebes verlangt werden. Zum Notdienst verpflichtete Beschäftigte müssen für die geleistete Arbeit bezahlt werden.

Zur Teilnahme und Streikunterstützung ist anzumerken, dass ver.di vor einem Streik eine Urabstimmung durchführen kann, an der nur Gewerkschaftsmitglieder teilnehmen dürfen. Unorganisierte Beschäftigte können über Streikmaßnahmen nicht mitbestimmen. Bei der Urabstimmung müssen mindestens 75 Prozent der Mitglieder für den Arbeitskampf stimmen, bei der zweiten Urabstimmung ist die Zustimmung von mindestens 25 Prozent der Mitglieder erforderlich. Denn Streiks sind nur erfolgreich, wenn sich alle Gewerkschaftsmitglieder daran beteiligen. Während eines Warnstreiks haben ArbeitnehmerInnen das Recht, an Protestkundgebungen, zum Beispiel der bestreikten Betriebe, teilzunehmen. Gegenüber der Polizei müssen keine Angaben zur Sache an sich, sondern nur zur Person gemacht werden – ansonsten können Streikende immer an die örtliche ver.di-Arbeitskampfleitung verweisen.

Solidaritätsstreiks – also Streiks gegen Dritte, nicht unmittelbar an der Tarifrunde beteiligte ArbeitgeberInnen zur Unterstützung des Hauptarbeitskampfes – sind nur nach der Rechtsprechung des Bundesarbeitsgerichts zulässig, und zwar wenn:

» ein/eine ArbeitgeberIn seine/ihre Neutralität im Hauptarbeitskampf verletzt hat,
» ein/eine ArbeitgeberIn rechtlich selbstständig, wirtschaftlich gesehen aber wie ein Betriebsteil des im Arbeitskampf befindlichen Unternehmens ist,
» die wirtschaftliche Verbindung so eng ist, dass es sich um ein und denselben sozialen Gegenspieler handelt, der/die ArbeitgeberIn also nicht als außenstehende/r Dritte/r zu sehen ist.

Beteiligungsrechte der Interessenvertretung sind im Arbeitskampf grundsätzlich nicht suspendiert. Während des Streiks sind Betriebsrat, Personalrat[61] und MitarbeiterInnenvertretung voll funktionstüchtig. Eine Fortsetzung ihrer Tätigkeit liegt im allgemeinen Interesse der Arbeitgeberin bzw. des Arbeitgebers.

---

[61] Der Personalrat darf zwar am Streik nicht teilnehmen, das Streikrecht des einzelnen Personalratsmitgliedes wird dadurch aber nicht eingeschränkt.

Sabine Schwarzendorfer,
ver.di München

Mein Auslandspraktikum habe ich bei der ver.di München verbracht, mit dem Schwerpunkt Fachbereich 4 – Sozialversicherungen und Fachbereich 12 – Handel. Das Sozialversicherungssystem in Deutschland hat wesentliche Unterschiede zu unserem System. In Deutschland gibt es verschiedene Anbieter. Einer der größten Anbieter ist die AOK (Allgemeine Ortskrankenkasse), ca. 40 Prozent der Bevölkerung sind in der AOK versichert. Zusätzlich gibt es noch weitere größere und kleinere Anbieter. Diese stehen zueinander in Konkurrenz – und versuchen natürlich, Versicherte für ihre Kasse zu gewinnen und unterschiedliche Leistungen anzubieten. Natürlich wird auch in Deutschland der Sparstift angesetzt und somit werden auch von den Kassen nicht alle Leistungen übernommen. Ich habe das Gefühl, dass durch dieses System eine Zwei-Klassengesellschaft entstehen kann, weil natürlich die, die es sich leisten können, sich besser versichern können als die, die weniger haben.

Mein Praktikum führte mich zu den verschiedensten Institutionen, z. B. AOK Bad Tölz, Augsburg, DAK, Deutsche Rentenversicherung usw. Ich hatte die Möglichkeit, an Besprechungen mit Personalchefs, Betriebsgruppenbesprechungen, Betriebsratssitzungen, Personalratssitzungen und Tarifverhandlungen teilzunehmen. Super war, dass ich auch beim Streik- und Aktionstag für den Einzelhandel dabei sein konnte.

Der Fachbereich 12 – Handel in den Tarifverhandlungen[62]

Zentrales Thema im Fachbereich 12 sind die Tarifverhandlungen im Einzelhandel: Die Gewerkschaft hat den Tarifvertrag im bayerischen Einzelhandel zum 30. April 2011 gekündigt. In einem Anschlusstarifvertrag mit einer Laufzeit von zwölf Monaten sollen die Löhne und Gehälter wie folgt neu verhandelt werden. Gefordert wird seitens der ver.di:
» sechs Prozent mehr Lohn und Gehalt (mindestens jedoch 120 Euro mehr),
» Erhöhung der Tabellen für die Auszubildenden um 60 Euro im Monat,

---

[62] Die folgenden Ausführungen basieren auf Informationen von der ver.di-Homepage und ver.di-Pressemitteilungen.

» Abschaffung der diskriminierenden Ortsklassenabschläge,
» Stopp des Missbrauchs von Leiharbeit,
» Laufzeit des neuen Tarifvertrages von zwölf Monaten.

Zur Beschlussfassung wurde eine Befragung der Beschäftigten im bayerischen Einzelhandel herangezogen, an der sich mehrere tausend Beschäftigte beteiligt haben. Am 4. Mai 2011 war es so weit, die erste Tarifverhandlung wurde abgehalten. Leider gab es für die 330.000 Beschäftigten im bayerischen Einzelhandel nur ein unzureichendes Angebot seitens des bayerischen Arbeitgeberverbandes. Aufgrund des nicht ausreichenden Angebotes und des unbefriedigenden Verhandlungsverlaufes hat ver.di am 9. Mai 2011 zu einem Warnstreik und Streikaktion aufgerufen. Mehr als 1.000 Beschäftigte aus rund 40 Betrieben, unter anderem H&M, Schlecker, Karstadt, Galeria Kaufhof haben sich daran beteiligt. Die zweite Tarifverhandlungsrunde fand am 20. Mai 2011 statt, auch hier konnte man keine Einigung erzielen, die ArbeitgeberInnenseite zeigte sich noch immer sehr unbeweglich.

Daher fanden am 1. Juni 2011 der nächste Warnstreik und Streikaktionen im Rahmen des Streik- und Aktionstages im Münchner Einzelhandel statt – und so wurde dieser abgehalten: Ab 7.00 Uhr ging es los, die Handelsbeschäftigten versammelten sich gemeinsam mit den VertreterInnen der ver.di vor ihren eigenen Geschäftslokalen und machten mit Plakaten auf sich aufmerksam. Danach ging es um ca. 8.30 Uhr in einem gemeinsamen lockeren Spaziergang (da die Demo erst für 11.00 angemeldet war) ins Gewerkschaftshaus in die Schwanenthalstraße. Im Gewerkschaftshaus versammelten sich ca. 300 Beschäftigte der verschiedenen Handelsbetriebe, die zum Streik- und Aktionstag aufgerufen waren: REWE, Tengelmann München, Schlecker, Real, Zara, Hennes & Mauritz, Dehner, Kaufland PEP. Zuerst wurde das Streikgeld erfasst. Um ca. 10.00 Uhr wurden die ersten Reden abgehalten. Was mich sehr gefreut hat war, dass ich persönlich als Vertreterin der österreichischen Gewerkschaft begrüßt wurde – es machte natürlich einen Eindruck bei den Beschäftigen, dass jemand aus Österreich am Streik beteiligt war. Gegen 11.00 Uhr ging die Demonstration, mit Begleitung der Polizei, vom Gewerkschaftshaus los zum Karlsplatz (Stachus), wo um 11.45 Uhr die Kundgebung abgehalten wurde. Die Redner waren

Matthias Jena, bayerischer DGB-Vorsitzender, Luise Klemens, Landesbezirksleiterin ver.di Bayern und Orhan Akman, Gewerkschaftssekretär des Fachbereichs 12 – Handel der ver.di. Bei strömendem Regen haben über 500 Beschäftigte an der Kundgebung teilgenommen. Ich hab den Streik-Aktionstag als sehr bewegend gefunden. Die TeilnehmerInnen haben mit viel Elan und Bewegung daran teilgenommen und immer wieder Slogans wie „Wir wollen mehr Geld" usw. gerufen. Damit wurde die breite Masse aufmerksam gemacht, sodass auch immer wieder PassantInnen nachgefragt und sich beim Infostand bzw. bei den TeilnehmerInnen informiert haben. Außer in München wurden unter anderem auch noch in Kempten und Augsburg Streikversammlungen abgehalten.

Am 8. Juni 2011 fand die dritte Tarifverhandlung statt; die Warnstreiks und Streikaktionen zeigten ihre erste Wirkung. Ein neues Angebot wurde von den ArbeitgeberInnen unterbreitet. Trotzdem reichte es noch nicht für einen Abschluss und eine nächste Verhandlungsrunde wurde auf 6. Juli 2011 festgelegt. Zwar konnten die Tarifverhandlungen in der Zeit, als ich noch in München war, noch nicht zum Abschluss gebracht werden, aber die Aktion hatte bereits Wirkung gezeigt und es war zu einer ersten Annäherung zwischen ArbeitnehmerInnen und den ArbeitgeberInnen gekommen.

Aktuelle Themen des Fachbereichs 12 der ver.di München

Ladenöffnungszeiten und Sonntagsruhe

Ein altes und doch immer wieder aktuelles Thema sind die Ladenöffnungszeiten und die Sonntagsruhe. Die Allianz für den freien Sonntag – diese besteht aus der Gewerkschaft ver.di, dem DGB und Kirchen – engagiert sich seit fünf Jahren in diesem Bereich. Unterstützung gibt es auch von zahlreichen Organisationen aus weiteren gesellschaftlichen Bereichen.[63]

Bayern hat als einziges Bundesland bisher dem Trend widerstanden, die Öffnungszeiten im Einzelhandel sonn- und werktags weiter auszudehnen. Doch deswegen ist nicht alles bestens. Durch immer wiederkehrende Ausnahmen werden

---

[63] Weitere Informationen zur Sonntagsallianz im Web unter www.sonntagsallianz-bayern.de.

verkaufsoffene Sonntage genehmigt. Alleine in der Region München führt das dazu, dass an fast allen Sonntagen irgendwo ein Geschäft offen hat. So wie auch bei uns in Österreich sind Ladenschluss und Sonntagsruhe Errungenschaften und diese möchte die Allianz für den freien Sonntag schützen. Auch gegen offene Geschäfte am Tag der Arbeit wurden zahlreiche Aktionen organisiert.

Organizing bei Zara und H&M

Eine gute Idee und Methode an betriebsratslose Filialen heranzukommen – eine Form von Organizing – wurde vom Fachbereich 12 organisiert. Kollege Orhan Akmann, Gewerkschaftssekretär Einzelhandel der ver.di, hat mir erzählt, dass das eine sehr gute Methode ist, an die Beschäftigen heranzutreten, wo noch keine Betriebsrätinnen und -räte tätig sind. Es geht vor allem darum, besonderes Augenmerk auf die Erkundung betriebsratsfreier Zonen zu legen und „weiße Flecken" zu organisieren.

Im Rahmen des Projekts, wurden die Beschäftigten der betriebsratslosen Filialen angesprochen bzw. erhielten diese ein Info-Schreiben. Als Best-practise-Beispiel möchte ich Zara vorstellen. An die Kolleginnen und Kollegen von Zara, bei denen noch kein Betriebsrat vorhanden ist, wurde ein Info-Schreiben geschickt. Darin wurden die Beschäftigten darauf hingewiesen, dass Zara – durch den Einsatz und die Bereitschaft der Beschäftigten – erfolgreich, beliebt und einer der Marktführer in der Branche in Deutschland ist. Es wurde den Beschäftigten die Frage gestellt, wie weit diese gute Arbeit auch respektiert und honoriert wird: „Finden eure Interessen, Fragen, Anregungen oder der generelle Anspruch auf Unterstützung am Arbeitsplatz auch den richtigen Ansprechpartner? WIR DENKEN: NEIN!" Im Info-Schreiben wurde damit schon das Augenmerk auf die Wichtigkeit des Betriebsrates gelegt und auf die Bedeutung der Gewerkschaft hingewiesen. Weiters wurde im Schreiben die gesetzliche Bestimmung erklärt, dass ein Betriebsrat zu wählen ist (§ 1 BetrVG), und auch darauf hingewiesen, dass Betriebsräte nicht ungewöhnlich oder gar ungesetzlich sind, sondern im Gesetz geregelt. Die Vorteile eines Betriebsrates erklärte das Schreiben zum Beispiel wie folgt: Ein Betriebsrat hat viele Möglichkeiten, bessere Bedingungen für die Belegschaft zu erreichen. Ein Betriebsrat hat unter anderem:

» Schutzaufgaben bei Einstellungen, Eingruppierungen, Versetzungen, Gesprächen mit den Vorgesetzten und kann auch Widersprüche gegen ungerechtfertigte Kündigungen einlegen,
» Überwachungsaufgaben bei Einhaltung der Gesetze, der Tarifverträge, der Betriebsvereinbarungen und der Unfallverhütung,
» Gestaltungsaufgaben bei der Arbeitszeit, Pausen, dem Ablauf der Inventuren, MitarbeiterInnenbeurteilungen, Urlaubsgrundsätzen, Bildung und Weiter-

bildung der MitarbeiterInnen, sozialen Angelegenheiten im Betrieb, Personalplanung, Vereinbarkeit von Familie und Beruf, Beschäftigungssicherung … und noch vieles mehr!

Die Wichtigkeit einen Betriebsrat zu gründen und Gewerkschaftsmitglied zu sein, kommt ganz klar hervor.

Zwar gibt bei Zara in Deutschland bereits über 20 Betriebsräte in den Filialen und auch einen Gesamtbetriebsrat, doch Ziel ist es, dass in weiteren Filialen Betriebsräte gegründet und somit weitere Gewerkschaftsmitglieder gewonnen werden. Auch bei Hennes & Mauritz wurde eine Aktion zum Betriebsrat sowie zur Gewerkschaft ver.di gestartet und ein Infoblatt unter dem Motto „Gemeinsam stark sein" an die Beschäftigten verteilt. Aus den Berichten der Gewerkschaftssekretärinnen bzw. -sekretäre habe ich erfahren, dass diese Aktion sehr gut bei den Beschäftigten angekommen ist. Es konnten dadurch neue Betriebsräte gegründet und vor allem auch neue Gewerkschaftsmitglieder gewonnen werden.

Was ist los im Fachbereich 4 – Sozialversicherungen?

Der Fachbereich Sozialversicherungen in der Gewerkschaft ver.di ist zuständig für alle Mitglieder und Beschäftigen in den Trägern der Sozialversicherungen in Deutschland. Diese Träger sind: Arbeitsverwaltung, gesetzliche Krankenkassen, Rentenversicherung und gesetzliche Unfallversicherung/landwirtschaftliche Sozialversicherung.

Das Symbol für den Fachbereich 4 ist der Elefant, dieser steht für:
» die vier Fachgruppen als die Säulen des Fachbereichs (Arbeitsverwaltung, gesetzliche Krankenkassen, Rentenversicherung, gesetzliche Unfallversicherung/ landwirtschaftliche Sozialversicherung),
» Stärke (der Elefant als starkes Tier),
» solidarisches Handeln (er ist ein Gruppentier),
» Tarifmacht (der Elefant kann sich durchsetzen).

Die gesetzlichen Krankenkassen bestehen aus verschiedenen Krankenkassen, einige davon konnte ich auch besuchen. Gesetzliche Krankenkassen sind zum Beispiel AOK (mit einem sehr hohen Marktanteil), Siemens BKK, DAK usw. Grundsätzlich sind die ArbeitnehmerInnen versicherungspflichtig und die Versicherten können selbst wählen, bei welcher Versicherung sie sich versichern lassen. Jede Krankenkasse möchte Versicherte für sich gewinnen, daher wird natürlich auch die Werbetrommel gerührt.

Nach einem ersten Kennenlernen mit dem Kollegen Robert Jung, Leiter des Fachbereiches 4, der mich sehr herzlich empfangen und mir sein Team (Kollegin Gabriele Martin, Sekretariat, und Kollegin Karin Seifert, Fachsekretärin) vorgestellt hat, ging es gleich los nach Augsburg zu unserem ersten gemeinsamen Betriebsbesuch bei der AOK (Allgemeine Ortskrankenkasse). Dort trafen wir den örtlichen Personalvertreter und gratulierten ihm zur Personalratswahl. Diese Personalvertreterwahl war erst vor kurzem durchgeführt und er auch wiedergewählt worden. 2011 ist generell ein großes Wahljahr in Deutschland: Personalratswahlen und Sozialwahlen finden statt. Daher werden auch verstärkt die Personalratsgremien besucht. Außerdem wurde mit allen Vorsitzenden und den StellvertreterInnen eine Wahl-Nachbesprechung durchgeführt.

Danach ging es zur SBK (Siemens-Betriebskrankenkasse), wo wir bei einer PersonalvertreterInnen-Sitzung dabei waren. Die PersonalvertreterInnen ersuchten Robert Jung um Rat und um Rechtsberatungen in gesetzlichen Angelegenheiten. Am Abend, fand die geschäftsführende Bereichsvorstandssitzung statt. Diese Vorstandssitzung ist vergleichbar mit unseren Landvorstandssitzungen. Auch hier werden die aktuellen Themen des Fachbereichs diskutiert und die Schwerpunkte für die nächsten Aktionen und Themen festgelegt.

Im weiteren Verlauf des Praktikums hatte ich bei einem Rundgang im DGB-/ver.di-Haus die Gelegenheit, die unmittelbaren Kolleginnen und Kollegen des Sozialbereiches und Handelsbereichs kennenlernen. Auch ein Besuch beim Arbeits- und Sozialgericht war Teil meines Praktikums. Dort haben wir uns ein paar Verhandlungen angesehen. Der Unterschied zu Österreich ist eigentlich nur der, dass es in München am Arbeits- und Sozialgericht keine Taschenkontrollen bzw. überhaupt Kontrollen gibt. Ansonsten sind die Probleme und die Anliegen dieselben wie bei uns.

Beim Besuch der AOK München lernte ich die Bereichsleiterin, die unter anderem für Personal und Ausbildung zuständig ist, kennen. Ich konnte ein sehr nettes Gespräch führen – danach haben wir uns die Ausstellung 125 Jahre AOK München angesehen, die direkt in den Räumen der AOK stattfindet. In dieser Empfangshalle sind auch öfters Ausstellungen von Behindertenwerkstätten zu sehen. Im Anschluss daran ging es dann auch schon wieder weiter zum örtlichen Personalratsvorsitzenden der Deutschen Rentenversicherung – die Zentrale hat ihren Sitz in Neuperlach (Stadtteil von München).

Kurz darauf stand der nächste Betriebsbesuch an: die AOK in Bad Tölz. Dort wurden wir vom Jugend – und Auszubildendenvertreter (JAV) erwartet. In Bad Tölz hatten vor kurzem die Personalratswahlen und JAV-Wahlen stattgefunden und selbstverständlich werden auch mit den JAV Wahlnachbesprechungen geführt. Spannend sind die Personalratswahlen in den Sozialversicherungen vor allem auch deshalb, weil es neben der Gewerkschaft ver.di auch noch eine Konkurrenz-Gewerkschaft gibt und diese mit ihren Personalvertreter kandidiert. Die Wahlvorbereitungen werden daher mit Wahlwerbung und starker Auseinandersetzung durchgeführt. Nach der Wahl geht es natürlich darum, wer die meisten Mandate und Sitze erhält. Der Einblick, wie die Wahlen zur Personalratswahl stattfinden, war sehr interessant und spannend.

Einblicke in den Arbeitsalltag: Beratungen, Sitzungen und Tarifverhandlungen

Neben den vielen Betriebsbesuchen und Sitzungen, die ich während meinem Praktikum mitmachen durfte, bekam ich auch einen Einblick in den ganz normalen Arbeitsalltag. Zu so einem normalen Büroalltag gehören Mitgliederberatungen, Beratungen für Personalräte/Betriebsräte – alles vom Ablauf sehr ähnlich wie bei uns in Österreich.

Einmal im Jahr wird von ver.di ein Sommerfest für alle Personalratsgremien bzw. Betriebsrätinnen und -räte organisiert. Unter anderem haben wir auch bei unserem Bürotag noch Vorbereitungen für das Fest getroffen und Einladungen an die Personalräte und Betriebsräte versendet. Diese sollten dann in den Betrieben auf dem schwarzen Brett veröffentlicht werden. Das Fest im Innenhof des DGB/ver.di findet jedes Jahr statt, doch 2011 stand es unter dem Motto „Die Vereinte Dienstleistungsgewerkschaft (ver.di) ist 10 Jahre alt" (gegründet im März 2001 in Berlin).

Auch bei einer ver.di-Betriebsgruppensitzung der DAK (Deutsche Angestellten-Krankenkasse) war ich dabei. Bei dieser Betriebsgruppensitzung, an der Personalrätinnen und -räte sowie DAK-Beschäftigte, die Mitglieder bei ver.di sind, teilnehmen, werden Themen von ver.di FB 4 und aktuelle Themen des Betriebes besprochen. Sie ist ein gutes Instrument, um sich auszutauschen und in einer anderen Umgebung miteinander Zeit zu verbringen.

Innerhalb meines Praktikums hatte ich auch noch die Möglichkeit an der Sitzung des ver.di-Fachausschussvorstandes AOK teilzunehmen. Dieser Fachausschussvorstand setzt sich aus den Personalräten der einzelnen AOK-Standorte zusammen. Es gibt einen eigenen Fachausschuss für AOK, DAK, Deutsche Rentenversicherung usw. Die Teilnahme am Ausschuss ist ehrenamtlich und man bespricht dort sowohl gewerkschaftliche Themen als auch interne Anliegen der einzelnen Fachbereiche. Dieses Mal wurde über die abgehaltenen Wahlen gesprochen – GPR (Gesamtpersonalrat), GJAV (Gesamtjugendvertreter) und ÖPR (Örtlicher Personalrat)[64] führten eine Wahlanalyse durch: Wie haben die einzelnen Standorte gewählt? Was ist gut und was weniger gut gelaufen? Was kann bei der nächsten Wahl 2016 anders/besser gemacht werden? Wahlwerbung – auf was muss geachtet werden? Nach einer angeregten Diskussion und Austausch wurden die anderen Tagesordnungspunkte abgearbeitet, unter anderem wurden auch neue Gremien gewählt.

Spannend war für mich, dass ich Rahmen meines Praktikums auch bei einer Tarifverhandlung dabei sein konnte. Die Tarifverhandlungen wurden zwischen den PersonalvertreterInnen des Bayerischen Gemeindeunfallversicherungsverbandes (GUVV) und der Unfallkasse München (UKM) und dem Arbeitgeber geführt, natürlich mit den VertreterInnen der ver.di. Bei dieser Tarifverhandlung ging es um die Fusion der GUVV mit der UKM und um die Verhandlung unterschiedlicher Rahmenbindungen und Tariftabellen. Die Beschäftigten der Bayerischen Gemeindeunfallversicherung sind derzeit noch im Tarifvertrag für den öffentlichen Dienst der Länder (TV-L). Die Beschäftigten der Unfallkrankenkasse haben bereits den Tarifvertrag für den öffentlichen Dienst (TVÖD). Ziel ist es, alle Beschäftigte in den TV-ÖD zu bringen. Bei dieser Tarifverhandlung konnte man sich noch auf keinen Abschluss einigen – daher wurde ein weiterer Termin vereinbart. Insgesamt wurden spannende Diskussionen geführt, das war echt super. Es ist allerdings ganz schön schwierig, wenn man nur als Zuhörerin beteiligt ist, da man sich in gewissen Situationen gerne einmischen möchte.

Herausforderung Tarifflucht

Eine große Herausforderung sind für die Gewerkschaften unter anderem die Betriebe bzw. Branchen, die die Tarifverträge kündigen – eine sogenannte „Tarifflucht". Hier stellt sich die Frage: Wie bringt man diese Betriebe wieder zur Tarifbindung und natürlich zur Einhaltung des Tarifvertrages?

Tarifbindung entsteht dort wo ein Tarifvertrag gilt, d. h. wo ArbeitnehmerInnen Mitglied einer Gewerkschaft sind und ArbeitgeberInnen Mitglied in einem die Tarifverträge abschließenden Arbeitgeberverband. ArbeitgeberInnen können aus dem Tarif bzw. aus der Tarifbindung aussteigen. Das heißt, dass bereits beste-

---

[64] Zur Erklärung: In den einzelnen Standorten werden die Örtlichen Personalräte (ÖPR) gewählt, sofern diese Standorte verselbständigt sind. Gibt es Standorte, die nicht verselbständigt sind, wird dort auch kein unmittelbarer ÖPR gewählt, sondern diese Beschäftigten werden dann durch den Zentral-Personalrat (ZPR) vertreten, d. h. es gibt in der Zentrale einen Personalrat und dieser vertritt auch die nicht verselbständigten Standorte. Des Weiteren wird wenn verschiedene Standorte Personalräte haben, auch ein Gesamtpersonalrat (GPR) gewählt, dieses Gremium wählt wiederum einen Vorstand. Alle fünf Jahre wird nach dem Bayerischen Personalvertretergesetz gewählt. Nach dem Bundespersonalvertretungsgesetz (BPersVG) wird alle vier Jahre gewählt.

hende Arbeitsverträge auch weiterhin an den Tarif gebunden sind (Urlaubs- und Weihnachtsremuneration bleiben erhalten, weitere Veränderungen des Tarifvertrages haben jedoch keine Gültigkeit). Für neue Arbeitsverträge besteht bei einem tariflosen Zustand keine Bindung, d. h. die Vereinbarungen werden in Einzelverträgen abgeschlossen.

Grundsätzlich gelten die tarifvertraglichen Leistungen nur für Gewerkschaftsmitglieder. Daher müssen sich die Beschäftigten, die Gewerkschaftsmitglieder sind, auch offiziell zur Gewerkschaft bekennen, damit die Rechte des Tarifvertrages zur Anwendung kommen.

Gewerkschaftliche Bildung

Die gewerkschaftliche Bildung wird von verschiedenen Bereichen angeboten. Da gibt es einmal das allgemeine ver.di Bildungsportal und die ver.di Bildung & Beratung gGmbH. Natürlich finden noch weitere Bildungsveranstaltungen in den Landesbezirken statt. So gibt es alleine in Bayern neben dem Landesressort auch noch ver.di Bildung und Beratung in den Bezirksvertretungen München, Nürnberg, Regensburg und Augsburg. Zusätzlich existiert auch noch das Bildungswerk der ver.di Bayern.

Nachstehend ein kleiner Einblick in das Bildungsprogramm der ver.di Bildung & Beratung gGmbH München:

Sie bietet Module zum Bereich der Betriebsverfassung an, z. B. Einführung und Überblick (BR I) und Personelle Angelegenheiten (BR II) – der Mensch geht immer vor. Hier gibt es noch eine Reihe weiterer Module. Es werden auch Spezialseminare angeboten, unter anderem: Redekompetenz, Was tun gegen belastende Arbeitsbedingungen – Betriebsräte gestalten „gute Arbeit" mit, Wirtschaftskompetenz usw. Zusätzlich werden noch von jedem Fachbereich spezifische Kurse abgehalten.

So hat etwa Kollege Robert Jung – Fachbereichsleiter Sozialversicherung – den Kurs „100 Möglichkeiten mein Amt zu verlieren" für PersonalvertreterInnen abgehalten. Darin ging es um Rechte und Pflichten der Personalratsvorsitzenden und ihrer StellvertreterInnen. Es waren Teilnehmerinnen und Teilnehmer von folgenden Betrieben bzw. Instituten anwesend: Jobcenter, Agentur für Arbeit, SPV-LSV und BKK. Grundvoraussetzung für die Teilnahme am Seminar ist der Besuch des Basiskurses. Inhaltlich beschäftig sich dieses Seminar mit der Frage: Was kann/darf der/die Personalratsvorsitzende und sein/e StellvertreterIn machen oder auch was muss er/sie machen?

Der Aufbau des Seminars orientiert sich an Gesetzestext, Kommentaren, Fragen und Antworten (unter dem Motto „Wer wird Millionär?").

Diese Themenblöcke wurden behandelt:
- Personalratssitzung,
- Tagesordnung,
- Beschlüsse des Personalrates,
- Protokoll/Niederschrift,
- Ersatzmitglieder,
- Sitzungsleitung,
- laufende Geschäfte,
- Schweigepflicht,
- Monatsgespräch,
- Personalversammlung,
- Ausscheiden aus dem Amt,
- Ausschluss aus dem Personalrat.

Nachfolgend werden Auszüge aus einzelnen Themenblöcken wiedergegeben. Zum den Fragen mit Bezug auf den Bereich Personalratssitzung gehörte zum Beispiel: Muss die Einladung zur PR-Sitzung schriftlich oder mündlich erfolgen?

A: Immer schriftlich.
B: Kann schriftlich oder mündlich sein.
C: Immer mündlich.

Richtig ist in diesem Fall Antwort B (§ 34. Abs. 2).

Eine Frage zum zweiten Themenblock war diese: Welche Folgen hat eine fehlerhafte Tagesordnung?

A: Keine, wenn der PR diese mit Mehrheit beschlossen hat.
B: Unwirksamkeit des entsprechenden Beschlusses.
C: Pflichtverstoß des PR-Vorsitzenden.
D: Die Sitzung muss wiederholt werden, die Zeit wird nachgearbeitet.

Hier sind die Antworten B und C richtig.

Zum dritten Themenblock wurde gefragt, mit welcher Mehrheit die Beschlüsse des Personalrates gefasst werden.

A: 2/3 Mehrheit der anwesenden PR-Mitglieder.
B: Einfache Mehrheit der PR-Mitglieder.
C: Mehrheit der Mitglieder im Personalrat.
D: Regelt die Geschäftsordnung.

Richtige Antwort: B (§ 37 Abs. 1 BPersVG).

Abschließend noch eine Frage zum fünften Themenblock: Muss der PR-Vorsitzende die Entschuldigungsgründe bei Verhinderung von PR-Mitgliedern prüfen?

>A: Ja, immer.
>B: Nein, Entschuldigungsgründe müssen nicht angegeben werden.
>C: Ja, wenn die Beschlussfähigkeit gefährdet ist.

Richtig ist A.

Solche Seminare und Kurse werden zum Teil direkt im Gewerkschaftshaus abgehalten. Doch gibt es auch Seminarhäuser wie das Haus Brannenburg und das Hotel zur Linde in Eggstätt. Für Deutschland insgesamt wurden auch noch die ver.di Bildungszentren eingereichtet.

Mein Fazit zum Praktikum bei ver.di München

Mein Praktikum habe ich als sehr spannend und abwechslungsreich empfunden, wenn auch anstrengend, da es sehr viele neue Eindrücke für mich waren und vor allem das Sozialversicherungssystem doch sehr anders ist, als bei uns.

Das Praktikum war für mich persönlich eine tolle Erfahrung und ein Einblick in ein anderes System. Es war sehr interessant, neue Menschen kennenzulernen und neue Kontakte zu knüpfen. Vielleicht kann daraus in der Zukunft auch öfter ein Austausch bzw. eine Zusammenarbeit entstehen.

Die Zeit in München war sehr schön, ich wurde von den Kolleginnen und Kollegen von ver.di sehr herzlich empfangen. Bedanken möchte ich mich ganz besonders bei Kollege Robert Jung, Fachbereichsleiter FB 4, und seinem Team, die sich alle sehr viel Zeit und Mühe gemacht haben, um mir ein abwechslungsreiches Praktikum zu ermöglichen. Außerdem möchte ich mich auch noch bei den Kollegen Orhan Akman und Georg Wäsler bedanken, die mir einen Einblick in den Fachbereich 12 – Handel gegeben haben.

Arbeitskammern

Christoph Appé,
Arbeitskammer Saarland[65]

Besuchte Einrichtungen, Organisationen und Veranstaltungen

- Agentur für Arbeit
- KoSa (Regionales Übergangsmanagement Koordinierungsbüro Saarbrücken)
- Angestelltenausschuss IG Metall Völklingen
- IG Metall Völklingen Regionalbüro
- UNI Saarbrücken
- KoWA (Kooperationsstelle für Wissenschaft und Arbeit)
- AfAS (Akademie für Arbeit und Sozialwesen des Saarlandes)
- HTW (Hochschule für Technik und Wirtschaft)
- Verein „Baris"
- FORD-Werk in Saarlouis
- Betriebsrat bei FORD
- Jugendvertrauensrat (JVR) bei FORD
- Bildungszentrum Kirkel
- Vertreterversammlung der Arbeitskammer des Saarlandes
- DGB-Fraktionssitzung der Vertreterversammlung der AK
- Gespräch mit dem Leiter der KoWA an der Uni Saarbrücken
- Gespräch mit der Geschäftsführerin der AfAS, Astrid Baltes
- Rathaus Saarbrücken
- Diskussion „Übergang von der Schule in die Berufsausbildung"
- AK-Außenstelle „Baris" in Völklingen
- IHK – Schlichtungsausschuss
- Delegiertenversammlung IG Metall Völklingen
- Arbeitsgericht Neukirchen
- Betriebsbesuch Dillinger Hütte

---

[65] Die Beschreibung der Organisation und der Tätigkeitsbereich der AK sind der Website der Arbeitskammer des Saarlandes entnommen, *http://www.arbeitskammer.de/index.dante?aid=1131&sid=CIEJDDDHDCDBAKEGDBDDDCDCDFDFDHDGDGDBCOD HDGDIDIDGDGDIAKEMDBDDDCDCDFDFDHDHDIDEDDDIDCDGEMAKHEHADBAKCO.*

- » Jugend- und Auszubildendenvertretung (JAV) und Betriebsrat Dillinger Hütte
- » Betriebsversammlung Dillinger Hütte
- » Die Grenzregion Saarland (Frankreich – Deutschland – Saarland – Elsass)
- » Region Elsass
- » Parlament Straßburg
- » ZF Getriebe
- » Firma Dürr
- » Haus der Beratung
- » Pressekonferenz zum Jahresbericht der Arbeitskammer
- » Beratung Steuerabteilung und Arbeitsrecht

Die Arbeitskammer des Saarlandes – Gründung, Mitgliedschaft und Leistungen

1951 wurde im saarländischen Landtag das Gesetz zur Errichtung einer Arbeitskammer (AK) im Saarland beschlossen. In diesem Gesetz sind alle Aufgaben der Arbeitskammer geregelt. Das Budget der Arbeitskammer ergibt sich aus den Mitgliedsbeiträgen der ArbeiternehmerInnen des Saarlandes, welche direkt vom Lohn bzw. Gehalt abgezogen werden.

Beitragspflichtig sind alle ArbeitnehmerInnen, die im Saarland beschäftigt sind, auch die sogenannten „GrenzgängerInnen", welche von Frankreich ins Saarland pendeln und hier einer Arbeit nachgehen. Zu den ArbeitnehmerInnen zählen auch die zur Berufsausbildung Beschäftigten, die nicht AK-beitragspflichtig sind, also Lehrlinge, PraktikantInnen oder sonst in einem Ausbildungsverhältnis Stehende. Der Mitgliedsbeitrag beträgt in der Regel 0,15 Prozent des monatlichen

Bruttoarbeitsentgelts und wird direkt vom Finanzamt abgezogen. Es gibt auch einen Höchstbeitrag. Im Durchschnitt liegt der Mitgliedsbeitrag im Monat bei ca. drei Euro.

Welche Leistungen bietet die Arbeitskammer dafür an? Die drei Schwerpunkte der Arbeitskammer sind:

» Bildung – Schulung von ArbeitnehmerInnen, Betriebs- und PersonalrätInnen im eigenen Bildungszentrum Kirkel,
» Beratung – für Mitglieder kostenfrei (persönlich, telefonisch, schriftlich, mit Broschüren, Mitgliederzeitung, Internet),
» Forschung – jährlicher Bericht an die Landesregierung des Saarlandes (verpflichtend), Stellungnahme zur Lage der ArbeitnehmerInnenschaft des Saarlandes, Einbringen von Verbesserungsvorschlägen und ISO-Institut (Institut für Sozialforschung und Sozialwissenschaft).

Organigramm der Arbeitskammer des Saarlandes

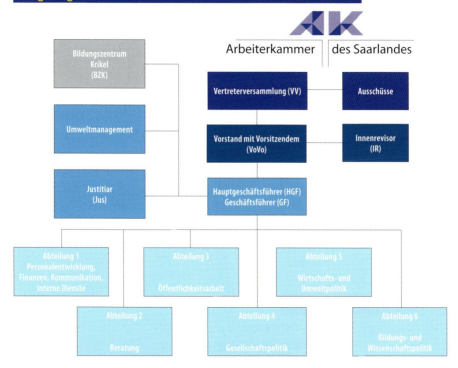

Bildung und Weiterbildung durch die AK

Bildung bzw. Weiterbildung sind zentrale Themen der Arbeitskammer des Saarlandes. Die AK biete viele Möglichkeiten für alle ArbeitnehmerInnen, von der einfachen Hilfe, um schnell diverse Weiterbildungskurse im Saarland zu finden, bis hin zu einem modernen Bildungszentrum in Kirkel.

Das Bildungszentrum Kirkel (BZK)

Das BZK wurde erst vor kurzem auf den neuesten Stand der Technik gebracht und steht nun den saarländischen ArbeitnehmerInnen als modernes Tagungs- und Kulturzentrum zur Verfügung.

Das breite Angebot des Bildungszentrums richtet sich vor allem:
» an Betriebsrätinnen/-räte und Personalrätinnen/-räte, Schwerbehindertenvertreterinnen, Arbeitssicherheitsbeauftragte und Beauftragte nach dem Landesgleichstellungsgesetz,
» an alle Arbeitnehmerinnen und Arbeitnehmer, die sich gemäß dem Saarländischen Bildungsfreistellungsgesetz (SBFG) weiterbilden möchten.

Das Seminarangebot von 2011 im Überblick:
» verhandeln, überzeugen, argumentieren (21 Seminare)
» effektiver lernen, arbeiten und präsentieren (31 Seminare)
» Teams führen, betriebliche Probleme lösen, beraten (10 Seminare)
» Umgang mit EDV, Internet und Medien (9 Seminare)
» Gesundheit, Ergonomie, Gesundheits- und Arbeitsschutz (17 Seminare)
» Umwelt, Politik, Arbeit, Gesellschaft, Wirtschaft, Recht (12 Seminare)

Das Seminarangebot wird auch jährlich im Bildungskurier veröffentlicht und richtet sich an Betriebsrätinnen/-räte und Personalrätinnen/-räte, Fachkräfte für Arbeitssicherheit, VertreterInnen schwerbehinderter Menschen sowie alle Arbeitnehmerinnen und Arbeitnehmer, die die Möglichkeiten des Saarländischen Bildungsfreistellungsgesetzes (SBFG) nutzen wollen.

Weiterbildungsdatenbank

Ein wichtiges von der Arbeitskammer auf die Beine gestelltes Projekt ist die Weiterbildungsdatenbank Saar. Das Projekt wurde mit Mitteln vom Bundesministerium für Bildung und Forschung und vom Europäischen Sozialfonds gefördert. Nach dem Ende des Förderungszeitraumes hat die AK die Weiterbetreuung der Datenbank übernommen. Mittlerweile können die saarländischen ArbeitnehmerInnen aus 6.600 verschiedenen Kursangeboten von über 300 regionalen AnbieterInnen online ihren Kurs auswählen.

Bildungseinrichtungen der AK

Akademie für Arbeit und Sozialwesen (AfAS)

Die Akademie für Arbeit und Sozialwesen (AfAS) ist an der Hochschule für Technik und Wirtschaft (HTW) angesiedelt, Träger sind das Saarland und die Arbeitskammer. Eintrittsvoraussetzungen für den Besuch der AfAS sind eine berufliche Erstausbildung und Berufserfahrung. Das sechssemestrige, berufsbegleitende Studium ermöglicht Arbeitnehmerinnen und Arbeitnehmern eine auf universitärem Niveau stattfindende Qualifizierung, um sich zu Fach- und Führungskräften der Wirtschaft und Verwaltung fortzubilden. Die Studieninhalte umfassen die Wirtschafts-, Sozial- und Rechtswissenschaften. Das Diplom der Akademie berechtigt die AbsolventInnen, die Berufsbezeichnung „BetriebswirtIn für Personal- und Sozialwesen (AfAS)" zu führen.

Akademie für Betriebs- und Unternehmensführung (ABU)

Die Träger der Akademie für Betriebs- und Unternehmensführung sind:
» die Handwerkskammer,
» die Arbeitskammer,
» die Industrie- und Handelskammer,
» der Stadtverband Saarbrücken,
» das Ministerium für Bildung, Kultur und Wissenschaft.

Schulrechtlich ist die ABU ist eine Fachschule. Fachschulen bauen auf Berufsausbildung und Berufserfahrung auf. Sie vermitteln gehobene praxisbezogene Weiterbildung für bereits fachlich ausgebildete Nachwuchskräfte. Die Akademie für Betriebs- und Unternehmensführung entspricht den Anforderungen der KMK-Rahmenvereinbarung über Fachschulen vom 12. Juni 1992. Damit ist die bundesweite Anerkennung der Akademie und ihrer Abschlussqualifikation sichergestellt.

Die Akademie für Betriebs- und Unternehmensführung wendet sich an InteressentInnen aus Industrie-, Handwerks-, Handels- und anderen Dienstleistungsbereichen. Durch die Ausbildung an der ABU erwerben Fortbildungswillige zusätzliche Qualifikationen, die ihre Mobilität und ihre beruflichen Chancen verbessern. Potenziellen BetriebsgründerInnen werden die zur Führung eines Betriebes erforderlichen Kenntnisse und Fähigkeiten vermittelt.

Vor dem Hintergrund des gemeinsamen europäischen Binnenmarktes und der zunehmenden wirtschaftlichen Verflechtung des Saar-Lor-Lux-Raumes steigt die Nachfrage der Wirtschaft nach qualifizierten Führungskräften gerade auch für das mittlere Management. Diesem Qualifikationsbedarf trägt die 1991 eingerichtete ABU Rechnung. Als öffentliche Fachschule ermöglicht die ABU eine systematische und umfassende Fortbildung für den mittleren und gehobenen Führungsbereich der Wirtschaft.

Die Beratung

Neben der Bildung ist eine der Hauptaufgaben der Arbeitskammer des Saarlandes die Beratung ihrer Mitglieder in arbeitsrechtlichen Problemfällen. Das gesamte Leistungsangebot der AK können die Mitglieder im Haus der Beratung in Anspruch nehmen. Die Beratung für die Mitglieder ist kostenfrei.
Zu folgenden Gebieten stehen den Mitgliedern FachberaterInnen zur Verfügung:
» Arbeitslosenversicherung,
» Arbeitsrecht,
» Aus- und Weiterbildung,
» BAföG/Schülerförderung, Meister-BAföG,
» Behindertenrecht,
» Existenzgründung,
» GrenzgängerInnen,
» Grundsicherung,
» Mutterschutz, Elternzeit,
» Rehabilitation, Erwerbsminderung,
» Steuern,
» Sozialhilfe,
» Sozialrecht,
» Wohngeld.

Das Beratungsangebot der AK des Saarlandes wird von den Mitgliedern von Jahr zu Jahr mehr in Anspruch genommen. Waren es im Jahr 2005 „nur" ca. 31.000 sind es im Jahr 2010 schon 35.000 Beratungen:

Beratung Arbeitsrecht 2010	13.000 und 14.500
Beratung Sozialrecht 2010	ca. 8000
Beratung Steuer 2010	ca. 13.600
Beratung Bildung 2010	ca. 200

Beratungsangebote für ausländische ArbeitnehmerInnen

Eine weitere Beratungseinrichtung der Arbeitskammer ist die Beratungsstelle in Völklingen, die sich besonders an ausländische ArbeitnehmerInnen richtet.

Dieses Projekt nennt sich „Gemeinwesenprojekt Saarstraße" und bietet den ausländischen ArbeitnehmerInnen eine persönliche Beratung.

Schwerpunkte liegen in der Sozialberatung:
» Unterstützung bei Kontakt und Schriftverkehr mit Behörden,
» Information über staatliche und andere Hilfs- und Unterstützungsleistungen,
» Arbeits- und sozialrechtliche Beratung,
» Fragen des Ausländerrechts und der Staatangehörigkeit,
» und in der Unterstützung beim Übergang von der Schule in den Beruf:
» Beratung bei der Berufsauswahl,
» Unterstützung bei der Bewerbung,
» Information über Ausbildungsberufe und deren Voraussetzung.

Beratung von Betriebs- und PersonalrätInnen

Die Beratung der Interessenvertretungen der Arbeitnehmerinnen und Arbeitnehmer erfolgt durch die AK-Fachabteilungen sowie durch die Beratungsstelle für Sozialverträgliche Technologiegestaltung der AK und des DGB Saar (BEST e. V.).

Bei der Beratung der Betriebsrätinnen/-räte und Personalrätinnen/-räte geht es in erster Linie um praktische Fragen, die sich aus der Anwendung des Betriebsverfassungsgesetzes sowie des Bundes- bzw. Landespersonalvertretungsgesetzes ergeben. Von großer Bedeutung sind in diesem Zusammenhang auch die Seminare und Schulungen, die überwiegend im Arbeitskammer-Bildungszentrum Kirkel durchgeführt werden.

Beratung von Politik und Gewerkschaften

Eine arbeitnehmerInnenorientierte Sozial-, Wirtschafts-, Umwelt-, Bildungs- und Kulturpolitik zu betreiben, ist eines der „klassischen" Betätigungsfelder der Arbeitskammer. Im AK-Gesetz sind Beratungsaufgaben und Vorschlagrechte festgeschrieben, welche die Arbeitskammer in großem Umfang in Anspruch nimmt. Einmal jährlich hat die Arbeitskammer der Regierung einen Bericht über die wirtschaftliche, ökologische, soziale und kulturelle Lage der Arbeitnehmerinnen und Arbeitnehmer vorzulegen.

Die Landesregierung ist laut Arbeitskammergesetz verpflichtet, der Arbeitskammer Gelegenheit zur Stellungnahme zu geben; und zwar vor dem Erlass von Rechtsverordnungen, Verwaltungsvorschriften und Gesetzen, die die Interessen von ArbeitnehmerInnen berühren. Die Liste der AK-Stellungnahmen ist umfassend und reicht von der Bildungspolitik über den Technologietransfer bis hin zur Arbeitsschutzpolitik in der EU.

Für die Gewerkschaften erarbeitet die Arbeitskammer regionale Wirtschaftsgutachten, Einkommensanalysen für Branchen und ArbeitnehmerInnengruppen sowie Gutachten zu zahlreichen weiteren Fragen aus der Arbeitswelt.

Folgende Abteilungen sind für die Betreuung zuständig: Bildungs- und Wissenschaftspolitik, Gesellschaftspolitik, Wirtschafts- und Umweltpolitik.

Kooperation Verbraucherzentrale

Für alle AK-Mitglieder hat die Arbeitskammer eine Kooperation mit der Verbraucherzentrale abgeschlossen, die Beratung kostet nur die Hälfte der tatsächlichen Kosten bis zu einem maximalen Eigenanteil von 15 Euro. Untergebracht ist die Verbraucherzentrale auch im Haus der Beratung.

Sandro Beer,
Arbeitnehmerkammer Bremen

Struktur, Organisation und gesetzliche Aufgaben[66]

Die Arbeitnehmerkammer Bremen ist eine Körperschaft des öffentlichen Rechts und nimmt für das Land Bremen Aufgaben wahr (u. a. Beratung und Qualifizierung der Beschäftigten). Die Kammer ist damit aus der Bremischen Verwaltungshierarchie ausgegliedert und übernimmt die ihr übertragenen Aufgaben eigenverantwortlich in Form der Selbstverwaltung. Die Selbstverwaltung der Arbeitnehmerkammer wird durch Urwahl für eine sechsjährige Amtszeit von den Kammerzugehörigen gewählt.

Mitglieder der Arbeitnehmerkammer sind alle im Land Bremen beschäftigten ArbeitnehmerInnen und Auszubildenden. Die Beiträge (0,15 Prozent des monatlichen Bruttolohns) behält die Arbeitgeberin bzw. der Arbeitgeber ein und überweist diese an das Finanzamt.

Die Arbeitnehmerkammer Bremen besteht aus sieben Abteilungen:
» Bremerhaven (ca. 25 MitarbeiterInnen),
» Geschäftsführung,
» Mitbestimmung und Technologieberatung,
» Politikberatung,
» Rechtsberatung,
» Verwaltung,
» Öffentlichkeitsarbeit.

Leistungen der Arbeitnehmerkammer, Mitgliederorientierung und Verhältnis zur Politik

Neben einer umfassenden Rechtsberatung bietet die Arbeitnehmerkammer ihren Mitgliedern zahlreiche Informationen zu den Themen Wirtschaft, Arbeit,

---

66 Folgende Textausschnitte wurden der Internetseite der Arbeitnehmerkammer Bremen entnommen, *http://www.arbeitnehmerkammer.de/ueber-uns/struktur/*.

Bildung und Kultur. Im Auftrag des Landes Bremen führt die Kammer außerdem die öffentliche Rechtsberatung, also die Beratung für alle Bremer EinwohnerInnen mit geringem Einkommen durch. Die berufliche und politische Weiterbildung übernimmt die Wirtschafts- und Sozialakademie, eine Tochtergesellschaft der Arbeitnehmerkammer.

Darüber hinaus berät die Kammer Betriebs- und Personalräte sowie die Politik und die öffentliche Verwaltung im Land. In Umfragen und Interviews ermittelt die Arbeitnehmerkammer die Lebenssituation, berufliche Perspektiven wie auch subjektive Wünsche und Ängste der ArbeitnehmerInnen im Lande Bremen. Dieser „Bericht zur Lage" ist Teil der im Gesetz vorgegebenen Lageberichterstattung, zu der auch der jährliche erscheinende Armutsbericht sowie das Statistische Taschenbuch, das die wesentlichen Daten zu Wirtschaft, Arbeit und Beschäftigung zusammenfasst, gehören.

Zur Verflechtungen mit politischen Parteien: Die Kammer in Bremen ist eine unabhängige und durch Mitgliedsbeiträge finanzierte Organisation, die die Politik zwar berät, aber keine parteipolitischen Empfehlungen abgibt! Es wird darauf geachtet, die Anliegen der Bremer ArbeitnehmerInnen im vollen Umfang zu berücksichtigen bzw. zu vertreten.

Aktuelle Themenschwerpunkte

Im Zusammenhang mit der erst kürzlich geschlagenen Wahl ergeben sich einige sozialpolitische, arbeitsmarktpolitische sowie wirtschaftliche Fragen, wie etwa zu: Koalitionsvertrag, Inhalt und Spektrum im Zusammenhang mit dem Länderfinanzausgleich bzw. Umgang mit Altschulden und Konsolidierungsauftrag bis 2020.

Weitere Themen, die Bremen derzeit bewegen:
» Freizügigkeit am Arbeitsplatz und die Folgen für Bremen,
» Leiharbeit statt Personalentwicklung?,

- » AufstockerInnen im Land Bremen,
- » FacharbeiterInnenmangel,
- » alleinerziehend und arm.

Die Bremer Wahl zeigte deutlich, dass politische Kräfte gegen die Arbeit der AK Bremen argumentieren: 13 von 16 kandidierenden Parteien bzw. Listen würden die AK Bremen am liebsten abschaffen. Folgende Ausführung soll die Argumente der GegnerInnen beleuchten:

Am 25. Februar hatte der Weserkurier unter der Überschrift „Ziegert stellt Arbeitnehmerkammer infrage" über eine interne E-Mail von Helga Ziegert berichtet. Darin schrieb sie, sie halte „die Kammern an sich für ein Überbleibsel aus vordemokratischer Zeit". Bei dieser Aussage blieb die SPD-Politikerin auch auf Nachfrage und löste damit eine breite Diskussion über die Stellung der Arbeitnchmerkammer aus. Zur Erinnerung: Helga Ziegert war DGB-Vorsitzende und ist Abgeordnete der SPD in der Bürgerschaft. Grundsätzlich ist aber anzumerken, dass die SPD ein eindeutiges Bekenntnis zur Arbeitnehmerkammer geleistet hat, und unmissverständlich die Wichtigkeit der Kammer außer Frage stellt.

Die FDP hingegen stellte einen Antrag zur Abschaffung der Pflichtmitgliedschaft – das würde das Aus für die Kammer bedeuten. Hier die Formulierung:

„Änderung des Gesetzes über die Arbeitnehmerkammer

Der Landesparteitag fordert die FDP Fraktion in der Bremer Bürgerschaft auf, im Parlament eine Initiative mit dem Ziel einzubringen, das Bremische Gesetz über die Arbeitnehmerkammer zu ändern.

Die Mitgliedschaft Bremer Arbeitnehmer soll auf freiwilliger Basis ermöglicht werden und die Zwangsmitgliedschaft zur Arbeitnehmerkammer abgeschafft werden."[67]

Bildungseinrichtungen[68]

Wirtschafts- und Sozialakademie (WiSoAk)

Die Wirtschafts- und Sozialakademie der Arbeitnehmerkammer Bremen GmbH ist eine gemeinnützige Weiterbildungseinrichtung und eine 100-prozentige Tochter der AK. Jeweils im Frühjahr und Herbst erscheint der Veranstaltungskalender „Bildungslotse" mit rund 700 Seminarangeboten – einmal für Bremen und einmal für Bremerhaven. Der Katalog kann im Internet kostenlos über das Portal *www.wisoak.de* bestellt werden. Interessierte können die Kurse auch online

---

[67] Quelle: Website der FDP Bremen, *http://www.bremen.org.liberale.de/sitefiles/downloads/1330/080426_Arbeitnehmerkammer.pdf*

[68] Die Beschreibung der folgenden Einrichtung wurde von der Website der AK Bremen entnommen, *http://www.arbeitnehmerkammer.de/ueber-uns/kooperationen-einrichtungen/*.

einsehen und buchen. Mitglieder der Arbeitnehmerkammer erhalten übrigens Sonderkonditionen und auf Wunsch eine kostenlose Weiterbildungsberatung.

Die Schwerpunkte der WiSoAk liegen in der Konzeption, Planung und Durchführung von Aufstiegs- und Anpassungsfortbildungen, Umschulungen und Erstausbildungen in folgenden Berufsfeldern:
- » kaufmännisch-verwaltende Berufe,
- » Sozial- und Pflegeberufe,
- » medizinische Assistenzberufe,
- » Arbeits- und Umweltschutz,
- » Einzelhandel,
- » Tourismus.

Die Wirtschafts- und Sozialakademie bietet darüber hinaus ein vielfältiges Angebot in den Bereichen der politischen und allgemeinen Bildung sowie in der Gesundheitsvorsorge.

Akademie für Arbeit und Politik (aap)

Die Akademie für Arbeit und Politik ist eine Einrichtung der Universität Bremen zur Erwachsenenbildung. Sie ist ein Angebot besonders für jene Erwachsene, die sich nicht nur neues Fachwissen, sondern zugleich auch das Einzelwissenschaften übergreifende Grundlagenwissen und seine Einbettungen in Gesellschaft und Politik aneignen möchten. Die Akademie für Arbeit und Politik ist eine Einrichtung des lebenslangen Lernens.

An der Akademie studieren Arbeitnehmerinnen und Arbeitnehmer aus Betrieben, Verwaltung und Gewerkschaften, seien es FunktionsträgerInnen, InteressenvertreterInnen oder auch Personen ohne ein besonderes Mandat, ganz aus eigenem persönlichen, sozialen und politischen Engagement heraus. Hierzu zählen z. B. Eltern und Elternbeiräte von Schulen, die sich um die Entwicklung von Schulen und ihrer Lernkultur kümmern möchten. An der Akademie studieren auch Menschen, die derzeit keine Arbeit haben.

Die Akademie für Arbeit und Politik ist eine interdisziplinäre Einrichtung. Hier arbeiten ErziehungswissenschaftlerInnen, JuristInnen, PolitikwissenschaftlerInnen, PsychologInnen und SoziologInnen gemeinsam in Lehre und Forschung.

Institut Arbeit und Wirtschaft (IAW)

Das Institut Arbeit und Wirtschaft (IAW) ist ein sozial- und wirtschaftswissenschaftliches Forschungsinstitut in gemeinsamer Trägerschaft der Arbeitnehmerkammer Bremen und der Universität Bremen. Schwerpunkt aller Aktivitäten am IAW sind die Arbeits- und Lebensverhältnisse der Arbeitnehmerinnen und

Arbeitnehmer. Aus dieser Perspektive beteiligt sich das IAW an den Diskussionen um die Gestaltung von Wirtschaft und Gesellschaft. Das IAW bietet auch Wissenschaftstransfer und wissenschaftliche Dienstleistungen. Insbesondere durch Modellprojekte und betriebliche Kooperationen verbindet das IAW grundlagen- und anwendungsorientierte Forschung.

Die inhaltliche Arbeit des IAW wird in den vier Forschungseinheiten geleistet:
» Wandel der Arbeitsgesellschaft,
» Qualifikationsforschung und Kompetenzerwerb,
» Stadt und Region,
» Wirtschaft und Finanzen.

Die vier Forschungseinheiten des IAW haben zwei gemeinsame Bezugspunkte, die auch für die Arbeitnehmerkammer Bremen eine hohe Relevanz aufweisen: Zum einen liegt in allen Forschungseinheiten ein ausgeprägter Akzent auf lokalisierten bzw. regionalisierten Zugängen zur Beobachtung und Untersuchung gesellschaftlicher Entwicklungen. Zum anderen orientieren sich die Arbeiten des IAW in der Hauptsache an Fragen und Problemstellungen, die sich auf die Beschaffenheit und die Veränderungen von Lebensverhältnissen der Arbeitnehmerinnen und Arbeitnehmer beziehen.

Die Forschungsergebnisse werden durch gemeinsame Publikationen und Tagungen mit der Arbeitnehmerkammer zugänglich gemacht. Einen zusätzlichen Service bietet das Dokumentationszentrum für Europäische Gewerkschaftspublikationen (DEG), das seit seinem Umzug auf dem Universitätscampus im GW I zu finden ist.

Medien und Öffentlichkeitsarbeit der AK Bremen

Das Referat Öffentlichkeitsarbeit kümmert sich um alle Angelegenheiten, die sich um den Kontakt zwischen der Arbeitnehmerkammer und bestimmten Zielgruppen drehen. Die wichtigste Zielgruppe bilden natürlich die Kammer-Mitglieder – aber auch Gewerkschaften, Parteien und andere gesellschaftliche Akteurinnen und Akteure in Bremen und Bremerhaven gehören dazu.

Weiteres Aufgabenfeld des Referats ist die interne Kommunikation, also die Verständigung und der Informationsfluss innerhalb der Arbeitnehmerkammer. Ein Instrument der internen Kommunikation ist damit auch das Intranet.

In der Praxis nimmt das Referat folgende Aufgaben wahr:
» strategische Ausrichtung der Kammer,
» Medienbeobachtung und -analyse,
» Erstellen von Pressespiegeln,
» Schreiben und Verschicken von Pressemitteilungen,

- » Organisieren von Pressekonferenzen und Hintergrundgesprächen,
- » Kontakt zu JournalistInnen aufbauen und pflegen,
- » Betreuung des Internet- und Intranetauftritts,
- » Publikationen erstellen (Flyer, Broschüren, Magazin, Newsletter, etc.),
- » Planung und Betreuung von Veranstaltungen.

Mein Fazit zum Auslandspraktikum

Meine Praktikumsorganisation – die Arbeitnehmerkammer Bremen – ist mir schon bei der Auswahl sehr spannend erschienen. Da es in Deutschland nur zwei Länderkammern gibt (Bremen, Saarland) war es für mich besonders interessant, wie sich diese ArbeitnehmerInneninstitutionen in die gewerkschaftliche Interessenvertretung einbringen.

In der ersten Woche bekam ich einen Einblick in die Geschäftsleitung der Kammer, lernte alle Abteilungsleiter kennen. Da Bremen kurz zuvor gewählt hatte, waren natürlich politische Diskussionen im Gang. Versuchte daher, mir relativ rasch einen Einblick in die momentane politische Lage Bremens zu verschaffen. Mit Volker Pusch, dem Referenten der Geschäftsführung (und mein persönlicher Betreuer), wurde gleich am ersten Tag munter drauf los politisiert. Die Situation in Bremen ist derzeit nicht die beste, Altschulden sind zu bewältigen (ca. 18 Millionen Euro) und das Budget ist nicht ausgeglichen. In der momentanen wirtschaftlichen Lage Bremens decken sich die Einnahmen von rund drei Millionen Euro nicht mit den Ausgaben von rund vier Millionen Euro. Weiters ist die Vorgabe der Regierung, die komplette Budgetkonsolidierung bis 2020 abzuschließen. Deshalb besteht im Bremer Landtag nicht viel Platz für Gestaltungsvielfalt. Die Koalitionsverhandlungen zwischen SPD und Grünen verliefen gut und enthielten die notwendige Konstruktivität. Erwähnenswert ist allerdings auch, dass die FDP bei den Wahlen aus dem Bremer Landtag geflogen ist. Sie hatten im Wahlkampf eine unschöne Aktion gegen die Kammer gestartet.

Mir wurde im Rahmen einer sehr spannenden politischen sowie historischen Führung auch die Stadt gezeigt und dabei die Geschichte Bremens, die Entwicklung des Handels sowie die wirtschaftliche Stellung Bremens erläutert. Mit diesem Wissen ausgestattet ging ich dann daran, die Recherchen in den einzelnen Abteilungen aufzunehmen. Mit Unterstützung der Geschäftsführung, des Grundsatzreferats, der Abteilungsleitungen sowie der FachreferentInnen wurden folgende Themenschwerpunkte von mir behandelt:

- » Der gesetzliche Auftrag der Arbeitnehmerkammer Bremen, der Aufbau und die Struktur des Hauses, das politisches Selbstverständnis der Fachabteilungen und MitarbeiterInnen sowie politische Leitbilder der Kammer und ihrer Abteilungen;

» Das Bundesland Bremen im politischen und ökonomischen Wandel sowie die Geschichte des kleinsten Bundeslandes der Bundesrepublik Deutschlands;
» Die Mitbestimmung und Technologieberatung, die Einführung in Kollektivberatungsaufgaben sowie Individualberatung der Kammer an den Standorten Bremen und Bremerhaven;
» Die Politikberatung: Einführung in die zentralen Themenfelder der Kammer, ihre Grundsatzpositionen, ihr analytisches Instrumentarium sowie die gegenwärtigen und zukünftigen Arbeitsschwerpunkte; Erkundung eines Feldes der sozialintegrativen Stadtentwicklungspolitik im Stadtteil Osterholz-Tenever;
» Universität – Arbeitnehmerkammer: Einführung in die Probleme regionalspezifischer, arbeitnehmerInnenorientierter Forschung.

Weitere Organisationen

Walter Lambacher,
Gewerkschaftliche Bildungsarbeit in Niedersachsen

Heimvolksschule Springe/Hannover

Ich habe mein Praktikum in der Heimvolkshochschule Springe bei Hannover verbracht. Diese organisiert als Kooperationspartnerin der Gewerkschaften in Niedersachsen Seminare für deren Mitglieder. Um ein besseres Verständnis der gewerkschaftlichen Bildung in dieser Region, aber auch in Deutschland zu ermöglichen, folgen zum Einstieg allgemeine Ausführungen zu den Gewerkschaften IG Metall und IG BCE (Industriegewerkschaft Bergbau, Chemie, Energie), die im Rahmen ihrer Bildungsarbeit eng mit der Heimvolksschule Springe zusammenarbeiten.

Struktur und Mitgliederbeteiligung der IG Metall[69]

Die IG Metall ist eine demokratische Organisation und gliedert sich in regionale Verwaltungsstellen, Bezirke und den Vorstand. Von den Delegiertenversammlungen der Verwaltungsstellen bis zum Gewerkschaftstag, dem höchsten Entscheidungsorgan der IG Metall – die Mitglieder bestimmen und entscheiden über die gewerkschaftliche Arbeit und Politik der IG Metall mit. Mit den zahlreichen Büros ist die IGM außerdem vor Ort für ihre Mitglieder da.

Die 164 örtlichen Verwaltungsstellen bilden die Basis der IG Metall. Über die Hälfte der regionalen Anlaufstellen betreuen jeweils mehr als 10.000 Mitglieder.

Die Mitglieder einer Verwaltungsstelle wählen die VertreterInnen der Delegiertenversammlung. Sie ist mit einem Parlament vergleichbar, das viermal im Jahr tagt und zum Beispiel über Aktionen in Betrieben entscheidet, die dann vom Ortsvorstand organisiert werden. Sie wählt den Ortsvorstand, die Mitglieder der Tarifkommission und die Delegierten für den Gewerkschaftstag sowie für die Bezirkskonferenz.

---

[69] Folgende Beschreibung der IG Metall ist der Website dieser Gewerkschaft entnommen, http://www.igmetall.de/cps/rde/ xchg/SID-0A456501-01748A74/internet/style.xsl/aufbau-der-ig-metall-236.htm .

Der Ortsvorstand leitet die Verwaltungsstelle. Er besteht aus haupt- und ehrenamtlichen FunktionärInnen, wird für vier Jahre in geheimer Abstimmung gewählt und vom Vorstand bestätigt. Der Ortsvorstand führt die Beschlüsse der Delegiertenversammlung durch und bildet Arbeitskreise und Ausschüsse.

Die IG Metall ist bundesweit in die sieben Bezirke Berlin-Brandenburg-Sachsen, Frankfurt (Hessen, Thüringen, Rheinland-Pfalz, Saarland), Küste (Hamburg, Schleswig-Holstein, Mecklenburg-Vorpommern), Niedersachsen und Sachsen-Anhalt, Nordrhein-Westfalen, Baden-Württemberg und Bayern eingeteilt.

Die Bezirksleitung setzt sich aus BezirksleiterIn, BezirkssekretärIn und fünf VertreterInnen der Bezirkskommission zusammen. Die BezirksleiterInnen sind beim Vorstand angestellt und arbeiten nach dessen Weisungen. Die Bezirke führen die Tarif-, Lohn- und Gehaltsverhandlungen. Dabei werden sie von den Tarifkommissionen unterstützt.

Die Bezirkskonferenz tagt einmal im Jahr. Sie wählt die Bezirkskommission, bestätigt die Tarifkommission und wählt die Mitglieder des Beirats. Sie befasst sich auch mit laufenden und anstehenden tariflichen, organisatorischen und gewerkschaftspolitischen Fragen.

Der Gewerkschaftstag ist das höchste Entscheidungsorgan der IG Metall. Er trifft alle vier Jahre zusammen und wird vom Vorstand einberufen. Die Delegierten wählen auf dem Gewerkschaftstag den Vorstand und den Kontrollausschuss. Der Gewerkschaftstag beschließt die Satzung und legt die Gewerkschaftspolitik fest.

Der Vorstand hat die Aufgabe, die Beschlüsse des Gewerkschaftstages umzusetzen. Zu seinen wichtigen Funktionen gehört auch, Tarifverträge zu kündigen, Tarifabschlüsse zu bestätigen und über Urabstimmung und Streik zu entscheiden. Der Vorstand besteht aus dem Ersten Vorsitzenden, dem Zweiten Vorsitzenden, dem Hauptkassierer, vier weiteren geschäftsführenden und 29 ehrenamtlichen Vorstandsmitgliedern.

Das höchste Entscheidungsorgan zwischen den Gewerkschaftstagen ist der Beirat. Er tagt mindestens dreimal im Jahr und setzt sich aus VertreterInnen der Bezirke und den Mitgliedern des Vorstandes zusammen.

Der Kontrollausschuss achtet darauf, dass der Vorstand die Satzung einhält und die Beschlüsse des Gewerkschaftstages und des Beirats umsetzt. Der vom Gewerkschaftstag gewählte Kontrollausschuss hat sieben Mitglieder, die keine anderen Funktionen in der IG Metall ausüben dürfen.

Zur Revision: Bei der IG Metall prüfen auf lokaler, bezirklicher und zentraler Ebene RevisorInnen die Finanzen und berichten der Delegiertenversammlung.

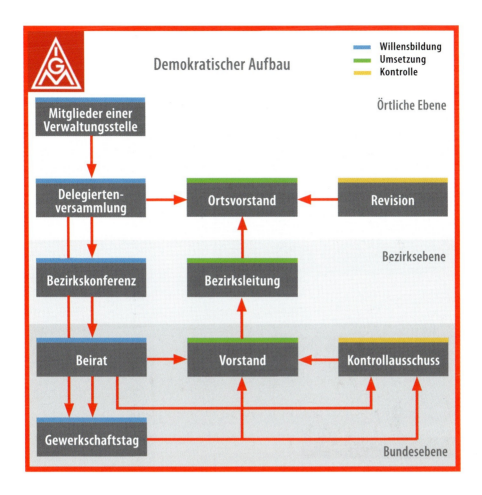

Die Industriegewerkschaft Bergbau, Chemie, Energie (IG BCE)[70]

Die IG BCE ist eine starke demokratische Gemeinschaft. Die Basis der Organisation bilden die Ortsgruppen und Vertrauenskörper, die auf dieser Ebene gleichberechtigt nebeneinander stehen. Hierauf bauen weitere Einheiten wie der Bezirk, der Landesbezirk und der Hauptvorstand auf.

Die IG BCE ist eine mitgliederstarke Gewerkschaft. Um eine mitgliedernahe Betreuung zu gewährleisten, ist eine räumliche Aufteilung vorgenommen worden. Insgesamt gibt es 44 Bezirke, die sowohl flächenmäßig als auch von ihrer Mitgliederzahl her überschaubar sind. Diese Tatsache wirkt sich insbesondere au-

---

[70] Die Beschreibung der Organisationsstruktur ist der Internetseite der IG BCE entnommen, *http://www.igbce.de/portal/site/igbce/organisationsstruktur/*.

ßerhalb der industriellen Zentren positiv für die Mitglieder aus. Ohne großen Zeit- und Reiseaufwand kann jedes IG-BCE-Mitglied seine zuständige Bezirksleitung erreichen. Bei einer Anzahl von 44 Bezirken muss sichergestellt sein, dass eine optimale Abstimmung in gewerkschaftlichen und politischen Themen gewährleistet ist. Zu dieser Koordination stehen acht Landesbezirke zur Verfügung. Diese sind die Landesbezirke Baden-Württemberg, Bayern, Hessen/Thüringen, Nord, Nordost, Nordrhein, Rheinland-Pfalz/Saarland und Westfalen. Eine Hauptaufgabe der Landesbezirke besteht darin, die in ihren Bereich fallenden

Bezirke bei der Koordinierung der gemeinsamen Aufgaben zu unterstützen. Schwerpunktaufgaben hierbei sind, die von den Landesbezirksdelegierten-Konferenzen beschlossenen Anträge zu bearbeiten beziehungsweise weiterzuleiten, die überbezirkliche Tarifarbeit zu koordinieren, gewerkschaftliche Themen in die Politik der Landesregierungen einzubringen und in die Landesgremien der unterschiedlichsten Organisationen (DGB, Selbstverwaltung der Sozialversicherungen) VertreterInnen zu entsenden, um gewerkschaftliche Positionen zu vertreten.

Eine Vielzahl von weiteren Aufgaben wie etwa die Bildungs- und Personengruppenarbeit bieten sich zudem für die Landesbezirke an. Der Landesbezirk ist neben dem Bezirk ein weiterer wichtiger Knotenpunkt, um die Funktionärinnen und Funktionäre in ihrer praktischen Arbeit zu unterstützen.

Die Statuten der IG BCE

„§ 3 Grundsatz, Ziele und Aufgaben

1. Die IG BCE bekennt sich zu den unverrückbaren Grundsätzen der Demokratie in Staat, Wirtschaft und Gesellschaft. Die Verteidigung dieser Grundsätze schließt die Wahrnehmung des Widerstandsrechtes (Artikel 20 Absatz 4 Grundgesetz) ein.

2. Auf der Grundlage von Mitbestimmung und Mitverantwortung wird die IG BCE zur Wahrung der wirtschaftlichen und sozialen Interessen sowie zur Verbesserung der Lebensbedingungen der Arbeitnehmer und Arbeitnehmerinnen eintreten.

3. Das Eintreten für soziale Gerechtigkeit, Gleichberechtigung von Frauen und Männern, Chancengleichheit und der Schutz der Umwelt sind zentrale Anliegen der politischen Arbeit der IG BCE.

4. Die IG BCE ist unabhängig von politischen Parteien und anderen gesellschaftlichen Institutionen und bekräftigt ihr Bekenntnis zu den bewährten Prinzipien der Einheitsgewerkschaft."[71]

---

[71] Quelle: Satzung der IG-BCE-Ortsgruppen, *http://www.igbce-bergaufsicht-ruhr.de/satzung.html*.

Mitgliederstand, Einzugsgebiet[72] und politische Verbindungen

Die IG BAU, das sind mehr als 300.000 Mitglieder aus dem Baugewerbe, der Baustoffindustrie, der Entsorgung und dem Recycling, aus der Agrar- und Forstwirtschaft, der Gebäudereinigung und dem Gebäudemanagement, aus dem Umwelt- und Naturschutz im Bundesgebiet.

Die IG BCE hat ca.700.000 Mitglieder aus dem Bergbau, der Chemie und der Energie im ganzen Bundesgebiet. In Hannover sind ca. 21.000 Kolleginnen und Kollegen Mitglieder bei der IG BCE.

Zur Verflechtung der Gewerkschaften mit der Politik: Vor dem Zweiten Weltkrieg gab es in Deutschland viele verschiedene Gewerkschaften: christliche Gewerkschaften, kommunistische Gewerkschaften, liberale Gewerkschaften usw. Das führte dazu, dass die ArbeiterInnenbewegung und die Gewerkschaften in der Weimarcr Republik zersplittert und in vielen politischen Fragen uneins waren. Letztlich war das auch einer der Gründe, dass die Gewerkschaften nicht die Kraft hatten gemeinsam gegen die NSDAP und gegen Adolf Hitler geschlossen Gegenwehr zu leisten, etwa durch einen Generalstreik.

Daraus hat man nach dem Krieg und bei der Wiedergründung der Gewerkschaften – zumindest in Westdeutschland – gelernt: Es galt nun das Prinzip der Einheitsgewerkschaft. Die wesentlichen Grundzüge dieses Modells besagen, dass die Gewerkschaften zwar nicht politisch neutral, aber auf alle Fälle parteipolitisch unabhängig sein wollten. Das heißt, dass man sich sehr wohl zu politischen Fragen äußert, sich aber niemals einer Partei oder einem Parteiprogramm zuordnet. Außerdem vertritt die Einheitsgewerkschaft den Standpunkt „ein Betrieb = eine Gewerkschaft", damit in einem Betrieb für alle ArbeitnehmerInnen nur ein Tarifvertrag gilt. Besonders in den 50 Jahren der Bundesrepublik waren viele Funktionärinnen  bzw. -funktionäre und viele Gewerkschaftsvorstände auch Mitglied der SPD und einige Mitglied der CDU. Dabei wurde in der Öffentlichkeit aber immer getrennt zwischen der Funktion als GewerkschafterIn oder als Parteimitglied. Inzwischen ist es nicht mehr unbedingt die Regel, dass Gewerkschaftsfunktionärinnen bzw. -funktionäre auch Mitglied einer Partei sind. Und wenn sie Mitglied einer Partei sind, so sind sie auch Mitglied der Linken und der Grünen und nicht mehr allein der SPD oder der CDU.

---

[72] Quelle: Broschüre der IG BAU, online unter *http://ms.igbauonline.de/download/Broschuere_Zukunft_mit_uns%282%29.pdf.*

Aktueller Schwerpunkt der IG BCE – die Kampagne „Gute Arbeit"[73]

Wir machen „Gute Arbeit" – Unter diesem Motto steht die arbeitspolitische Offensive der IG BCE. Sie thematisiert die aktuellen Herausforderungen der Ar-

beitswelt. Dabei geht es um wachsenden Arbeits- und Leistungsdruck, die Entgrenzung von Arbeit und Leben sowie wachsende Unsicherheit bei den Beschäftigten durch die Liberalisierung der Arbeitswelt. Die Kampagne stellt die Sicht der Beschäftigten in den Focus und vermittelt „Die IG BCE setzt sich für Sie ein!" Mit einem eigenen Blog lädt die IG BCE alle Interessierten zum Mitmachen ein. Natürlich finden sich dort auch Informationen rund um die Kampagne und ihre Themen, sowie ein breites Spektrum an Materialien für Aktionen in den Betrieben und vor Ort.

Gewerkschaftliche Bildung

Anbieter, Aufbau und AnsprechpartnerInnen

In Deutschland ist Bildung Sache der Bundesländer, egal, ob es ich um Elementarbildung, universitäre Bildung oder um Erwachsenenbildung handelt. Dies hat zum Teil auch Auswirkungen auf die Angebotsstruktur und die Anbieter gewerkschaftlicher Bildung. In den Bundesländern, in denen es eine ausgebaute Erwachsenenbildungsstruktur gibt, wie etwa in Niedersachsen, arbeiten die Gewerkschaften mit vom Land anerkannten Trägern der Erwachsenenbildung zusammen. In Bundesländern, in denen das nicht oder kaum der Fall ist, bieten die Gewerkschaften selbst Seminare auf Landesbezirksebene an. Die Zusammenarbeit mit anerkannten Trägern wie in Niedersachsen spart einerseits Mitgliedsbeiträge, weil das fachkundige Personal bei den Kooperationspartnern genutzt werden kann, und andererseits zahlt das Land auch noch finanzielle Zuschüsse für die Seminare der Erwachsenenbildung.

In Niedersachsen gibt es folgende Kooperationspartner für alle Gewerkschaften: die Heimvolkshochschule Springe und die Heimvolkshochschule Hustedt, die Bildungsvereinigung Arbeit und Leben Niedersachsen sowie das Bildungswerk ver.di. Diese Kooperationspartner organisieren für die Gewerkschaften in Niedersachsen die Bildungsarbeit für Mitglieder, Vertrauensleute und Betriebsratsmitglieder.

---

[73] Die Beschreibung der Kampagne „Gute Arbeit" ist dem Internetportal der IG BCE entnommen, *http://www.igbce.de/portal/site/igbce/kampagnen_und_initiativen/*.

Auf Bundesebene wird die Bildungsarbeit in der Regel zentral von den Gewerkschaften selbst organisiert. Dafür gibt es bei den Vorständen eigenes Personal, das ein Bildungsprogramm erstellt und die Seminare organisiert (ReferentInnen verpflichten, Konzeptionen erstellen, Häuser bzw. Hotels anmieten). Fast alle dieser Seminare finden in den eigenen Schulen, den zentralen Bildungsstätten der jeweiligen Gewerkschaften, statt. So hat die IG Metall für ihre 2,3 Millionen Mitglieder acht Bildungsstätten und die Industriegewerkschaft Bergbau, Chemie, Energie für ihre knapp 700.000 Mitglieder drei Bundesschulen. Der Deutsche Gewerkschaftsbund (DGB) hat darüber hinaus noch bundesweit ein eigenes Angebot für alle Gewerkschaften. Dieses Angebot richtet sich sowohl an einfache Mitglieder, als auch an Funktionärinnen und -funktionäre sowie an Betriebsrätinnen und -räte.

In den vergangenen Jahren sind private Anbieter für Betriebsratsseminare stark gewachsen. Da Veranstaltungen nach § 37 Abs. 6 Betriebsverfassungsgesetz von der ArbeitgeberIn bzw. vom Arbeitgeber bezahlt werden müssen, sind solche Qualifizierungsmaßnahmen auch für diese privaten Anbieter finanziell sehr lukrativ. Oft finden diese Seminare in erstklassigen Hotels mit besonders teuren ReferentInnen (ArbeitsrichterInnen, HochschullehrerInnen usw.) statt. Hier hat sich zu den gewerkschaftlichen Anbietern eine starke Konkurrenz aufgetan.

Die Einzelgewerkschaften strukturieren ihre eigenen Seminare und ihr Seminarangebot nach ihrem eigenen Organisationsaufbau. Zu unterscheiden ist zwischen Seminaren, die die Gewerkschaften selbst aus eigenen finanziellen Mitteln bezahlen müssen, und Seminaren für Betriebsrätinnen und Betriebsräte (oder Personalrätinnen/-räte), die der/die ArbeitgeberIn bezahlen muss. Außerdem ist zu unterscheiden, welche Ebene der Gewerkschaft diese Seminare organisiert, das heißt, ob sie von der örtlichen Ebene (Verwaltungsstelle/Bezirk), der Ebene des Landesbezirks (Bundesland) oder auf der Bundesebene organisiert werden.

Grundlagenseminare finden bei nahezu allen Gewerkschaften auf der örtlichen oder landesbezirklichen Ebene statt. Sie sind als Wochenendseminare, als Wochenseminare, Dreitagesseminare mit Unterkunft und Verpflegung, und auch – in geringem Umfang – als Tagesveranstaltungen organisiert. Erst nachdem man die Grundseminare auf lokaler/landesbezirklicher Ebene absolviert hat, kann man in der Regel an Seminaren teilnehmen, die auf Bundesebene an den zentralen eigenen Bundesschulen angeboten werden.

Zu unterscheiden ist immer nach Seminarangeboten für Betriebsrätinnen und -räte und Seminaren für Vertrauensleute/Mitglieder. Bei Seminaren für Betriebsrätinnen und Betriebsräte (für Personalrätinnen/-räte gilt dies etwa analog) muss nach gesetzlichen Regelungen differenziert werden: Zum einen müssen Seminare, die Kenntnisse vermitteln, welche das einzelne Betriebsratsmitglied für die Ausübung seiner Funktion benötigt, von der Arbeitgeberin bzw. vom Arbeitgeber bezahlt werden. Dazu zählen etwa arbeitsrechtliche Kenntnisse und Fachwissen in Tariffragen. Die entsprechende Regelung findet man im § 37 Abs. 6 BetrVG. Hierbei beschließt der Betriebsrat als Gremium, dass es solche Kenntnisse benötigt und benennt ein Betriebsratsmitglied, das an dieser Schulung teilnehmen soll. Diesen Beschluss kann die Arbeitgeberin bzw. der Arbeitgeber letztlich nur über eine Klage beim Arbeitsgericht abwehren, wenn sie/er nicht der Meinung ist, dass der Betriebsrat das in diesem Seminar angebotene Wissen benötigt. Zum anderen gibt es auch Seminare, die das einzelne Betriebsratsmitglied besuchen kann, um seine allgemeinen Kenntnisse zu verbessern – damit es zur intellektuellen „Waffengleichheit" mit den meist akademisch vorgebildeten ArbeitgebervertreterInnen kommen kann. Hierzu kann man etwa Seminare zur Rhetorik, zu Ökonomie und Wirtschaftswissenschaft zählen, aber auch Seminare zu allgemeinen politischen Fragen. Die Freistellung für diese Seminare ist ebenfalls im Betriebsverfassungsgesetz, und zwar im § 37 Abs. 7 BetrVG, geregelt. Neugewählte Betriebsrätinnen und -räte erhalten nach dieser Regelung vier Wochen, alle anderen drei Wochen Freistellung von der Arbeit (bei Lohnfortzahlung) für den Besuch dieser Seminare. Die Seminarkosten nach § 37 Abs. 7 BetrVG muss die ArbeitgeberIn bzw. der Arbeitgeber nicht tragen. Daher werden die Kosten hierfür im Allgemeinen von den Gewerkschaften übernommen.

Außerdem gibt es auf der örtlichen, der landesbezirklichen und auf der Bundesebene ein reichhaltiges Seminarangebot für Gewerkschaftsmitglieder, Vertrauensleute und für die unterschiedlichsten Zielgruppen (Frauen, Jugend, Schwerbehinderte) oder zu bestimmten Themen (Mitgliederwerbung, allgemeinpolitische Themen). Die Kosten für diese Seminare werden in der Regel von den Gewerkschaften getragen.

Hierbei ist zu unterscheiden zwischen Seminaren, die keine Freistellung von der Arbeit erfordern – etwa Wochenendseminare – und Seminaren, die eine Freistellung erforderlich machen – etwa 3-Tages- oder Wochenseminare.

In den Bundesländern gibt es oftmals ein Bildungsurlaubsgesetz, das regelt, dass ArbeitnehmerInnen für eine Weiterbildungsmaßnahme von der Arbeit – bei Fortzahlung ihrer Bezüge – freigestellt werden können. In Niedersachsen gibt es ein Bildungsurlaubsgesetz, das eine Freistellung für jeden/jede ArbeitnehmerIn von fünf Tagen für den Besuch eines Seminars bei Fortzahlung der Bezüge ermöglicht. In vielen, aber nicht in allen Bundesländern, gibt es vergleichbare gesetzliche Regelungen. Selbstverständlich können an diesen Seminaren auch Betriebsratsmitglieder teilnehmen, allerdings dann nicht in ihrer Funktion als Betriebsrätin bzw. Betriebsrat, sondern als ArbeitnehmerIn.

Als AnsprechpartnerInnen stehen einerseits hauptamtlich für Bildung Verantwortliche in den Gewerkschaften und andererseits Ehrenamtliche vor Ort zur Verfügung. In vielen größeren Betrieben gibt es Vertrauensleute oder Mitglieder des Betriebsrats, die sich dafür bereit gefunden haben, die gewerkschaftliche Bildungsarbeit vor Ort, das heißt im Betrieb, zu organisieren. Sie sind im Betrieb AnsprechpartnerInnen für Bildung. Man nennt sie – je nach Gewerkschaft – Bildungsverantwortliche, Bildungsobleute usw.

Beim hauptamtlichen Personal der Gewerkschaften gibt es auf allen verschiedenen Ebenen Gewerkschaftssekretärinnen und -sekretäre, die für die Bildung in ihrem Zuständigkeitsbereich verantwortlich sind.

Gewerkschaftliche Lehrgänge

Die Europäische Akademie der Arbeit in der Universität Frankfurt am Main (EAdA), die aus der Akademie der Arbeit (AdA) hervorgegangen ist, ist eine gemeinnützige Stiftung zum Zweck der Lehre und Forschung. Sie bildet Arbeitnehmerinnen und Arbeitnehmer für ihre Aufgaben im wirtschaftlichen und öffentlichen Leben aus und fördert dadurch Wissenschaft, Erziehung und Berufsbildung.

Früher gab es noch die Sozialakademie in Dortmund, die auf eine Laufbahn als GewerkschaftssekretärIn vorbereitet hat.

Vereinzelt werden mehrwöchige Seminare, etwa in der Heimvolkshochschule Hustedt, gefördert. Hieran können Betriebsrätinnen und -räte oder engagierte GewerkschafterInnen teilnehmen. Sie dienen der Orientierung, ob man später vielleicht bei einer Gewerkschaft hauptamtlich tätig werden will, oder ob man diese Fortbildung auch nur für die eigene (berufliche) Orientierung nutzt.

Innerhalb der großen Gewerkschaften IG Metall, IG BCE und ver.di gibt es eine systematische Fortbildung der hauptamtlichen Gewerkschaftssekretärinnen und -sekretäre. Sie müssen an diesen Fortbildungsangeboten verpflichtend teilnehmen.

Die HVHS Springe hat mit der Leibniz-Universität Hannover einen Kooperationsvertrag geschlossen. So können Betriebsrätinnen und Betriebsräte an einem Studiengang „Arbeitswissenschaften" teilnehmen, den sie mit einer Prüfung abschließen und über den sie Creditpoints erlangen können, die dann bei einem späteren Bachelor-Studium als Studienleistung anerkannt werden. Über diesen Weg ist es Betriebsrätinnen und -räten möglich, auch ohne Abitur bzw. Matura an einer Universität zu studieren.

Bildungshäuser der Gewerkschaften und (bildungs-)politische Veranstaltungen

Es gibt zentrale Bundesschulen auf der Ebene der Bundesrepublik Deutschland. Zuständig hierfür ist der/die BildungssekretärIn und die Abteilung Bildung im Vorstand/Hauptvorstand der jeweiligen Gewerkschaft bzw. das für Bildung zuständige Vorstandsmitglied im Hauptvorstand bzw. im Vorstand der Gewerkschaft. Auf Länderebene gibt es in der Regel eine Kooperation mit Weiterbildungspartnern wie etwa in Niedersachsen mit der HVHS Springe und der HVHS Hustedt. Dort, wo es keine Bildungshäuser und Bildungspartner gibt, finden die Seminare in Hotels oder ähnlichen Einrichtungen statt.

Die Gewerkschaft bietet auch Seminare zur politischen Bildung an, etwa zu aktuellen Themen wie Wirtschaftskrise, Zukunft der Arbeit, Leiharbeit, Mediengesellschaft usw. Diese Seminare werden auch für bestimmte Zielgruppen angeboten: Vertrauensleute, Frauen und Jugend.

Internationale Aktivitäten der Gewerkschaften

Auf Bundesebene gibt es bei den Vorständen eigene Abteilungen und Sekretärinnen bzw. Sekretäre, die für die internationale Arbeit zuständig sind. In der Regel sind über den zuständigen Europäischen Gewerkschaftsbund auch AnsprechpartnerInnen in Brüssel vorhanden: Bei der IG BCE etwa die EMCEF (European Mine, Chemical and Energy Workers' Federation) und bei der IG Metall die EMF (European Metalworkers' Federation), also der europäischen Metallarbeiter-Bund.

Die Mitgliedsgewerkschaften des Europäischen Metallgewerkschaftsbundes (EMB), der Europäischen Föderation der Bergbau-, Chemie- und Energiegewerkschaften (EMCEF) und des Europäischen Gewerkschaftsverbandes Textil, Bekleidung, Leder (EGV-TBL) haben ein gemeinsames Interesse daran, eine stärkere Stimme für die Industriebeschäftigten zu bilden. Sie glauben, dass die Gründung eines neuen europäischen Dachverbandes der Industriegewerkschaften die Gelegenheit bietet, die Kapazitäten und Ressourcen der drei Gewerkschaftsverbände zusammenzulegen, zu konsolidieren und ihre Stimme deutlich hörbar zu machen. Im nächsten Jahr ist geplant einen Gründungskongress durchzuführen. Zur Vorbereitung ist eine Arbeitsgruppe eingesetzt. In der praktischen internationalen/europäischen Arbeit ist vor allem die Unterstützung der Arbeit von Europabetriebsräten wichtig. Neben der Mitgliedschaft und Mitarbeit in den europäischen Gewerkschaftsbünden, gibt es auch eine Mitarbeit in den internationalen Gewerkschaftszusammenschlüssen.

Trotz dieser internationalen Orientierung sind Auslandspraktika in den Gewerkschaften, mit denen ich Kontakt hatte, nicht geregelt bzw. nicht vorgesehen.

Der Lerneffekt

26 Tage in Deutschland! Für mich war das Praktikum eine große Erweiterung meines Horizonts, denn ich durfte die Arbeit der verschiedenen Gewerkschaftssekretärinnen und -sekretäre, Betriebsrätinnen und -räte, Vertrauensleute und PolitikerInnen hautnah miterleben. Ich kann nicht genau sagen, wo genau für mich der Lerneffekt gewesen ist, denn ich habe jeden Tag etwas anderes für mich mitgenommen. Wichtig war für mich, dass ich einmal den Alltag eines Gewerkschaftssekretärs miterleben durfte! Bis jetzt habe ich immer nur die Sicht des Betriebsrats, der Belegschaft und der Geschäftsführung gekannt. Als SekretärIn ist es sehr wichtig, wie man auf die Betriebsrätinnen und -räte sowie Vertrauensleute zugeht und ihnen das Aktuelle so weitergibt, dass sie es mit voller Überzeugung ebenfalls weiterleiten. Ich denke mir, dass man so die Arbeit der Sekretärinnen und Sekretäre viel mehr zu schätzen lernt, denn ihre Aufgaben sind sicher nicht einfach (wie z. B. an Wahlen und Sitzungen teilzunehmen und beim Werben, bei Kündigungen sowie Schließungen von Betrieben dabei zu sein usw.). Im Großen und Ganzen sind sie immer häufiger mit Problemen konfrontiert und das Gebiet, das sie zu betreuen haben, wird auch immer größer, weil im jeden Unternehmen gespart werden muss – und das ist in Deutschland genauso wie in Österreich.

Wichtig war auch die Sicht der Betriebsratskolleginnen und -kollegen, denn jeder Betriebsrat arbeitet anders in seinen Unternehmen als der andere. Da kommt es nicht auf die Größe an, sondern immer auf die Zusammenarbeit mit dem Betriebsratsorgan. Wichtig ist die Strukturierung und dass ein jedes Mitglied seinen Aufgabenbereich hat, und diesen auch gewissenhaft in seiner Funktion betreut. Firmenpolitisch gibt es natürlich Unterschiede, weil in jeder Firma andere Personen ihre Aufgaben erfüllen! Der eine Chef ist ein Zahlenmensch, der andere hat irgendwo eine soziale Ader. Ein Betriebsrat muss immer wissen, wie er mit den verschiedenen Typen von Menschen umgehen kann.

Sehr lehrreich war auch der Tag, den ich mit dem Mitglied des niedersächsischen Landtags Markus Brinkmann verbracht habe. Da konnte ich genau verfolgen, wie ein Politiker agiert und den Vergleich ziehen, wie man als Gewerkschaft oder als Betriebsrat agieren würde. Das Leben einer Politikerin bzw. eines Politikers vor einer Wahl ist sicher nicht einfach, denn man hetzt von einem Termin zum anderen, um überall präsent zu sein, in der Hoffnung, dass sich das beim Wahlergebnis dann bezahlt macht und man durch das Wahlergebnis belohnt wird.

Hinterm Horizont geht's weiter ...

Für mich ist wichtig, das Gelernte, das Erlebte und die neuen Erfahrungen in Zukunft bei Bedarf auch anzuwenden bzw. auszuprobieren, um zu erfahren, wie es ankommt oder auch, um wiederum neue Erfahrungen dadurch zu sammeln.

Das Leben und Arbeiten in einen anderem Umfeld oder Kulturkreis hat von mir teils wenig und auch teils mehr erfordert. Im beruflichen Sinne habe ich sehr viel daraus gelernt, es hat mir Spaß gemacht und war überaus interessant für mich. Die Menschen waren höflich, sehr hilfsbereit, und bei der Zusammenarbeit mit den Kolleginnen und Kollegen aus Niedersachen hatte ich eine sehr schöne, lehrreiche Zeit, obwohl es manchmal durch meinen Dialekt leichte Verständigungsprobleme gab.

In privater Hinsicht war es natürlich etwas schwieriger, denn das Leben vier Wochen lang getrennt von meiner Familie und Freunden fiel mir nicht leicht. Mit der Zeit fehlt einem auch das eigene Heim und alles, was dazu gehört. Man bekommt dann irgendwann Sehnsucht nach der Heimat und ich denke, dass vier Wochen eine lange Zeit sind, was diese Dinge anbelangt.

Andrea Übelhak,
Deutsche Rentenversicherung München

Zur Organisation, den Statuten und der Verankerung im Staat

Die „Deutsche Rentenversicherung" (DRV) ist für die gesetzliche Rentenversicherung in Deutschland zuständig. Aufgeteilt ist diese Behörde in den Bundesträger und in 16 Regionalträger. Die „Deutsche Rentenversicherung – Bund" umfasst eine Versichertenzahl (ohne Rentenbezug) von ca. 52 Millionen und RentenbezieherInnen von ca. 24 Millionen.

In der „DRV-Bayern Süd" als Regionalträger sind die Regierungsbezirke Niederbayern, Oberbayern und Oberpfalz zusammengefasst, sie betreut eine Versichertenzahl (ohne Rentenbezug) von ca. 2,4 Millionen und RentenbezieherInnen von ca. 1,2 Millionen.

Die „DRV-Bayern Süd" ist eine rechtsfähige Körperschaft des öffentlichen Rechts mit Selbstverwaltung. Alle sechs Jahre wählen die Versicherten und ArbeitgeberInnen die Mitglieder der Vertreterversammlung. Bei den Sozialversicherungswahlen stellen sich keine Parteien zur Wahl, sondern Vereinigungen der ArbeitgeberInnen und der Versicherten. Das sind zum Beispiel Gewerkschaften oder Arbeitgeberverbände. Über die Sozialversicherungswahlen können die Ver-

sicherten und ArbeitgeberInnen Einfluss auf die gesetzliche Rentenversicherung nehmen. Die Sozialwahl wird durch Briefwahl durchgeführt, allen Versicherten werden Stimmzettel zugesandt.

Die Selbstverwaltung wird paritätisch durch die Versicherten und die ArbeitgeberInnen im Verhältnis 50:50 ausgeübt. Die Selbstverwaltungsorgane des Versicherungsträgers sind die Vertreterversammlung und der Vorstand.

Die Vertreterversammlung (DRV-Bayern Süd) besteht aus je 15 VertreterInnen der Versicherten und der ArbeitgeberInnen. Der Vorstand (Deutsche Rentenversicherung – Bayern Süd) besteht aus je sechs VertreterInnen der Versicherten und der ArbeitgeberInnen. Dem Vorstand gehört die Geschäftsführung mit beratender Stimme an. Im Gegensatz zur Selbstverwaltung der österreichischen Sozialversicherungsträger gibt es keinen fixen Stellvertreter bzw. keine Stellvertreterin für ein Mitglied. Wenn ein Mitglied verhindert ist, wird es durch einen Stellvertreter bzw. eine Stellvertreterin einer Vorschlagsliste vertreten. Je nach Verfügbarkeit in der Reihenfolge ihrer Aufstellung.[74]

Aktuelle Schwerpunkte der Deutschen Rentenversicherung – das Beispiel „Medizinisch-beruflich orientierte Rehabilitation"

Einen der wichtigsten Schwerpunkte der letzten Jahre stellt auch in Deutschland die „Medizinisch-beruflich orientierte Rehabilitation" dar. Unter dem Schlagwort „Medizinisch-beruflich orientierte Rehabilitation" entstanden in den letzten Jahren berufsorientierte diagnostische und therapeutische Konzepte. Ihre Wirksamkeit konnte in verschiedenen Studien nachgewiesen werden, zum Beispiel als Verbesserungen berufsbezogener Einstellungen und Motivation oder eine erfolgreichere berufliche Integration. Die Rentenversicherung hat sich zum Ziel gesetzt, eine deutlichere berufliche Orientierung der medizinischen Rehabilitation in den Reha-Einrichtungen zu verankern.

Unter arbeits- und berufsbezogener Orientierung versteht man die verstärkte Ausrichtung des Rehabilitationsprozesses auf gesundheitsrelevante Faktoren des Arbeitslebens, deren frühzeitige Identifikation und das Angebot an Rehabilitationsleistungen, die den Verbleib des Patienten/der Patientin in Arbeit und Beruf fördern bzw. seine/ihre Wiedereingliederung erleichtern.

Phase I einer beruflichen Rehabilitation (Teilhabe am Arbeitsleben)

Im Vorfeld einer beruflichen Rehabilitation (Teilhabe am Berufsleben) wird mitunter eine sogenannte „Belastungsprobe" der DRV empfohlen. Es gibt drei verschiedene Varianten: interne Belastungserprobung, externe Belastungserprobung und spezifische Erprobung (Dauer meist sechs Wochen).

Die „interne Belastungserprobung" wird in den Bereichen der Psychosomatik und Neurologie eingesetzt. Dabei wird in Spezialkliniken, die über „Probe"-Arbeitsplätze verfügen, die Leistungsfähigkeit der Versicherten überprüft. Zur Beurteilung der Leistungsfähigkeit im Erwerbsleben werden standardisierte arbeits- und berufsbezogene Aktivitäten durchgeführt. Aufgrund dieser objektiven Ergebnisse und der Verhaltensbeobachtungen wird das qualitative und quantitative, zeitlich abgestufte Leistungs- und Fähigkeitsprofil ermittelt. Durch das Erfassen der personen- und umweltbezogenen Kontextfaktoren werden mögliche Barrie-

---

[74] Link zur Satzung der Deutschen Rentenversicherungsanstalt: *http://www.deutsche-rentenversicherung-bayernsued.de/cae/servlet/contentblob/56318/publicationFile/14006/Satzung%20DRV-BYS.pdf*.

ren für eine Berufsausübung erkannt, offengelegt und Förderfaktoren zur Teilhabe am Arbeitsleben erarbeitet, vermittelt, angeregt und/oder umgesetzt. Das ermittelte Fähigkeitsprofil und die gewonnenen Erkenntnisse bilden auch die Grundlage für weitere rehabilitative Maßnahmen.

Eine „externe Belastungserprobung" wird meist bei psychosomatischen Problemen eingesetzt. Diese dafür ausgestatteten Spezialkliniken haben Partnerschaften mit Unternehmen in der Umgebung, an denen die Leistungsfähigkeit der Versicherten überprüft wird. Bei der externen Belastungserprobung sind die Teilnehmenden an einem konkreten Arbeitsplatz den üblichen Arbeitsbedingungen ausgesetzt und bekommen die dort anfallenden Arbeiten übertragen (z. B. im Verkauf Ware einsortieren und auszeichnen sowie KundInnen beraten). Die berufliche Realität wird konkret in die medizinische Rehabilitation einbezogen. Durch die Konfrontation mit dem Berufsalltag werden berufliche Ressourcen und Einschränkungen verdeutlicht. Die PatientInnen können dort ihre somatische und psychische Belastbarkeit erproben, berufsrelevantes Kommunikations- und Interaktionsverhalten analysieren und anwenden sowie neue Strategien einüben. Sie erstellen strukturierte Protokolle von jedem Arbeitstag und erwerben eine realistische Selbsteinschätzung durch Gegenüberstellung von standardisierter Selbst- und Fremdbeurteilung der erlebten und gezeigten Haltungen, Leistungen und Kompetenzen. Dabei werden sie begleitet durch Einzelgespräche mit PsychotherapeutInnen und Dipl.-SozialarbeiterInnen. Die Belastungserprobung wird so zu einer Grundlage für die sozialmedizinische Einschätzung und gibt Hinweise auf weiterführende Maßnahmen.

Eine „spezifische Erprobung" der Belastung befindet sich noch im Modellstatus und wird in den Bereichen der Orthopädie, Neurologie sowie Kardiologie eingesetzt. Im Rahmen der Maßnahme wird versucht, die neuropsychologische Belastungsdiagnostik mit einer realitätsnäheren berufsbezogenen Erprobung zu verzahnen, um die Vorteile beider Ansätze zu kombinieren. Die berufsbezogene Erprobung kommt durch Vernetzung mit externen berufsfördernden Einrichtungen bzw. KooperationspartnerInnen zustande. Der/die KooperationspartnerIn ist AuftragnehmerIn der Spezialklinik; er/sie wird vom ärztlich-therapeutischen Team mit konkreten Fragestellungen und Aufgaben dann eingeschaltet, wenn das Team dies zur Absicherung der Rehabilitationsprognose oder zur Förderung der Problemeinsicht des Rehabilitanden/der Rehabilitandin für sinnvoll hält. Die zuständigen Ärztinnen und Ärzte erstellen ein vorläufiges positives und negatives Leistungsbild, das von der Reha-Beratung zusammen mit einem beruflichen Anforderungs- bzw. Tätigkeitsprofil und der schriftlichen konkreten Fragestellung dem/der AuftragnehmerIn zugeleitet wird. Diese/r setzt kurzfristig eine geeignete Erprobungsmaßnahme um und gibt schriftliches Feedback über das Ergebnis der Erprobung.

Phase II einer beruflichen Rehabilitation

Nachdem bei der „Belastungserprobung" festgestellt wurde, zu welchen Tätigkeiten der/die Versicherte noch imstande ist, wird über weitere Maßnahmen entschieden, wie beispielsweise:

Umschulung – Erlernen eines neuen Berufes

Dabei handelt es sich um die Erlernung eines Lehrberufes, wobei die Ausbildung für Erwachsene auf zwei Jahre reduziert wurde und mit einer Abschlussprüfung endet. Für Menschen mit besonderen Bedürfnissen gibt es „Berufsförderungswerke".

Betriebliche Umschulung

In diesem Fall sucht sich der/die Versicherte selbst einen Betrieb, der bereit ist ihn/sie auszubilden, und die DRV bezahlt dem/der Versicherten das Übergangsgeld, der Arbeitgeberin bzw. dem Arbeitgeber entstehen quasi keine Kosten. Dabei besucht der/die Versicherte eine Berufsschule wie auch alle anderen Auszubildenden.

Kaufmännische Übungsfirmen

Es gibt kaufmännische Übungsfirmen, in denen der Umgang mit Computern und die Organisation eines Büros erlernt werden (Dauer: neun Monate). Anschließend wird bei einem Unternehmen ein dreimonatiges Praktikum absolviert. Die DRV zahlt auch in diesem Fall das Übergangsgeld.

Integrationsmaßnahmen

Eine Integrationsmaßnahme wird meist in Fällen von psychischen Erkrankungen angeboten. Diese Maßnahme dauert sieben Monate und das Ziel dabei ist, die Arbeitsfähigkeit des/der Versicherten zu stabilisieren sowie seine/ihre Fähigkeiten und Kompetenzen zu fördern, damit er/sie auf den Arbeitsmarkt vorbereitet ist.

Eingliederungszuschuss

Die DRV zahlt Zuschüsse zum Arbeitsentgelt (meist 50 Prozent des Bruttolohns) an ArbeitgeberInnen, die eine Versicherte bzw. einen Versicherten mit gesundheitlichen Handikaps im Betrieb aufnehmen. Für die Zeit der Einarbeitung dient der Eingliederungszuschuss dazu, die verminderte Leistungsfähigkeit des/der Versicherten abzugelten.

Gründungszuschuss

Für Versicherte, die arbeitslos sind, gibt es die Möglichkeit des Gründungszuschusses. Das heißt: Macht sich der/die Versicherte selbstständig, dann zahlt die DRV für neun Monate in der Höhe des zuletzt bezogenen Arbeitslosengeldes (+ SV-Beiträge) den Gründungszuschuss.

Angriffe auf die Deutsche Rentenversicherung

Die Deutsche Rentenversicherung kämpft nicht anders als die gesetzliche Pensionsversicherung in Österreich mit Angriffen der privaten Vorsorgeanbieter und deren Argument, dass das Umlageverfahren aufgrund der demografischen Entwicklung in Zukunft nicht mehr leistbar sein wird.

Eine Maßnahme zum Gegensteuern der steigenden Lebenserwartung und der sinkenden Geburtenzahlen ist die stufenweise Anhebung der Altersgrenze für die Regelaltersrente von bisher 65 Jahren auf das 67. Lebensjahr (beginnend mit dem Jahr 2012, abgeschlossen bis zum Jahr 2029). Diese Anhebung wurde als rentenpolitische Maßnahme eingeführt, um die gesetzlichen Beitrags- und Niveausicherungsziele einhalten zu können. Meine persönliche Meinung dazu: Sollte die demografische Entwicklung der nächsten Jahre wirklich zu Engpässen bei der Auszahlung der Renten führen, dann besteht dieses Problem nicht nur für die gesetzliche Rentenversicherung, sondern auch für die privaten Vorsorgeanbieter. Bei den privaten Anbietern kommt noch die Problematik der finanziellen Veranlagung hinzu, wie die Finanzkrise deutlich gezeigt hat.

Methoden und Kampagnen der DRV

Themensprechtage

Die Auskunfts- und Beratungsstellen der Deutschen Rentenversicherung halten Sprechtage zu festen Themengebieten ab. Beispiele sind die sogenannten „Internationalen Sprechtage" zu Rentenversicherungsfragen mit Auslandsbezug, besonders mit Blick auf die Anrainerstaaten (zum Beispiel Beschäftigung in mehreren Staaten), sowie „Tage der kurzen Wege" (Beratungen, an denen sich mehrere Institutionen wie zum Beispiel Finanzamt, Krankenkassen und Zusatzversorgungskassen beteiligen) oder Altersvorsorgetage.

Vorträge und Seminare

Für Versicherte der Deutschen Rentenversicherung gibt es regelmäßig die Gelegenheit, kostenlos an Informationsveranstaltungen und Vorträgen sowie Seminaren teilzunehmen. Weiters besteht die Möglichkeit, einen Vortrag vor Ort (z. B. in der Firma) für die gesamte Belegschaft zu organisieren.

Rentenblicker

Der „Rentenblicker" (*www.rentenblicker.de*) erleichtert jungen Menschen zwischen 16 und 25 Jahren den Einstieg in das Thema „Altersvorsorge". In einem Mix aus Information und Service wird deutlich, wo die gesetzliche Rentenversicherung bereits für junge Leute bedeutsam ist – zum Beispiel, wenn es um eine Umschulung oder eine frühzeitig notwendige Erwerbsminderungsrente geht. Er zeigt aber auch, warum man sich bereits als junger Mensch mit Fragen der zusätzlichen Altersvorsorge beschäftigen sollte.

Dreh- und Angelpunkt des „Rentenblickers" ist das Internetportal. Hier sind die Informationen über die gesetzliche Rentenversicherung auf die Lebenssituation junger Menschen zugeschnitten – sei es bei Fragen zur Ausbildung, zum Wehr- und Zivildienst oder zu den Leistungen für junge Familien.

Altersvorsorge macht Schule

Gemeinsam mit der Bundesregierung, dem Deutschen Volkshochschul-Verband und weiteren Partnern wirkt die Deutsche Rentenversicherung mit rund 400 ReferentInnen an „Altersvorsorge macht Schule" (*www.altersvorsorge-macht-schule.de*) mit. Hierbei handelt es sich um Kurse, in denen nicht nur über die gesetzliche Rentenversicherung informiert wird, sondern auch über etwaige private Vorsorgemöglichkeiten.

eService

Wer möchte, kann alle Informationen zu seinem persönlichen Rentenkonto auch von zu Hause aus abrufen. Dieses Angebot wird eService genannt. Damit kann man sich beispielsweise per Internet über den persönlichen Versicherungsverlauf informieren, die bisher erworbenen Ansprüche abrufen oder die voraussichtliche Rente hochrechnen lassen. Damit diese vertraulichen Daten geschützt bleiben (Datenschutz), wird eine spezielle Signaturchipkarte benötigt, ähnlich der Bürgercard in Österreich.

Widerspruchsverfahren und ArbeitnehmerInnenvertretung vor Gericht

Das Widerspruchsverfahren ist einem Sozialgerichtsverfahren vorgelagert, erst mit abgeschlossenem Widerspruchsverfahren ist es möglich, ein Gerichtsverfahren einzuleiten. Wird eine Erwerbsminderungsrente abgelehnt, dann kann der/die Versicherte innerhalb eines Monats ein Widerspruchsverfahren beim Versicherungsträger einleiten. Im Widerspruchsverfahren setzt sich zuerst die Behörde erneut mit ihrem Bescheid auseinander. Wenn der Sozialversicherungsträger zu dem Ergebnis kommt, dass der Widerspruchsführer Recht hat, erlässt sie einen Abhilfebescheid. Kommt der Sozialversicherungsträger zu dem Ergebnis, dass seine Entscheidung nicht zu beanstanden ist, wird die Rechtssache an die Widerspruchskommission abgegeben. Diese Kommission setzt sich aus VertreterInnen der Selbstverwaltung (Vertreterversammlung), also aus ArbeitnehmerInnen, ArbeitgeberInnen und einem/einer VertreterIn, zusammen. Die Widerspruchsstelle kann dem Widerspruch abhelfen oder ihn zurückweisen. Etwa ein Drittel der Widerspruchsverfahren führt zu einem positiven Ergebnis für die Versicherte bzw. den Versicherten. Weist die Widerspruchsstelle den Widerspruch zurück, ist in Angelegenheiten der Rentenversicherung gegen die Entscheidung der Widerspruchsstelle Klage beim Sozialgericht (erste Instanz) möglich.

Durch die bayrischen Gewerkschaftsbünde werden für ArbeitnehmerInnen bei Rentenverfahren keine Vertretungen vor dem Sozialgericht angeboten. Ein Verfahren beim Sozialgericht ist für die Versicherte/den Versicherten kostenlos. Obwohl es auch in Deutschland erstinstanzlich nicht notwendig ist durch einen Rechtsanwalt/eine Rechtsanwältin vertreten zu sein, wird empfohlen, Rat bei RechtsanwältInnen oder RentenberaterInnen einzuholen. Es ist auch möglich, bei Gericht eine Prozesskostenhilfe für die Kosten des Anwalts zu beantragen.

In höheren Instanzen besteht ebenso die Möglichkeit der Prozesskostenhilfe, wenn die voraussichtlichen Kosten ohne Beeinträchtigung des notwendigen Lebensunterhalts nicht aufgebracht werden können. Voraussetzung ist allerdings, dass die beabsichtigte Rechtsverfolgung hinreichende Aussicht auf Erfolg bietet und nicht mutwillig ist.

Ähnlich unserem Kriegsopfer- und Behindertenverband gibt es in Deutschland auch den VdK (Verband der Kriegsbeschädigten). Vertretung durch den VdK erlangt man nur über eine Mitgliedschaft. Der VdK (Verband der Kriegsbeschädigten) versteht sich als Anwalt der sozial schwächeren und benachteiligten Menschen in Deutschland. Der Verein finanziert sich durch Mitgliedschaften und Spenden. Er kämpft für soziale Gerechtigkeit, für Gleichstellung und gegen soziale Benachteiligungen. Als starke Lobby der Mitglieder nimmt der VdK Einfluss auf die Sozialgesetzgebung in Bund und Ländern. Seine Hauptaufgabengebiete sind: Renten- und Behindertenrecht, gesetzliche Kranken-, Pflege- und Unfallversicherung, Prävention und Rehabilitation, Arbeitslosenversicherung und Grundsicherung, Gleichstellung von Menschen mit Behinderung, barrierefreie Gestaltung aller Lebensbereiche sowie soziales Entschädigungsrecht.

Erkenntnisse aus dem Praktikum

Im Laufe der Beratungsgespräche stellte ich fest, dass die deutschen Versicherten mit einer gewissen Gelassenheit akzeptiert haben, dass das Rentenantrittsalter hinaufgesetzt wurde (stufenweise bis zum 67. Lebensjahr). Auffällig war für mich außerdem, dass viele RentnerInnen auch nach dem Rentenantritt einer Beschäftigung nachgehen wollen oder müssen. Denn die Rentenauszahlungshöhe ist in

Deutschland etwa um ein Drittel niedriger als in Österreich, und das, obwohl der Beitragssatz zur gesetzlichen Rentenversicherung in Deutschland 19,90 Prozent beträgt (davon ArbeitnehmerInnen-Anteil 9,95 Prozent, ArbeitgeberInnen-Anteil 9,95 Prozent), während er in Österreich 22,8 Prozent ausmacht (davon ArbeitnehmerInnen-Anteil 10,25 Prozent, ArbeitgeberInnen-Anteil 12,55 Prozent).

Eine weitere Besonderheit: In Deutschland besteht eine Versicherungspflicht in der Krankenversicherung, d. h. es muss eine Krankenversicherung abgeschlossen werden, jedoch kann der/die Versicherte wählen zwischen privater oder gesetzlicher (freiwilliger) Krankenversicherung. Als RentnerIn besteht jedoch nur dann die Möglichkeit, über die gesetzliche Krankenversicherung versichert zu sein, wenn man in der zweiten Hälfte des Erwerbslebens 9/10 über eine gesetzliche Krankenkasse versichert war. Ansonsten muss man auch als RentnerIn die private Krankenversicherung weiter bezahlen. Und das kann für viele RentnerInnen mit geringer Rentenleistung zum Problem werden.

Hinterm Horizont geht's weiter ...

Neu war für mich ... allein in einer fremden Stadt zu leben.

Ich fühle mich bestätigt ... weil ich fast ausschließlich positive Erfahrungen gemacht habe.

Gut gelungen ist mir ... mein berufliches, aber auch privates Netzwerk zu erweitern. Gefreut habe ich mich über ... die nette Aufnahme der MitarbeiterInnen der DRV.

Besonders engagiert habe ich mich ... um verwertbare Informationen „nach Hause zu bringen".

Ich war überrascht, dass es mir gelungen ist ... in so kurzer Zeit mein berufliches und privates Netzwerk zu erweitern.

Polen

Malgorzata Peterseil,
Solidarnosc, Warschau und Olsztyn

Mein Auslandspraktikum habe ich in Polen bei der NSZZ „Solidarnosc" (Unabhängige Selbstverwaltete Gewerkschaft „Solidarität") verbracht, die am 17. September 1980 gegründet worden ist – erster Vorsitzender: Nobelpreisträger Lech Walesa. Sie ist wohl eine der berühmtesten Gewerkschaften im 20. Jahrhundert! Als Organisation, die gegen Kommunismus kämpfte, war die NSZZ „Solidarnosc" in Polen anfangs sehr populär. 1980 hatte sie ca. zehn Millionen Mitglieder, heute sind es nur noch ca. 600.000.

Das Praktikum habe ich in Olsztyn (Allenstein) und Umgebung begonnen. Dort befindet sich unter anderem Michelin Polska S. A. mit ca. 4.700 ArbeiterInnen und Angestellten. Dann ging es nach Warschau, Kattowitz und natürlich Danzig, das Herz von „Solidarnosc", wo sich die Gewerkschaftszentrale befindet.

Von Anfang an wusste ich, dass NSZZ „Solidarnosc" anders strukturiert und auch politisch und religiös stärker engagiert ist als PRO-GE oder andere Gewerkschaften in Österreich. Manchmal hatte ich durch dieses Engagement freilich den Eindruck, dass man dort das Wichtigste vergessen hat: Gewerkschaft ist dazu da, die ArbeitnehmerInnen zu vertreten, und nicht dazu, sich vorwiegend mit der Politik zu beschäftigen.

Natürlich habe ich auch andere Seiten von „Solidarnosc" gesehen. Sehr engagierte Menschen, die Tag und Nacht für Kolleginnen und Kollegen da waren; Menschen, die viel Zeit geopfert haben, um sich als ArbeitnehmervertreterInnen auszubilden, was in Polen nicht leicht ist. Ich habe mit GewerkschafterInnen gesprochen, die vom Arbeitgeber bedroht und gemobbt wurden, wie z. B. die Vorsitzende von „Solidarnosc" im Hotel Sobieski in Warschau, Frau Malgorzata Sokalska, die ungerechtfertigt entlassen wurde.

Die Gewerkschaft NSZZ „Solidarnosc" mag anders funktionieren, wie ich es gewohnt bin, manche Dinge funktionieren dort schlechter als in Österreich (oder, so mein Eindruck während meines Aufenthalts, gar nicht). Aber ich muss zugeben, dass man mich dort sehr herzlich begrüßt und mir den Kontakt mit Menschen ermöglich hat, die mir auf meine Fragen ausführlich und geduldig Antworten gegeben haben. Es ist mir allerdings nicht gelungen, durch „Solidarnosc" Verbindung mit anderen Gewerkschaften aufzunehmen, was ich sehr schade finde.

Dafür habe ich zahlreiche Kontakte geknüpft, die ich natürlich pflegen werde. Und es freut mich, dass sich alle, mit denen ich gesprochen habe, eine Zusammenarbeit mit der PRO-GE sehr gut vorstellen können, den Austausch von Ideen und Erfahrungen interessant finden und hoffen (so wie ich auch), dass mein Praktikum der Beginn von interessanten Freundschaften war.

Schweiz

Martin Bramato,
Unia Zürich

Allgemeines zur Unia

Die Unia ist mit rund 200.000 Mitgliedern und über 10.000 aktiven Vertrauensleuten (Stand Ende 2008) die größte Gewerkschaft der Schweiz und in 14 Regionen mit 45 Sektionen und rund 90 lokalen Sekretariaten vertreten.

Am 16. Dezember 2004 fand der Gründungskongress der Unia statt, die sich seit dem 1. Jänner 2005 um die Anliegen der ArbeitnehmerInnen kümmert. Ihre Vorgängergewerkschaften waren: GBI (Gewerkschaft Bau und Industrie), SMUV (Industrie, Gewerbe, Dienstleistungen), VHTL (Verkauf, Handel, Transport und Lebensmittel) und die „alte" Unia (Dienstleistungssektor). Die Unia ist eine interprofessionelle Gewerkschaft mit folgender Branchenvertretung: Bauhauptgewerbe, Karosseriegewerbe, Coiffeure, Detailhandel, Gastgewerbe, Hauswirtschaft, Maschinenindustrie (MEM), Pharma-AssistentInnen, Reinigung, Sicherheit, Transport und Logistik. Insgesamt ist die Unia in über 100 Branchen, die auf die Sektoren Bau und Gewerbe, Industrie und Dienstleistung verteilt sind, aktiv.

Ich habe mein Praktikum in der Region Zürich Schaffhausen verbracht, die 22.000 Mitglieder vertritt und aus den Sektionen Zürich, Winterthur, Schaffhausen, Amt-Limmat-Horgen und Zürcher Oberland besteht. In den Sektionen schließen sich die Mitglieder nach Berufen, Betrieben oder Sprachen zu Gruppen zusammen. Das ist die Basis für die gewerkschaftlichen Aktivitäten und die demokratische Mitbestimmung. Auch hat die Unia vier Interessengruppen: Frauen, Jugend, MigrantInnen und SeniorInnen. Der gesellschaftliche Nachholbedarf für Frauen ist in der Lohnfrage noch immer hoch, bei den MigrantInnen stellt die fehlende politische Mitbestimmung eine krasse Diskriminierung dar, und die Jugendlichen benötigen genügend Ausbildungsplätze. Auch die SeniorInnen müssen ihre Anliegen lautstark formulieren, damit die verdiente Altersrente nicht zu einem Almosen zusammengekürzt wird. Deshalb ist es wichtig, dass Frauen, MigrantInnen, Jugendliche und SeniorInnen in spezifischen Gruppen organisiert sind. Zusammen formulieren sie ihre Anliegen und treten wenn nötig mit Aktionen in Erscheinung und an die Öffentlichkeit. Natürlich ist die Unia auch Mitglied im Schweizer Gewerkschaftsbund (SGB), der bei Kampagnen mit seinen Gewerkschaften aktiv ist.

Die fünf wichtigsten Mitgliederleistungen der Unia sind Beratung, Arbeitslosenkasse, Informationen, Weiterbildung und Solidarität. Außerdem gibt es weitere attraktive Zusatzleistungen und zahlreiche Vergünstigungen für Gewerkschaftsmitglieder (Schweizer Reisekasse Reka, SBB/Railway, Coop Rechtsschutz, Bank Coop).

Aus den Statuten der Unia – Positionierung, Ziele, Organisationsstruktur

Die Unia vertritt und fördert die sozialen, wirtschaftlichen, politischen, beruflichen und kulturellen Interessen der ArbeitnehmerInnen. Sie steht ein für die tatsächliche Gleichstellung von Frau und Mann in Beruf, Familie und Gesellschaft. Die Unia engagiert sich für die berufliche Aus- und Weiterbildung ihrer Mitglieder und vertritt die Werte der Solidarität, der Gleichheit, der Freiheit, des Friedens und der Nachhaltigkeit. Sie verteidigt die demokratischen und sozialen Grundrechte für alle und kämpft für deren Ausweitung, unabhängig des Geschlechts, der sozialen Stellung oder der Herkunft, der Sprache und des Alters.

Darum setzt sich die Unia für die weltweite Durchsetzung der Arbeits- und Gewerkschaftsrechte ein – solidarisch und Hand in Hand mit der europäischen und globalen Gewerkschaftsbewegung. Die Unia strebt eine Gesellschaft in einer gerechteren Welt an, in der nicht mehr das Kapital, sondern die sozialen Bedürfnisse der Menschen im Zentrum stehen. Dafür arbeitet sie mit fortschrittlichen Bewegungen, Gruppen und Parteien zusammen. Sie setzt sich ein für eine Gesellschaft, in der die Vereinbarkeit von Beruf und Familie möglich ist.

Die Unia ist eine demokratische Mitgliederorganisation, in der die Mitglieder über die wichtigen politischen und strategischen Fragen entscheiden. Engagierte Mitglieder und Vertrauensleute sind die Voraussetzung für erfolgreiche gewerkschaftliche und politische Kampagnen. Und erfolgreiche gewerkschaftliche und politische Kampagnen machen die Unia für die Mitglieder attraktiv. Die Unia organisiert als interprofessionelle Gewerkschaft Arbeitnehmende in Industrie, Gewerbe, Bau und privaten Dienstleistungen wie auch Nichterwerbstätige sowie Rentnerinnen und Rentner. Wesentliche Ziele der Unia sind bessere Lebens- und Arbeitsbedingungen. Der Kampf dafür beruht auf drei Pfeilern: Die Unia kämpft für fortschrittliche Gesamtarbeitsverträge, nimmt Einfluss auf die sozial- und gesellschaftspolitisch relevante Gesetzgebung und bietet ihren Mitgliedern mit professionellen Dienstleistungen zusätzliche Sicherheit und Schutz.

Die Unia ist konfessionell neutral und parteipolitisch unabhängig. Sie will den Organisationsgrad in allen relevanten Branchen des privaten Sektors verstärken und ihren Mitgliederbestand laufend deutlich erhöhen und sich im Tertiärbereich zu einer starken und einflussreichen gewerkschaftlichen Kraft entwickeln.

Zudem will die Unia den Frauenanteil bei den Mitgliedern und bei den Mitarbeitenden steigern. Unia richtet alle Prozesse und Aktivitäten konsequent auf die Mitgliederentwicklung (Mitgliedergewinnung, Mitgliederbindung und Mitgliederbeteiligung) aus, mit dem Ziel, wirksam die Durchsetzung der sozialen Gerechtigkeit zu erreichen.

Das oberste Organ der demokratischen Organisation Unia ist der alle vier Jahre stattfindende ordentliche Kongress. Dieser wählt den Zentralvorstand und die Geschäftsleitung. Zwischen den Kongressen vertritt die Delegiertenversammlung den Kongress als oberstes Organ der Mitglieder.

Der Personalbestand der Unia umfasst ca. 950 MitarbeiterInnen, davon rund drei Viertel in den Regionen. 250 von ihnen sind in der Arbeitslosenkasse tätig, welche 2008 insgesamt 952,191.312 Schweizer Franken brutto ausbezahlt hat (Marktanteil: 26,24 Prozent).

Unia-Interessengruppen

Die bereits erwähnten vier Unia-Interessengruppen (MigrantInnen, Frauen, Jugend, RentnerInnen) sind auf nationaler Ebene, in allen Unia-Regionen und in vielen Sektionen aktiv. Neben den politischen Anliegen kommt bei ihnen auch die soziale Seite des Gewerkschaftslebens nicht zu kurz.

Unia Jugend
Unia Jugend kämpft für die Interessen der jungen Menschen in der Arbeitswelt. Engagierte Unia-Jugendliche setzen sich zusammen mit anderen solidarisch denkenden Menschen für eine bessere Welt ein.

Unia Frauen
Unia Frauen kämpft zuvorderst für die tatsächliche Gleichstellung der Geschlechter in der Arbeitswelt und im Alltagsleben; die Vereinbarkeit von Beruf und sozialem Leben steht ganz oben auf der Prioritätenliste.

Unia 60plus
Die Unia RentnerInnen setzen sich für eine soziale und sichere Altersvorsorge ein und machen die Chancen und Probleme der Menschen im dritten Lebensalter zum Thema.

Unia Migration
Die Unia Migration sorgt dafür, dass die Unia als größte MigrantInnenorganisation der Schweiz für die Chancengleichheit, Beteiligungsrechte und die Aufenthaltssicherheit ihrer Mitglieder ohne Schweizer Pass einsteht – auf politischer Ebene, in der Arbeitswelt und in der Gesellschaft.

Mitgliederbetreuung – die Sektion Zürich als Pilotregion

Die Sektion Zürich ist eine Pilotregion in der Schweiz, in welcher der Arbeitsbereich der Gewerkschaftssekretärinnen und -sekretäre strukturell komplett anders aufgeteilt ist, nämlich in kollektive Mitgliederbetreuung (KMB) und individuelle Mitgliederbetreuung (IMB). Das hat zur Folge, dass die Arbeitsprozesse zwischen der „einzelnen" Mitgliederberatung und Mitgliederbetreuung komplett von der uns bekannten gewerkschaftlichen Sekretärsarbeit losgelöst sind. Durch die Umstellung auf dieses Modell ist mehr Potenzial für die KMB freigesetzt und die Beratung zielgerichteter und qualitativ hochwertiger geworden. Die für die KMB zuständigen Kolleginnen und Kollegen sind für die Definition der Zielvorgaben und für das selbstständige Erreichen derselben verantwortlich. Zürich hat dazu folgende Aufteilung: auf der einen Seite die kollektive Mitgliederbetreuung, bestehend aus einem Werbe-, einem Organizing und einem Bau-Aufbauteam, auf der anderen Seite die individuelle Mitgliederbetreuung. Ziel der individuellen Mitgliederbetreuung ist, durch bessere Qualität der Mitgliederbetreuung eine stärkere Mitgliedereinbindung und niedrigere Austrittsquoten zu erreichen, was schlussendlich mehr Mitglieder und eine stärkere Unia bedeutet! Es geht also um eine mitgliederorientierte, qualitativ hochstehende und kompetente Betreuung. Diese hat bereits messbare Verbesserungen bewirkt:

» Existenz einer Kontaktstelle für alle Fragen;
» Verbesserte, auf Bedürfnisse der Mitglieder ausgerichtete Erreichbarkeit;
» Vielsprachige Betreuung;
» 2/3 der Anfragen werden im ersten Kontakt erledigt;
» Mindestens alle zwei Jahre gibt es einen Kontakt mit dem einzelnen Mitglied;
» Aktive Betreuung aller neuen Mitglieder zu Beginn Mitgliedschaft;
» Korrekte und qualitativ einheitliche Beratung.

Gesamtarbeitsverträge (GAV)

Die Unia betreut 400 Gesamtarbeitsverträge mit rund einer Million GAV-Unterstellten. Die Gesamtarbeitsverträge sind das wichtigste Mittel der Gewerkschaften, um die Arbeitsbedingungen der Beschäftigten zu verbessern. Im Jahr 2005 war mit 1,520.000 Personen gerade mal gut die Hälfte der ArbeitnehmerInnen in der Schweiz einem GAV unterstellt. Die andere Hälfte der Lohnabhängigen arbeitet ohne eine über das Arbeitsgesetz hinausgehende Absicherung ihrer Arbeitsbedingungen.

Seit der Einführung des freien Personenverkehrs für EU-BürgerInnen im Jahre 2002 ist der Druck auf die Arbeitsbedingungen und Löhne in der Schweiz noch zusätzlich gestiegen. Umso wichtiger sind deshalb gute GAV. Die flankierenden Maßnahmen zum freien Personenverkehr bieten Schutzinstrumente, um dem Lohn- und Sozialdumping entgegenzuwirken. Sie sind eine wichtige, absolut notwendige und ausbaufähige Errungenschaft auf dem Weg zur Sicherung und Verbesserung der Arbeitsbedingungen in der Schweiz, unter anderem dank der erleichterten Allgemeinverbindlichkeitserklärung von Gesamtarbeitsverträgen und dank der Möglichkeit der Behörden, bei Bedarf Normalarbeitsverträge (NAV) zu erlassen. Die flankierenden Maßnahmen sind nur wirksam, wenn und solange es GAV gibt.

GAV sind für ArbeitgeberInnen alles andere als selbstverständlich, und dies obwohl die Schweiz seit Langem als „Land der Sozialpartnerschaft und der GAV" gepriesen wird und die arbeitsgesetzlichen Regulierungen gerade mit diesem Argument minimal gehalten wurden. Im Gegenteil: Alle bestehenden GAV mussten im Laufe des 20. Jahrhunderts hart erkämpft werden. Die ArbeitgeberInnen haben uns noch nie Geschenke gemacht, wenn es um die Verbesserung des kollektiven Schutzes der Lohnabhängigen gegangen ist.

Seit Anfang der 90er-Jahre sind die Gesamtarbeitsverträge angesichts der globalen Deregulierung noch stärker unter Druck der ArbeitgeberInnen und ihrer Verbände geraten, indem GAV von ganzen Branchen oder einzelnen Betrieben gekündigt und inhaltlich ausgedünnt wurden. Die GAV wurden explizit zum Auslaufmodell erklärt und stattdessen die „Sozialpartnerschaft im Betrieb" – unter Ausschluss der Gewerkschaft – propagiert.

Seit dem Jahre 2000 haben es die Gewerkschaften geschafft, die GAV-Bewegung wieder zu verstärken. Die flankierenden Maßnahmen zur Personenfreizügigkeit mit der EU markierten dabei einen Wendepunkt, der eine Bedeutungszunahme der GAV in der Schweiz zur Folge hatte. Eine ganze Reihe von GAV ist neu in Kraft oder in Aushandlung, zum Beispiel für Reinigungssektor, Sicherheit, Temporär-Arbeit sowie Teile des Detailhandels. In mehreren GAV ist der Geltungsbereich ausgedehnt worden, etwa durch die Einbeziehung der Teilzeitarbeitenden in den GAV (Migros, Coop u. a.) sowie der Lernenden (erster Gewerbe-GAV u. a.). Außerdem ist eine ganze Reihe von ihnen neu zu allgemein verbindlichen GAV erklärt worden oder in Vorbereitung dazu.

Für den Vollzug des GAV sind die Paritätischen Kommissionen zuständig. Die Paritätische Kommission einer Branche vertritt zu gleichen Teilen die Interessen der ArbeitnehmerInnen und der ArbeitgeberInnen. Entscheidend ist, dass der Vollzug von GAV kontrolliert wird. Wir wollen keine Papiertiger, sondern GAV müssen vor allem auch umgesetzt werden. Deshalb ist bei der Weiterentwicklung der GAV darauf zu achten, dass die Instrumente zum Vollzug des GAV im Vertrag selber sehr konkret, verbindlich und effektiv geregelt werden (Einwirkungsmöglichkeiten der Vertragsparteien, konkrete Instrumente zur Durchsetzung einschließlich deren Finanzierung, die möglichen Sanktionen).

Vorzusehen sind zudem die Schaffung von paritätischen Vollzugsorganen zur Kontrolle des Vollzugs, die Einführung und Durchsetzung wirksamer Sanktionen, die Einführung von paritätischen Beiträgen (z. B. zur Förderung der Berufs- und Weiterbildung) sowie die systematische Einführung von Vollzugsbeiträgen. Gewerkschaftsmitglieder bekommen dann auf Antrag den Vollzugsbeitrag, der von ihnen bezahlt wird, zurück.

Achtung. Fertig. Frauen Los! – Aktionstag in der Schweiz unter dem Motto „Ein Ziel – gleich viel!"

40 Jahre Frauen- Stimm- und Wahlrecht,
30 Jahre Gleichstellung in der Verfassung,
20 Jahre seit dem Frauenstreik vom 14. Juni 1991,
15 Jahre Gleichstellungsgesetz,
bald ein Jahr Frauenmehrheit in der Bundesregierung
…. und noch immer keine Gleichstellung!

Seit über 100 Jahren kämpfen Frauen für die Gleichberechtigung, nicht zuletzt auch in der Arbeitswelt. Seit 15 Jahren erst gilt in der Schweiz das Gleichstellungsgesetz für Frau und Mann. Dieses legt fest, dass eine Frau für eine gleichwertige Arbeit gleich viel Lohn erhalten muss wie ein Mann. Doch weiterhin verdienen Frauen in der Schweiz ca. 20 Prozent weniger als ihre männlichen Arbeitskollegen. Ein Beispiel: Auch bei den Malerinnen

und Malern, die im GAV einen verbindlichen Mindestlohn haben, verdient eine Frau durchschnittlich neun Prozent weniger als ein männlicher Kollege. Dabei sind gut fünf Prozent Lohnunterschied nicht mit objektiven Faktoren wie Bildungsniveau, Alter, Dienstjahre oder Position im Betrieb erklärbar. Mit anderen Worten: Fünf Prozent vom Lohn oder gegen 250 Franken im Monat werden einer Malerin im Durchschnitt vorenthalten – ohne jeden erkennbaren Grund.

Diese Lohndiskriminierung ist nicht nur ungerecht, sie verstößt auch noch gegen das Gesetz. Von allein wird sich daran aber nichts ändern. Genau deswegen haben Gewerkschaften an diesem so bedeutenden Tag für die Frauenbewegung in der Schweiz einen Aktions- und Protesttag ausgerufen.

Dieser verlief in der Sektion Zürich wie folgt:
- 10.00–13.30 und 14.30–15.30 Uhr: Flugblatt- und Schokoladeverteilaktion beim Verkaufspersonal an der Bahnhofstrasse, Aufruf zum Besuch der Aktion auf der Pestalozziwiese und zur Teilnahme an der späteren Demo;
- 10.00–15.30 Uhr: Stand mit Lohnrechner für Passantinnen, Aufruf sich an den Stand zu begeben und sich an den Aktionen und der späteren Demo zu beteiligen;
- 13.45 Uhr: Besammlung Pestalozziwiese – Trillerpfeifenaktion um 14.06 Uhr;
- 17.30 Uhr: Besammlung Zürich Bürkliplatz für die Kundgebung;
- 19.30 Uhr: Schlusskundgebung auf dem Helvetiaplatz und Fest auf dem Kanzleiareal.

Abschließend zu sagen wäre noch, dass an diesem Aktionstag zahlreiche Aktionen schweizweit durchgeführt wurden und dass zahlreiche Organisationen, Parteien und Verbände sich an diesem Aktionstag beteiligten. Die meisten, welche die Forderungen der Frauen unterstützen bzw. sich solidarisch erklärten, trugen an diesem Tag pinke oder lila Bekleidung.

Bildungsanbieter Movendo

Movendo ist das Bildungsinstitut der SGB-Gewerkschaften und hat zum Ziel, die Arbeitnehmerinnen und Arbeitnehmer in ihren Rechten und Pflichten zu unterstützen. Movendo bietet Weiterbildungen auf Deutsch, Französisch und Italienisch zu Themen rund um die Arbeitswelt an. Es werden Kenntnisse in Politik, Wirtschaft, Arbeits- und Sozialversicherungsrecht, Kommunikation, Zusammenarbeit und Lebensgestaltung sowie Arbeitsinstrumente vermittelt und vertieft. Knapp 200 gewerkschaftsinterne und externen Referentinnen und Referenten führen in Zusammenarbeit mit Movendo die Weiterbildungen durch; allesamt qualifizierte Fachpersonen und erfahrene ErwachsenenbildnerInnen.

Das Weiterbildungsangebot ist im Allgemeinen offen für alle Interessierten. Einschränkungen sind den Ausschreibungen zu entnehmen. Für die Mitglieder der SGB-Gewerkschaften (garaNto, SEV, Syndicom, Unia und vpod) werden die Kurs- und Verpflegungskosten mindestens einer Weiterbildung pro Jahr von der entsprechenden Gewerkschaft getragen.

Movendo bietet Dienstleistungen an, die präzise auf die Bedürfnisse der Gewerkschaften zugeschnitten sind. Die Stärke ist die Verbindung von Wissen und Erfahrung in der Bildungsarbeit mit der Nähe zum sozialen und politischen Umfeld.

Folgende Dienstleistungen werden übernommen:
» Organisation von Kursen, Seminaren, Tagungen,
» Konzeption und Durchführung von Kursen, Seminaren, Tagungen,
» Coaching von Einzelpersonen,
» Moderation von Retraiten,
» Begleitung von Teamentwicklungsprozessen,
» Beratung bei Organisationsentwicklungsprojekten,
» Bildungsberatung.

Rund 3.000 Kurstage wurden von Unia-Mitgliedern beim gewerkschaftlichen Bildungsinstitut Movendo besucht.

Gewerkschaftliche Mitbestimmung in der Schweiz

Die zwei wichtigsten Instrumentarien für die gewerkschaftliche Kampagnenarbeit bzw. Mitarbeit oder Schaffung von Gesetzen sind in der Schweiz die Initiative und das Referendum.

Die „Initiative"

Bei einer Volksinitiative verlangen Schweizer StimmbürgerInnen eine Revision der Bundesverfassung der Schweizerischen Eidgenossenschaft. Damit eine Volksinitiative auf Bundesebene zustande kommt, müssen innerhalb von 18 Monaten 100.000 Unterschriften von Stimmberechtigten gesammelt werden. Ist

dies erreicht, so kann schließlich – zumeist zwei bis drei Jahre später – das gesamte Schweizer Stimmvolk an der Urne zur entsprechenden Vorlage Stellung nehmen. Wie jede Verfassungsänderung erfordert auch die Annahme einer eidgenössischen Volksinitiative nebst der Zustimmung der Mehrheit der Abstimmenden ebenfalls das Ständemehr (Mehrheit der Kantone). Volksinitiativen gehen von BürgerInnen, Interessenverbänden und Parteien aus, nicht von der Regierung oder vom Parlament.[75]

---

[75] Siehe dazu den Eintrag „Volksinitiative (Schweiz)" in der Online-Enzyklopädie Wikipedia, http://de.wikipedia.org/wiki/Volksinitiative_%28Schweiz%29#cite_note-2.

Die Mindestlohninitiative[76]

Zurzeit läuft gerade eine Mindestlohninitiative, die vom SGB und seinen Gewerkschaften unterstützt wird. Gefordert wird ein gesetzlicher Mindestlohn von 22 Franken in der Stunde, das entspricht rund 4.000 Franken im Monat. So viel braucht es mindestens, um in der Schweiz einigermaßen leben zu können. Mit diesem Betrag ist kein Luxusleben möglich, es reicht gerade für die dringendsten Bedürfnisse. Zweitens verlangt die Initiative Gesamtarbeitsverträge mit Mindestlöhnen. Damit schützt sie die Löhne der Normalverdienenden und verhindert Armut. Das Problem: Viele Löhne reichen nicht zum Leben. Lohndruck ist eine Realität. Deshalb haben viele Arbeitnehmerinnen und -nehmer Mühe, mit ihrem Lohn über die Runden zu kommen. Bei einigen reicht er nicht für ein anständiges Leben. Wer täglich hart arbeitet, sollte mindestens so viel verdienen, dass er und seine Familie davon leben können. Bei mehr als 400.000 Menschen ist das heute nicht der Fall. Sie arbeiten in einem Niedriglohn-Job und bewegen sich am Rande der Armutsgrenze. Ihr Lohn ist oft so tief, dass sie zusätzlich auf Sozialhilfe angewiesen sind. Doch auch Normalverdienende haben Mühe. Ihre Löhne sind unter Druck, obwohl die Unternehmen Gewinne machen. Gleichzeitig steigen die Belastungen durch die Krankenkassenprämien und Mieten.

Die Ursachen: Lohndruck und zu tiefe Löhne

Der Druck auf die Löhne, besonders aber auf die tiefen Löhne, hat in den letzten Jahren zugenommen. Der Grund: Immer mehr Unternehmen lagern Arbeiten an Billigfirmen aus oder beschäftigen billiges Personal von Temporärfirmen. Oder sie verweigern Lohnerhöhungen und verlängern die Arbeitszeit. Das drückt auch auf die Löhne der normal Angestellten. Dazu kommt, dass die Löhne der Frauen immer noch tiefer sind als diejenigen der Männer. In vielen Branchen zahlen die ArbeitgeberInnen zu tiefe Löhne – zum Beispiel im Detailhandel, in der Landwirtschaft, bei den persönlichen Dienstleistungen (Hausangestellte etc.) oder im Reinigungsgewerbe. So verdienen rund die Hälfte aller im Reinigungsgewerbe Beschäftigten weniger als 3.500 Franken im Monat.

Die Lösung: Mindestlöhne für alle!

Alle Männer und Frauen, die in der Schweiz arbeiten, haben das Recht auf einen anständigen Lohn. Das verlangt die Volksinitiative „für den Schutz fairer Löhne" des Schweizerischen Gewerkschaftsbunds. Die Löhne aller Arbeitnehmenden sollen mit Mindestlöhnen gegen Lohndruck geschützt sein.

---

[76] Folgende Textauszüge sind der Homepage der Mindestlohn-Initiative entnommen, *http://www.mindestlohn-initiative.ch/argumente/*.

Die Vorteile: Mehr Kaufkraft, weniger Lohndruck

Ein Mindestlohn ist der beste Schutz gegen Armut. Es darf in der Schweiz keine „working poor" (Arme trotz Arbeit) geben. Ein Mindestlohn ist der beste Schutz gegen Lohndruck. Wer in der Schweiz arbeitet, soll für die gleiche Arbeit auch den gleichen Lohn erhalten – „BilligarbeiterInnen" sind nicht mehr möglich. Mindestlöhne gelten für Frauen und Männer gleichermaßen. Davon profitieren besonders die Frauen. Die Mindestlohn-Initiative sorgt dafür, dass das Geld zu denen kommt, die es brauchen, und nicht zu den AbzockerInnen und SpekulantInnen. Das gibt mehr Kaufkraft. Der größte Teil des Geldes fließt zurück in die Wirtschaft. Das stabilisiert, schafft neue Arbeitsplätze und sichert den sozialen Frieden.

Das will die Mindestlohn-Initiative:
» Die Initiative will alle Löhne über Mindestlöhne schützen.
» Sie schreibt einen untersten Mindestlohn von 22 Franken pro Stunde vor. Dies entspricht einem Monatslohn von 4.000 Franken (bei 42 Wochenarbeitsstunden).
» Damit alle Löhne geschützt sind, müssen Bund und Kantone Mindestlöhne in Gesamtarbeitsverträgen fördern. Diese Mindestlöhne garantieren, dass die Leute berufs- und branchenübliche Löhne erhalten.
» Der gesetzliche Mindestlohn wird regelmäßig an die Lohn- und Preisentwicklung angepasst (gemäß AHVRentenindex).
» Die Kantone können regional höhere Mindestlöhne festlegen.

Das Referendum (Abstimmung)

Die Schweiz ist das Mutterland des modernen Referendums und das Land, in dem weltweit die meisten Referenden abgehalten werden. Die Schweiz kennt das obligatorische, das konstitutive und das fakultative Referendum. Änderungen der Schweizer Bundesverfassung unterliegen immer einem zwingenden konstitutiven Referendum, das in der Schweiz aber stets als obligatorisches Referendum bezeichnet wird. Dabei muss die Änderung in der Abstimmung sowohl von einer Mehrzahl der Stimmbürger (Volksmehr) als auch von der Mehrzahl der Kantone (Ständemehr) angenommen werden.[77]

Für die Unia ist das Referendum eine Möglichkeit, um etwa gegen eine Totalliberalisierung der Ladenöffnungszeiten zu kämpfen. Wie die Ladenöffnungszeiten im Detailhandel geregelt sind, zeigt ein Beispiel aus Zürich: Die gesetzliche Vorlage ist einerseits das Bundesgesetz. Diesem zufolge gilt die Arbeit zwischen 6

---

[77] Die Beschreibung des Referendums ist dem Artikel „Referendum" der Online-Enzyklopädie Wikipedia entnommen, *http://de.wikipedia.org/wiki/Referendum#Schweiz*.

Uhr und 20 Uhr als Tagesarbeit, die Arbeit von 20 bis 23 Uhr ist Abendarbeit. Aber: Beginn und Ende der betrieblichen Tages- und Abendarbeit können zwischen 5 Uhr und 24 Uhr liegen, wenn die Arbeitszeit maximal 17 Stunden beträgt![78] Andererseits ist das Ruhetags-Ladenöffnungsgesetz Zürich von Bedeutung, dessen § 4 besagt: Von Montag bis Samstag können die Läden der Detailhandelsbetriebe ohne zeitliche Beschränkung geöffnet sein.

Im Detailhandel-GAV steht dazu: Für Abendarbeit (20.00 bis 23.00 Uhr) wird ein Zuschlag von 20 Prozent in Geld ausgerichtet, sofern der Arbeitseinsatz erst nach 21.30 Uhr beendet wird. Für die Nachtarbeit (23.00 bis 6.00 Uhr) wird ein Zuschlag von 35 Prozent in Geld ausgerichtet. Und für die dauernde oder regelmäßig wiederkehrende Sonn- und Feiertagsarbeit wird ein Zuschlag von 50 Prozent in Geld oder Zeit, für die vorübergehende Sonn- und Feiertagsarbeit ein Zuschlag von 75 Prozent in Geld ausgerichtet.

Die Conclusio dazu ist: Zurzeit ist es für die großen Detailhändler noch zu teuer (wegen den Zuschlägen im GAV), an Sonn- und Feiertagen aufzusperren. Aber die gesetzlichen Möglichkeiten sind im Kanton Zürich gegeben!

Mein Fazit zum Auslandspraktikum bei der Unia

Während meines Auslandpraktikums bei der Unia Zürich war ich die gesamte Zeit mit den Kolleginnen und Kollegen der KMB, also mit dem Werbeteam, dem Organizing-Team und dem Bau-Aufbauteam unterwegs.

Besonders am Anfang, als ich mit dem Werbeteam Baustellen besucht habe, wurden mir zahlreiche Parallelen hinsichtlich der Mitglieder-Werbegespräche bewusst. Inhaltlich standen natürlich die Leistungen des GAV im Vergleich mit den gesetzlichen Leistungen ohne GAV im Mittelpunkt. Große Unterschiede zu Österreich liegen aber auch auf der Hand, wie zum Beispiel, dass die Mitglieder die Vollzugskosten wieder über ihre Gewerkschaft zurückfordern können, dass bei sich häufenden Lohnproblemen in einer Firma die Paritätische Kommission tätig werden kann und – der wohl gravierendste Unterschied –, dass zwischen Kolleginnen und Kollegen der Unia im Außendienst und den Bauarbeitern mehrsprachige Unterhaltungen stattfinden. Besonders beeindruckend war für mich, dass sich die Kolleginnen und Kollegen trotz hoher Zielvorgaben an jeden neuen Arbeitstag mit ganzer Kraft engagierten und sich der Herausforderung Mitgliederwerbung stellten.

In der zweiten und dritten Woche war ich mit den Kollegen vom Organizing-Team unterwegs. Die Leiterin des Teams, die bereits in Amerika im Bereich Organizing Erfahrung sammeln konnte, hat mit ihren Mitarbeitern und den Regio-

---

[78] Das Schweizer Bundesgesetz über die Arbeit in Industrie, Gewerbe und Handel ist auch online abrufbar unter: *http://www.admin.ch/ch/d/sr/822_11/a10.html*.

Leitern der Unia für die Unia in Zürich einen sechsstufigen Organisierungsplan ausgearbeitet. Auffällig war, dass die Organizer sich selbst die Arbeitszeiten nach Rahmen ihrer Möglichkeiten einteilen können, wobei aber in den Wochen, in denen ich sie begleitet habe, zahlreiche Abend- und Wochenendtermine dabei waren. Besonders witzig und interessant war ein gemeinsamer Grillabend mit Kolleginnen und Kollegen einer Filiale, bei dem wir gemeinsam über zahlreiche Ideen, aber auch über die Probleme im Detailhandel redeten.

Eine sehr gutes Mittel im Organizing sind die House Visits (HV). Bei den HV ist der Vorteil allem Anschein nach, dass die besuchten Kolleginnen und Kollegen sich in ihren eigenen vier Wänden sicherer fühlen und das offene Gespräch suchen – besonders dann, wenn rechtliche Fragen auftauchen bzw. es in der betroffenen Firma Probleme gibt. Auch gibt es jede Woche eine gemeinsame Besprechung mit einem Wochenrückblick, also darüber, was gut und was schlecht gelaufen ist, mit anschließender Zielsetzung für die nächste Woche.

Die letzte Woche verbrachte ich beim Bau-Aufbauteam, das Kampagnenarbeit mit den BauarbeiterInnen macht bzw. in der Vormittags- und Mittagspause auch Präsentationen in Baracken abhält. In Vordergrund steht für die Teams aber auch die Betreuung der Vertrauensleute, der Branchen und der Sprachgruppen. Folgende Sprachgruppen werden betreut: Portugiesisch, Albanisch und Serbokroatisch. Die Sprachgruppen selber arbeiten aktiv an Weiterbildungsveranstaltungen (z. B. Sprachkursen), aber auch bei anderen Veranstaltungen oder den Unia-Kampagnen mit. Während meines Aufenthaltes konnte ich eine Veranstaltung der Portugiesen-Gruppe besuchen: „Sardinhada". Vor der Veranstaltung wurde mit den Kolleginnen und Kollegen über einen Sprachkurs gesprochen, danach gab es gegrillte Sardinen und portugiesischen Wein.

Die BauarbeiterInnen sind aber auch nach Branchen organisiert: MalerInnen-GibserInnen (MaGi), GebäudetechnikerInnen/ElektrikerInnen und die Baugruppe. In den Branchen sind sehr viele Vertrauensleute aktiv, die auch in die GAV-Verhandlungen und in die Nationalgruppen eingebunden werden. Außerdem werden die Mitglieder vor den stattfindenden GAV-Verhandlungen bei der Erstellung des Forderungskatalogs beteiligt. Zu meiner Praktikumszeit gab es eine Umfrage im Bereich Elektro- und Telekommunikations-Installationsgewerbe und Gebäudetechnikerbranche. Die nationale Baugruppe hat selber ein Sechs-Punkte-Programm ausgearbeitet (flexibler Altersrücktritt, besserer

Kündigungsschutz, mehr Ferien und Feiertage, mehr Lohn, Arbeit darf nicht krank machen!, faire Spesenregelung), aus dem sich die Befragten maximal drei Punkte aussuchen durften bzw. eine Forderung auch selber erstellen konnten. Diese Meinungsumfrage wird dann bei den Verhandlungen mit in den Forderungskatalog aufgenommen.

Während meines Praktikums fand auch eine Baukampagne statt, bei der sich ca. 100 BauarbeiterInnen auf einer Baustelle zum gemeinsamen Mittagessen trafen und dort dem Vortrag des Bau-Aufbauteams auf Deutsch und Portugiesisch lauschten. Eine erfolgreiche Aktion, bei der die BauarbeiterInnen über die aktuelle Situation sowie zu den bald stattfindenden GAV-Verhandlungen informiert wurden.

Meine persönlichen Höhepunkte waren, dass ich eine komplett andere Gewerkschaftswelt kennengelernt habe. Besonders die Teilung zwischen der IMB und KMB habe ich als sehr interessant und spannend, aber auch sehr anstrengend für die Kolleginnen und Kollegen der KMB empfunden. Die Verschiedenheiten im Arbeitsrecht (hier gibt es enorme Unterschiede zwischen den gesetzlichen Regelungen in der Schweiz und Österreich, z. B. bei Arbeitszeit und Mutterschaftsurlaub) sind ebenfalls sehr gravierend. Auch, dass Vertrauensleute in der Schweiz nicht die gleiche rechtliche Absicherung haben wie unsere Betriebsrätinnen und -räte in Österreich, stellt einen gravierenden Unterschied dar.

Ich möchte außerdem ein großes DANKE sagen für die völlige Einbindung in die Teams, die in der KMB tätig sind. Besonders die TeamleiterInnen haben sich während meines Praktikums meinen zahlreichen und lästigen Fragen stellen müssen. Auch dem Leiter der Sektion Zürich Roman Burger nochmals ein herzliches Dankeschön, dass ich mein Praktikum in einer modernen, neu ausgerichteten Gewerkschaft in der Schweiz aktiv verbringen durfte.

Der Unia Zürich wünsche ich auf ihrem eingeschlagenen Weg – der neuen Mitgliedereinbindung und Spezialisierung in IMB/KMB – alles Gute! Zwar ist der Weg, der mit den aktiven, engagierten Kolleginnen und Kollegen gegangen wird, kein einfacher, aber ein sehr zielorientierter. Dankeschön für euren Einsatz, besonders mit einem Österreicher an eurer Seite!

Kontakte, Links und Literaturhinweise

Michael Huber: Mandate Trade Union Dublin

Kontakte
Aileen Morrissey
National Coordinator of Training bei der Mandate Trade Union
E-Mail: *amorrissey@mandate.ie*

Links
www.mandate.ie
Das ist die Homepage der Mandate Trade Union. Auf der Startseite finden sich Informationen zu aktuellen Kampagnen.

http://www.mandate.ie/About.aspx
Auf dieser Seite steht eine Beschreibung der Gewerkschaft selbst.

http://www.mandate.ie/Campaigns.aspx
Nachdem die Mandate Trade Union sehr auf Kampagnen ausgelegt ist, wurde auch auf der Homepage ein eigener Bereich für dieses Thema reserviert.

http://www.mandate.ie/Divisions/default.aspx
Um schnell einen Ansprechpartner bzw. eine Ansprechpartnerin finden zu können, werden hier alle Divisions mit den jeweiligen AnsprechpartnerInnen dargestellt.

http://www.mandate.ie/news/
Um immer auf dem Laufenden zu halten, ist dieser Link für die News reserviert.

http://www.mandate.ie/Training/
Die Mandate Trade Union hat ein eigenes Organising and Training Centre. Hier findet man aktuelle Bildungsangebote.

http://www.mandate.ie/Events/Default.aspx
Hier hat man einen Überblick über alle Events von Mandate.

http://www.mandate.ie/Constituency/Constituency.aspx
Auf dieser Seite kann man sich an einem Protest beteiligen. Man klickt auf der Landkarte den Bereich an, in dem man lebt. Anschließend kann man über

diese Seite eine E-Mail mit einem vorgefertigten Text an alle seine Abgeordneten versenden.

http://www.thepoorcantpay.ie/
Die Kampagne „The Poor Can't Pay" wurde mit einer eigenen Homepage begleitet. Auf der Homepage kann man alle aktuellen Aktivitäten nachlesen. Auch werden die Interessierten in Form von News auf dem Laufenden gehalten.

http://www.protectlowestpaid.ie/
Diese Seite ist eine Kampagnen-Seite, um gegen die Verschlechterungen der Gehälter zu protestieren. Hier kann man sich auch an Aktionen beteiligen.

www.letsorganize.at
Was Organizing heißt, kann man auf dieser im Rahmen eines SOZAK-Projektes entstandenen Seite erfahren.

www.hubermike.wordpress.com
Meine täglichen Berichte können unter auf dieser Seite eingesehen werden.

Christian Biegler: AK-Europabüro Brüssel

Kontakte und Links

AK Europabüro
Avenue de Cortenberg 30
B-1040 Brüssel
E-Mail: Wally.Birnbach@akeuropa.eu
Web: *http://www.akeuropa.eu/de*

ÖGB Europabüro
Avenue de Cortenberg 30
B-1040 Brüssel
E-Mail: *Stefanie.KADENBACH@oegb-eu.at*

Mit dem ÖGB werden alle Kernthemen, die zu bearbeiten sind, koordiniert und auch dementsprechend in die befreundeten Organisationen weitergetragen.

SPÖ-Mandatare:
Rue Wiertz 60
B-1047 Brüssel

Mag. Jörg Leichtfried, Delegationsleiter
E-Mail: *Joerg.Leichtfried@europarl.eu*

Karin Kadenbach, Kassierin
E-Mail: *Karin.Kadenbach@europarl.eu*

Mag.a Evelyn Regner, stv. Delegationsleiterin
E-Mail: *Evelyn.Regner@europarl.eu*

Dr. Hannes Swoboda
E-Mail: *Hannes.Swoboda@europarl.eu*

ÖVP-Kontakt:
Mag. Othmar Karas, Delegationsleiter
E-Mail: *Othmar.Karas@europarl.eu*

Grüne-Kontakt:
Mag.a Ulrike Lunacek, Delegationsleiterin
E-Mail: *Ulrike.Lunacek@europarl.eu*

Mit den Abgeordneten Kontakt zu halten ist für eine Interessenvertretung besonders wichtig, da die Parteien bei zentralen Themen die BerichterstatterInnen und Schatten-BerichterstatterInnen stellen. Sie sind also sehr wichtige PartnerInnen in der EU-Politik, um unsere Anliegen um- bzw. durchzusetzen.

Österreichische Sozialpartner in Brüssel
Avenue de Cortenberg 30
B-1040 Brüssel

Wirtschaftskammer Österreich
Mag.a Dr. Barbara Schennach, Botschaftsrätin, Leiterin
E-Mail: *eu@eu.austria.be*
Web: *http://www.wko.at*

Landwirtschaftskammer Österreich
Mag. Gerfried Gruber, Leiter, Attaché
E-Mail: *brux@lk-oe.be*

Industriellenvereinigung
Mag. Gernot Haas, Botschaftsrat, Leiter
E-Mail: *iv.brussels@iv-net.at*
Web: *http://www.iv-net.at*

Wie in meinem Bericht schon erwähnt, ist es von großer Bedeutung, die richtigen PartnerInnen zur richtigen Zeit im Boot zu haben. Darum ist die Zusammenarbeit mit den Sozialpartnern in Brüssel wichtiger als irgendwo sonst. Hier sitzen vielleicht beim nächsten Mal unsere strategischen PartnerInnen, wenn es wieder um ArbeitnehmerInnenpolitik geht.

Europäische Gewerkschaften/Einrichtungen in enger Zusammenarbeit mit Österreich:

ETUC (European Trade Union Confederation)
Boulevard Roi Albert II 5
B-1210 Brüssel
Web: *http://www.etuc.org*

DGB (Deutscher Gewerkschaftsbund)
Avenue de Tervuren 15
B-1040 Brüssel
E-Mail: *bruessel@dgb-europa.eu*
Web: *http://www.dgb.de*

Friedrich-Ebert-Stiftung Europabüro
Rue du Taciturne 38
B-1000 Brüssel
E-Mail: *fes@fes-europe.eu*
Web: *http://www.fes-europe.eu*

Die Ebert-Stiftung ist eine den ArbeitnehmerInnen nahestehende Einrichtung aus Deutschland, die zu einem Teil dem DGB angehört und zu einem Teil von der deutschen Regierung finanziert wird. Sie arbeitet im Hintergrund und ist somit meist öffentlich nicht sichtbar, stellt aber einen wichtigen Partner dar.

Europäischer Wirtschafts- und Sozialausschuss
Kontaktperson: Oliver Röpke (ÖGB Brüsscl)
Web: *http://www.eesc.europa.eu*

Der EWSA ist der europäische Sozialpartner-Ausschuss. Das heißt, dass die VertreterInnen der Gewerkschaften und der Wirtschaft Stellung zu Gesetzesentwürfen nehmen.

Gewerkschafter in Brüssel, mit denen ich während meines Praktikums Kontakt knüpfen konnte
Ferdy Buggenhoudt
Gewerkschaftssekretär der SETCa/BBTK
E-Mail: *FBruggenhoudt@bbtk-abvv.be*

Kontakte zu Firmen/BetriebsrätInnen in Belgien, die von uns besucht wurden.
AUDI Werk Brüssel
Britse Tweedelegerlaan 201
B-1190 Brüssel

Luc Walckiers
BR-Vorsitzender der BBTK
E-Mail: *luc.walckiers@audi.de*

Luc De Vylder
Sicherheitsvertrauensperson
E-Mail: *luc.devylder@audi.de*

Alexandra Ley
Kommunikationsabteilung
E-Mail: *extern.ley.alexandra@audi.de*

Das Audi-Werk in Brüssel wurde 1949 gegründet. Auf einer Fläche von 540.000 Quadratmetern ist hier die Fahrzeugfertigung mit Karosseriebau, Lackiererei und Montage untergebracht. Es gibt außerdem noch das angeschlossene Logistik- und Zulieferzentrum „Automotive Park". Audi Brussels produziert den Audi A1 (2010: 100.000 Stück) – das ist ein Bekenntnis der AUDI AG zum Standort Belgien. Für die Neugestaltung des Werks mit seinen 2.200 Beschäftigten (davon 1.800 ArbeiterInnen sowie 400 Angestellte) wurden bislang knapp 300 Millionen Euro in den Standort investiert. Mit dem Produktionsanlauf des A1 im Jahr 2010 ist die Restrukturierungsphase beendet: Das Werk Brüssel ist „neu geboren".

VOLVO Cars Gent
John Kennedylaan 25
B-9000 Gent

Peter De Sutter
BR-Vorsitzender BBTK
E-Mail: *pdesutte@volvocars.com*

Volvos Hauptwerke liegen in schwedischen Göteborg, wo sich seit 1927 der Volvo-Cars Firmensitz (die Mutter) befindet, und in Belgien (Gent). Weitere Produktionsstandorte: Uddevalla, Schweden (Pininfarina Sverige) und eine Anzahl kleinerer Werke in Malaysia und Thailand. Volvos werden außerdem in China in Kooperation mit der Ford Motor Company gebaut.
Am Standort Gent werden 183.869 Autos pro Jahr gefertigt. Dieses Jahr will die Unternehmensführung das Auswurfvolumen nochmals steigern, obwohl dieser Betrieb schon dreischichtig fährt. Es rollt hier alle 60 Sekunden ein neues Auto vom Band.

Thom Kinberger: ÖGB-Büro Brüssel

Kontakte

ÖGB-Europabüro
Avenue de Cortenberg 30
B-1040 Brüssel
Das ÖGB-Europabüro-Team besteht aus folgenden Personen:
Oliver Röpke
E-Mail: *oliver.roepke@oegb-eu.at*
Schwerpunkte: Sozialpolitik, Binnenmarkt, Finanzmarktregulierung, Mitbestimmung, Europäischer Wirtschafts- und Sozialausschuss (EWSA)

Büroleitung
Tanja Buzek
E-Mail: *tanja.buzek@oegb-eu.at*
Schwerpunkte: Beschäftigung, Öffentliche Dienstleistungen, Gesundheit, Energie, Jugend, Chancengleichheit

Stefanie Kadenbach
E-Mail: *stefanie.kadenbach@oegb-eu.at*
Schwerpunkte: Büroadministration, Organisation von BesucherInnengruppen

Waltraud Birnbach
E-Mail: *waltraud.birnbach@oegb-eu.at*
Schwerpunkte: Sekretariat, EU-Dokumente

Links

http://www.oegb-eu.at/
Seite des ÖGB-Europabüros

http://www.financialtransactiontax.eu/de/home
Online-Kampagne zur Einführung einer Finanztransaktionssteuer

http://www.youtube.com/watch?v=GTQnarzmTOc
New Economics Hip-Hop-Musikvideo "Fight of the Century" von John Papola and Russ Roberts auf YouTube

Literaturhinweis

Stephan Schulmeister, Margit Schratzenstaller, Oliver Picek: A General Financial Transaction Tax: Financing Development and Enhancing Financial Stability, Wien 2008.

Robert Könitzer: DGB-Büro Brüssel

Kontakte

Verbindungsbüro des DGBs in Brüssel
Avenue de Tervuren / Tervurenlaan 15
1040 Brüssel

Gloria Müller (Leiterin)
E-Mail: *gloria.mueller@dgb-europa.eu*

Stefan Gran (politischer Referent)
E-Mail: *stefan.gran@dgb-europa.eu*

Silke Brehm (Assistentin)
E-Mail: *silke.brehm@dgb-europa.eu*

Brysselkontoret – Brussels Office of the Swedish Trade Unions
Avenue de Tervuren / Tervurenlaan 15
1040 Brüssel

Tommy Svensson (Direktor)
E-Mail: *tommy.svensson@brysselkontoret.se*

Eva Renfalk (Controllerin)
E-Mail: *eva.renfalk@brysselkontoret.se*

Kate Erichsen
E-Mail: *kate.erichsen@brysselkontoret.se*

Jonna Jaakke
E-Mail: *jonna.jaakke@brysselkontoret.se*

Solidar
Rue du Commerce / Handelsstraat 22
1000 Brüssel

Agata Patecka (Project Officer Education and Lifelong Learning)
E-Mail: *agata.patecka@solidar.org*

UNI Global Union Europa
Rue de l'Hôpital / Gasthuisstraat 31
1000 Brüssel

Oliver Röthig (Leitender Sekretär)
E-Mail: *oliver.roethig@uniglobalunion.org*

BBTK – Bond van Bedienden, Technici en Kaderleden
Rouppeplein / Place Rouppe 3
1000 Brüssel

Ferdy Buggenhoudt (Propagandist)
E-Mail: *fbuggenhoudt@bbtk-abvv.be*

Geert Haverbeke (Propagandist)
E-Mail: *ghaverbeke@bbtk-abvv.be*

Allgemeine E-Mail: *info@bbtk-abvv.be*

Links

http://www.dgb.de/uber-uns/dgb-heute/dgb-fachabteilungen/++co++24342bee-1236-11df-40df-00093d10fae2
Deutscher Gewerkschaftsbund

http://www.boeckler.de/
Hans-Böckler-Stiftung: Mitbestimmungs-, Forschungs- und Studienförderungswerk des DGB.

http://www.fes.de/
Friedrich-Ebert-Stiftung in Bonn und Berlin, weltweit zahlreiche Niederlassungen. Die Stiftung beheimatet wesentliche geschichtliche Dokumente der deutschen Sozialdemokratie und wirkt auf diesem Wege maßgeblich in die akademische Lehre hinein. Intensive Zusammenarbeit besteht mit dem DBG.

www.brysselkontoret.se
Brysselkontoret – Brussels Office of the Swedish Trade Unions, Vertretung der schwedischen Gewerkschaften in Brüssel

http://www.lo.se/
LO – Landsorganisationen i Sverige (schwedische Arbeitergewerkschaften)

http://www.tco.se/
TCO – Tjänstemännens Centralorganisation (Zentralorganisation der schwedische Angestelltengewerkschaften)

http://www.saco.se/
SACO – Sveriges Akademikers Centralorganisation (Zentralorganisation der schwedischen AkademikerInnen)

www.solidar.org
Solidar, Internationales NGO-Netzwerk zur Förderung der Zusammenarbeit zwischen Sozialorganisationen und den Gewerkschaftsbewegungen.

www.uni-europa.org
UNI Global Union Europa, Europaorganisation der internationalen Dienstleistungsgewerkschaft

Belgische Gewerkschaften
www.amsab.be
Amsab (Gent). Das Amsab-Institut für Soziale Geschichte ist eine offizielle flämische Kultureinrichtung, die sich mit der Archivierung historischer Dokumente und Gegenstände progressiver sozialer Organisationen und Personen beschäftigt. Seit dem 19. Jahrhundert werden hier Materialien zur Geschichte der SozialistInnen, radikalen Linken, Sozialbewegungen, Friedens- und FrauenaktivistInnen sowie jüngst auch der grünen Bewegung gesammelt und dokumentiert. Zahlreiche Dokumente stehen auch online zur Verfügung.

Sozialistische Gewerkschaften in Belgien
http://www.abvv.be/web/guest/home-nl#
ABVV (flämische Bezeichnung des Dachverbands)
http://www.fgtb.be/web/guest/home-fr#
FTGB (wallonische Bezeichnung des Dachverbands)
http://www.bbtk.org/Pages/default.aspx
BBTK (flämische Bezeichnung der Fachgewerkschaft der Privatangestellten)
http://www.setca.org/Pages/default.aspx
SETCa (wallonische Bezeichnung der Fachgewerkschaft der Privatangestellten)

ABVV bzw. FTGB Gewerkschaften in Belgien
www.accg.be
De Algemene Centrale (AC)
www.acod.be
De Algemene Centrale der Openbare Diensten (ACOD)
www.btb-abvv.be
De Belgische TransportarbeidersBond (BTB)
www.horval.be
De Centrale van de Voeding – Horeca – Diensten
www.abvvmetaal.be
De Centrale der Metaalindustrie van Belgïe (CMB)
www.metalb-liege.far.be
De Centrale van de Metaalbewerkers van Luik

www.vlaams.abvv.be
De website van de Vlaamse Intergewestelijke van het ABVV
www.fgtb-wallonne.be
De website van de Waalse Intergewestelijke van het ABVV
www.abvvjongeren.be
De ABVV-Jeugddienst van de Vlaamse Intergewestelijke
www.far.be
„Fondation André Renard", het syndicaal vormingsinstituut
http://www.accg.be/
La Centrale Générale (CG)
http://www.cgsp.be/
La Centrale Générale des Services Publics (CGSP)
http://www.horval.be/
La Centrale de l'Alimentation – Horeca – Services
http://www.metallos.be
Métallurgistes Wallonie-Bruxelles
http://www.ubot-fgtb.be/
L'Union belge des Ouvriers du Transport (UBOT)
http://www.fgtb-wallonne.be
FGTB wallonne

Dienstleistungen in Belgien
http://www.integrale.be/
Pension Sectorielle CP 209 Métal
http://www.cefora.be/
Asbl de formation de la CPNAE

Christliche Gewerkschaften in Belgien
http://www.csc-en-ligne.be/
CSC (Confédération des syndicats chrétiens de Belgique – wallonische Bezeichnung des Dachverbands)
www.cne-gnc.be
Centrale nationale des employés (CNE)
www.cscbie.be
CSC-Bâtiment industrie et énergie
http://csc-alimentation-service.csc-en-ligne.be
CSC-Alimentation et services
www.csc-servicespublics.be
CSC-Services publics
www.acv-csc-metea.be
ACV-CSC-Metea

www.csc-transcom.be
CSC-Transcom (transport et communications)
www.csc-enseignement.be
CSC-Enseignement
http://www.acv-online.be/
ACV (Algemeen Christelijk Vakverbond – flämische Bezeichnung des Dachverbands)
http://www.acv-metea.be
ACV-CSC METEA
http://www.acv-bouw-industrie-energie.be
ACV bouw – industrie & energie
http://www.acv-transcom.be
ACV-Transcom
http://www.acv-voeding-diensten.be
ACV-Voeding en Diensten
http://www.lbc-nvk.be
LBC-NVK
http://www.acv-openbarediensten.be
ACV – Openbare Diensten
http://www.coc.be
COC
http://www.cov.be
COV
http://www.acv-sporta.be
Sporta-vsb
http://csc-ostbelgien.csc-en-ligne.be/zentralen/intro_zentralen.asp
Übersicht der deutschsprachigen Zentralen des CSC / ACV

Liberale Gewerkschaften in Belgien
http://www.cgslb.be/
CGSLB (wallonischer Dachverband)
http://www.aclvb.be/
ACLVB (flämischer Dachverband „Algemene Centrale Liberale Vachbund Belgie")
http://www.cnc-nck.be/front/front.aspx
Belgische Union der leitenden Angestellten (Seite auf niederländisch, französisch, englisch, deutsch)

Benjamin Fürlinger: IF Metall Stockholm

Kontakte

Hans Palmqvist
IF Metall
Research Departement

Richard Katisko
IF Metall International Work
International Secretary
E-Mail: *richard.katisko@ifmetall.se*

Mats Svensson
IF Metall International Work
International Secretary
E-Mail: *mats.svensson@ifmetall.se*

Rolf Linden
IF Metall
Lord Mayor Chairman of the City Council
Ombudsman
E-Mail: *rolf.linden@stadsusset.goteborg.se*
    Rolf.linden@ifmetall.se

Lennart Alverá
IF Metall
Ombudsman
E-Mail: *lennart.alvera.36@ifmetall.se*

Carina Cajander
IF Metall
Temporary workers Secretary
E-Mail: *carian.cajander@ifmetall.se*

Annete Lack
IF Metall
Informations Department
E-Mail: *annette.lack@ifmetall.se*

Jens Bunvad
General Secretary Nordic IN
E-Mail: *jens@nordic-in.org*

Mikael Sterbäck
Pappers
International Secretary
E-Mail: *mikke.sterbeck@pappers.se*

Lars Wahlsteht
Pappers
Negotiation Officer
E-Mail: *lars.wahlsteht@pappers.se*

Tore Hjert
SKF Verksstadsklubb
Treasureman SKF
E-Mail: *tore.hjert@skf.com*

Robert Hofer: Unionen Stockholm

Links

www.ptk.se

Der Rat für Verhandlungen und Zusammenarbeit (PTK) – früher als die Gewerkschaft für Angestellte in Industrie und Dienstleistungen bekannt – ist eine gemeinsame Einrichtung von 27 Mitgliedsgewerkschaften, das entspricht 700.000 Angestellten in der Privatwirtschaft. Alle seine Aufgaben kommen aus seinen Tochtergesellschaften. Wenn der PTK seine Tätigkeit ausübt (im Einklang mit seiner Satzung), dann durch eine Versammlung, einen Verwaltungsrat, einen Exekutivausschuss, … Zur Unterstützung dieser Einrichtungen kann auf die Dienste eines Sekretariats unter der Leitung des Chief Administrative Officer zugegriffen werden.

Die langfristigen Aufgaben des PTK sind Verhandlung, Verwaltung und Information im Hinblick auf Renten und Versicherungen, insbesondere im Zusammenhang mit ITP (ergänzende Altersversorgung für Angestellte in der Industrie) und TGL (Gruppenlebensversicherung), Abkommen über den Übergang sowie Fragen zum Arbeitsumfeld im Zusammenhang mit TFA (Arbeitsunfallversicherung). Der PTK kann ferner auch Projekte von begrenzter Dauer in Bezug auf bestimmte Fragen im Namen der Mitgliedsgewerkschaften durchführen.

www.tco.se

Bei der TCO handelt es sich um einen schwedischen Dachverband, in dem aber nicht alle Gewerkschaften Mitglied sind. Die meisten ihrer Mitglieder organisieren Profis, die an einem bestimmten Arbeitsplatz gefunden werden. Andere Gewerkschaften sind Berufsverbände, in denen die Mitgliedschaft für die Mitglieder auf der Tätigkeit im selben Beruf basiert.

Auf der Homepage sind die Mitglieder der TCO aufgelistet und ausführlicher beschrieben. Auch Links zu den beteiligten Gewerkschaften finden Interessierte hier: *www.tco.se/Templates/Page2_____2590.aspx*

http://www.ptk.se/

Die meisten der Gewerkschaften in der Privatwirtschaft sind Mitglieder der Gewerkschaft für Angestellte in Industrie und Dienstleistungen (PTK). Gewerkschaften mit Mitgliedern in den lokalen oder zentralen staatlichen Sektoren verhandeln mit dem schwedischen Verband der lokalen Gebietskörperschaften, dem Verband der schwedischen Kreisräte und der schwedischen Agentur für Government Employees. Die Gewerkschaften kooperieren im Public Employees' Negotiation Council (OFR).

www.unionen.se
Die Unionen ist Schwedens größte Gewerkschaft im privatwirtschaftlichen Sektor und mit circa 500.000 Mitgliedern die größte Angestellten-Gewerkschaft weltweit. Sie vertritt ArbeitnehmerInnen in schwedischen Niederlassungen führender internationaler Unternehmen ebenso wie Mitarbeiterinnen von kleinen Familienbetrieben.

www.lararforbundet.se
Lärarförbundet, die schwedische Lehrergewerkschaft, organisiert LehrerInnen in allen Bereichen des Bildungssystems – von der Volksschule bis zur Universität. Sie hat 221.713 Mitglieder.

www.sktf.se
In der SKTF sind 176.569 Angestellte von Gemeinden, Bezirken (bzw. diesen gehörenden Firmen) und der Kirche organisiert.

www.vardforbundet.se
Der Vårdförbundet organisiert Krankenschwestern, Hebammen, Biomediziner und RöntgenassistentInnen (111.842 Mitglieder).

www.stmf.se
In der ST sind 82.892 ArbeitnehmerInnen des öffentlichen Dienstes, kommunaler Versorgungsunternehmen und staatlicher Stiftungen vertreten.

www.finansforbundet.se
Die Gewerkschaft des Finanzsektors – Finansförbundet – organisiert 42.372 ArbeitnehmerInnen im Bank- und Finanzwesen.

www.polisforbundet.se
Polisförbundet ist die schwedische Polizeigewerkschaft (23.046 Mitglieder).

www.journalistforbundet.se
18.531 Zeitungs-, Magazin-, Radio- und Fernseh-JournalistInnen werden durch die Gewerkschaft Journalistförbundet vertreten.

www.ftf.org.se
FTF ist die Gewerkschaft der VersicherungsmitarbeiterInnen und vertritt ArbeitnehmerInnen in Versicherungsunternehmen sowie in eng mit diesen verbundenen Banken (15.833 Mitglieder).

www.teaterforbundet.se
SchauspielerInnen, KünstlerInnen, TechnikerInnen und administratives Personal in Theater, Film, Radio und Fernsehen sowie verwandten Bereichen sind im Teaterförbundet gewerkschaftlich organisiert (8.484 Mitglieder).

www.forsvarsforbundet.se
Nicht-militärisches Personal, das für Autoritäten und Organisationen der Streitkräfte tätig ist, wird von der Gewerkschaft Försvarsförbundet (7.024 Mitglieder) vertreten.

www.farmaciforbundet.se
7.049 ApothekenmitarbeiterInnen sind Mitglieder des Farmaciförbundet.

www.tullkust.se
Die schwedische Gewerkschaft TULL-KUST organisiert ArbeitnehmerInnen, die für den schwedischen Zoll und die Küstenwache tätig sind.

www.symf.se
Die Symf ist die schwedische Gewerkschaft der BerufsmusikerInnen (2.210 Mitglieder).

www.slf.a.se
1.279 Mitglieder hat die SLF, in der Angestellte in Land- und Forstwirtschaft organisiert sind.

www.e24.se
Wirtschaftsseite in Schweden, die dennoch viele Informationen von den Gewerkschaften enthält.

Andreas Krammer: SAK Helsinki

Links

www.metalliliitto.fi
Die Homepage der Metallgewerkschaft, die für alle Personen öffentlich zugänglich ist. Es gibt verschiedene Bereiche wie z. B. Mitgliederservice, Informationen zu Aus- und Weiterbildung u. v. m.

www.ahjo.fi
Die Mitgliederzeitung Ahjo erscheint zwölfmal im Jahr und wird an alle Mitglieder ausgesendet. Der Inhalt der Zeitung ist auch auf der Homepage nachzulesen.

www.tyottomyyskassa.metalliliitto.fi/portal/
Der Arbeitslosenfonds der Metallgewerkschaft. Nur Mitglieder der Gewerkschaft sind in einem akzeptablen Ausmaß arbeitslosenversichert.

www.metallinnuoret.fi
Die Jugendorganisation innerhalb der Metallgewerkschaft. Hier werden kommende Veranstaltungen und Services angepriesen.

www.murikka-opisto.fi
Das Ausbildungszentrum „Murikka" der Metallgewerkschaft in Murikka.

www.kela.fi
Die Finnische Sozialversicherung. Man findet alle Informationen, die man braucht wenn man ArbeiterIn, Arbeitslose/r, PensionistIn usw. ist und man krank ist (z. B. welche Ansprüche einem zustehen usw.).

www.ttl.fi
Finnisches Institut für Gesundheit im Beruf.

Daniel Hubmann: IG Metall Frankfurt und GEW Frankfurt

Links

http://www.igmetall.de/cps/rde/xchg/internet
Online-Auftritt der IG Metall. Sie hat eine recht ansehnliche Internet-Seite, für die Beschäftigten eine Intranet-Seite und für die Funktionäre bzw. Funktionärinnen eine Extranet-Seite. Es gibt auch noch einen Blog und die sozialen Netzwerke Facebook, Twitter, meinVZ, studiVZ sowie YouTube und Flickr. Dabei wird darauf geachtet, dass möglichst viele MitarbeiterInnen und Funktionäre/Funktionärinnen die sozialen Netzwerke nutzen und nebenbei auch Werbung für die IG Metall machen.

Service für Europäische Betriebsräte

http://www2.igmetall.de/homepages/netzwerke/ebr/
IG Metall EBR Netzwerk.

http://ec.europa.eu/social
EU-Richtlinie und nationale Umsetzungsgesetze.

http://eur-lex.europa.eu/LexUriServ
Text der neuen EBR-Richtlinie 2009/38/EG.

http://www.gesetze-im-internet.de/ebrg
Text des EBR Gesetzes.

http://www.legislation.gov.uk/uksi/1999/3323/contents/made
UK-EBR-Gesetz in Englisch.

http://www.ewcdb.eu/
EWC-Database der ETUI-REHS.

http://www.etui.org/education
Europäisches Gewerkschaftsinstitut (EGI) – bietet Seminare für EBRs an.

http://www.boeckler.de/258.html
Hans-Böckler-Stiftung – Mitbestimmung in Europa

http://www2.warwick.ac.uk/fac/soc/wbs/research/irru/wpir/wpir65.pdf
EWC Research – A Review of the Literature von Torsten Müller und Aline Hoffmann.

http://www.fedee.com/ewc1.html
„Federation of European Employers" mit Infos für ArbeitgeberInnen zur EBR-Gründung und ArbeitnehmerInnenvertretungssystemen in ganz Europa.

http://www.afi-ipl.org/
Arbeitsförderungsinstitut Südtirol – Informationen über ArbeitnehmerInnenrechte in deutscher und italienischer Sprache.

http://www.ilo.org/dyn/natlex/natlex_browse.home
NATLEX – Datenbank nationaler Gesetzgebung der Bereiche Arbeit, soziale Sicherheit und zugehörige Menschenrechte.

Übernahme und Fusionen von Unternehmen

http://www.eurofound.europa.eu/eiro/2001/02/study
Informationsrechte von ArbeitnehmerInnen in den EU-Ländern – Eine kurze und informative Übersicht in englischer Sprache.

EU/Europa

http://www.europarl.europa.eu/charter
EU-Grundrechtecharta – Vollständiger Text in verschiedenen Sprachen.

http://www.euromarches.org/
Europäische Märsche gegen Erwerbslosigkeit.

http://europa.eu/index_de.htm
EU-Server – schafft Verbindungen zu Europaparlament, Rat, Kommission, EuGH, Rechnungshof und anderen EU-Institutionen.

http://www.eurofound.europa.eu/index.htm
Europäische Stiftung zur Verbesserung der Lebens- und Arbeitsbedingungen (Eurofound) – Informationen in englischer und französischer Sprache zu Beschäftigung, Chancengleichheit, Beteiligung, Gesundheit, Soziales, Nachhaltige Entwicklung.

http://www.eurofound.europa.eu/eiro/
Eiro-Online – gute Infos zu Arbeitsbedingungen in Europa, hilfreiche Links, Glossar zu Arbeitsbeziehungen.

http://www.labournet.de/internationales/
Labournet – Informationen zu Aktionen von Gewerkschaften und anderen sozialen Bewegungen.

http://www.bmas.de/portal/34916/soziales__europa__und__internationales.html
Bundesministerium für Arbeit und Soziales – Soziales Europa und Internationales.

http://www.bmwi.de/BMWi/Navigation/europa.html
Bundesministerium für Wirtschaft und Technologie – Europapolitik.

http://www.eurofound.europa.eu/areas/industrialrelations/dictionary
Online-Glossar über Arbeitsbeziehungen – übersetzt Begriffe aus der Arbeitswelt aus 15 EU-Ländern ins Englische und liefert eine Erklärung dazu.

http://europa.eu/legislation_summaries/employment_and_social_policy/employment_rights_and_work_organisation
Mindestvorschriften im Bereich der ArbeitnehmerInnenrechte und der Arbeitsorganisation.

Europäische Gewerkschaftsverbände, Organisationen, Institute

http://www.etuc.org/
Europäischer Gewerkschaftsbund (EGB).

http://www.emf-fem.org/
Europäischer Metallgewerkschaftbund (EMB).

http://www.uniglobalunion.org/Apps/iportal.nsf/pages
Europäischer Gewerkschaftsverband für Dienstleistungen und Kommunikation (UNI Europa).

http://www.emcef.org
Europäische Föderation der Bergbau-, Chemie- und Energiegewerkschaften (EMCEF).

http://www.efbww.org
Europäische Föderation der Bau- und Holzarbeiter (EFBH).

http://www.etuf-tcl.org/
Europäischer Gewerkschaftsverband Textil, Bekleidung, Leder (ETUF:TCL).

http://www.saubere-kleidung.de/
Kampagne „Saubere Kleidung".

Erika Machac: IG Metall Wuppertal

Kontakte
Europabetriebsrat
E-Mail: *ebr@igmetall.de*

Links
http://www.igmetall.de/
Der Internetauftritt der IG Metall bietet Info und Serviceportal für Mitglieder, interessierte Nichtmitglieder und die Medien, tägliche News zu Politik, Wirtschaft und betriebliche Themen, Jugendportal, Kampagnenportal, Presseportal und einen geschlossenen Mitgliederbereich.

Das Intranet der IG Metall bietet Info und Serviceportal für Hauptamtliche, der Zugang ist nur aus dem IGM-Netz möglich. Hauptamtlichen erhalten außerdem täglich einen Newsletter und können im Intranet auf wichtige Anwendungen wie Telefonbuch, Organigramm, Shop etc. zugreifen.

Das Extranet der IG Metall bietet Informationen und ein Serviceportal für Betriebsrätinnen und Betriebsräte, Vertrauensleute, JugendvertreterInnen und Aktive in IG-Metall-Gremien, Material für die tägliche Arbeit im Betrieb (Arbeits- und Handlungshilfen, Rechtstipps, Mustervereinbarungen etc.), sowie einen täglichen Infodienst zu Themen aus Wirtschaft und Politik.

Bezirke und Verwaltungsstellen und Bildungsstätten haben eigene Internetauftritte und zu bestimmten Themen und Betrieben gibt es auch nach Zielgruppen (Hauptamtliche, Ehrenamtliche und Aktive sowie Mitglieder und Öffentlichkeit) aufgebaute Netzwerk-Seiten.

http://netkey40.igmetall.de/homepages/wuppertal/
Homepage der IG Metall Wuppertal mit aktuellen Berichten, Informationen zu Bildung, Team etc.

http://twitter.com/igmetall
Auf Twitter gibt's den News-Kanal, dieser ist seit ca. eineinhalb Jahren aktiv und enthält automatisierte Postings von News, die auf den IG Metall-Portalen veröffentlicht wurden sowie Links zu interessanten Beiträgen im Netz. Der Kanal wird täglich mehrmals aktualisiert.

http://www.facebook.com/igmetallvorstand
Auf Facebook gibt's seit etwa Dezember 2009 eine IG-Metall-Fanpage. Hier findet man ausgesuchte News aus den Portalen und dem Netz zur Diskussion, die Pinnwand ist für Fans offen. Außerdem gibt es Bildergalerien zu Aktionen und Video-bzw. YouTube-Reiter.

http://www.studivz.net/
studiVZ und meinVZ sind in erster Linie für Studierende bzw. SchülerInnen gedacht. Seit Februar 2010 finden durch die IG-Metall unregelmäßig Aktualisierungen statt, Feeds (Fußnoten) sind auf der Seite eingebunden. Aufgrund mangelnden Interesses an der Seite hat die IG Metall vor, diese eventuell zu schließen.

http://www.youtube.com/user/IGMetall
Auf YouTube gibt es seit dem Frühjahr 2010 eine öffentliche Video-Datenbank der IG Metall.

http://www.kurswechsel-deutschland.de/
Der aufgrund einer Kurswechsel-Debatte von Berthold Huber angeregte Wordpress Blog „Kurswechsel" ist seit November 2010 der erste offizielle Weblog der IG Metall. Die Betreuung erfolgt über Online Medien und die inhaltliche Steuerung über die Grundsatzabteilung.

www.gleichearbeit-gleichesgeld.de
Die Kampagne „Gleiche Arbeit – gleiches Geld" fordert die faire Behandlung von LeiharbeiterInnen.

www.operation-uebernahme.de
Der Einstieg ins Berufsleben für Jugendlich nach der Ausbildung ist Thema der Kampagne „Operation Übernahme".

http://www.einstieg-abstieg-sackgasse.de/
Die Gewerkschafts-Kampagne „Einstieg-Aufstieg-Sackgasse" entstand in Reaktion auf die Angriffe der Arbeitgeberverbände.

Literaturhinweise

Michael Schneider: „Kleine Geschichte der Gewerkschaften". Ihre Entwicklung in Deutschland von den Anfängen bis heute.
Michael Schneider wendet sich mit diesem Buch vor allem an die wenig vorinformierten LeserInnen, die die Geschichte der deutschen Gewerkschaften kennenlernen möchten. Erstmals in einer Gesamtdarstellung zur Gewerkschaftsgeschichte wird dabei auch die Entwicklung von der „Wende" 1989/90 bis heute eingehend beleuchtet. In einem umfangreichen Dokumenten- und Tabellenanhang sind viele Grundsatzerklärungen der Gewerkschaften bzw. Statistiken zur Entwicklung der wichtigsten Bereiche der gewerkschaftlichen Organisation und Politik abgedruckt.

Berthold Huber: „Kurswechsel für Deutschland". Die Lehren aus der Krise. IG-Metall-Vorstand Berthold Huber beschreibt in einem ausführlichen Einleitungskapitel, wie es zur Krise kommen konnte und was nun zu tun ist. Ein richtungweisendes Buch für alle, die wissen wollen, wo wir gegenwärtig stehen und wo wir hin müssen. Die neun Fachbeiträge von verschiedenen Wissenschaftlern und PolitikerInnen beleuchten Themen und Positionen, die die LeserInnen anregen sollen, sich eine Meinung über die aktuelle Situation in Deutschland zu bilden. Ausgehend von einer gründlichen Analyse werden Antworten auf die Krise entworfen und diskutiert, und es wird der Frage nachgegangen, wie die Weichen für Wirtschaft, Arbeit, Bildung, Sozialwesen und Demokratie neu zu stellen sind – für ein besseres Deutschland.

Beatrix Eiletz: ver.di Berlin-Brandenburg

Kontakte

Fachbereich 03 – Gesundheit, Soziale Dienste, Wohlfahrt und Kirchen Landesbezirk Berlin-Brandenburg
Meike Jäger (Landesfachbereichsleiterin)
Köpenicker Straße 31
10179 Berlin

Dr. Oliver Dilcher (Kontakt „Bedingungsgebundene Gewerkschaftsarbeit")
ver.di Bundesvorstand, Fachbereich 3
E-Mail: *oliver.dilcher@verdi.de*

Links

http://bb.verdi.de/berufe_branchen/die_fachbereiche_fachgruppen_mit_ihren_ansprechpartnern_in_der_uebersicht
Informationen zu allen Fachbreichen und ihren AnsprechpartnerInnen der ver.di Berlin Brandenburg.

http://www.verdi.de/
Das ist die Startseite von ver.di. mit Informationen über die Gewerkschaft und Links zu verschiedenen Kampagnen.

http://gesundheit-soziales.verdi.de/team/geschaeftsstellen
Der Fachbereich Gesundheits- und Sozialwesen hat eine eigene Homepage. Auf der Startseite sind die Länderorganisationen angeführt.

http://gesundheit-soziales.verdi.de/team/geschaeftsstellen/show_map?lbz=03
Das ist die Startseite vom Fachbereich 3 Landesbezirk Berlin-Brandenburg.

http://bb.verdi.de/
Berlin-Brandenburg – Aktuelles aus dem Landesbezirk.

http://potsdam-nwb.verdi.de/
Die Startseite von ver.di Potsdam-Nordwestbrandenburg.

https://mitgliedernetzregistrierung.verdi.de/?came_from=https%3A//mitgliedernetz.verdi.de/informativ/index.html
Eine Homepage für Mitglieder der ver.di.

http://darum.verdi.de/
Eine Seite für interessierte Nicht-Mitglieder.

http://der-druck-muss-raus.de/
„Der Druck muss raus" – eine derzeit laufende Kampagne im Krankenhausbereich.

http://gesundheit-soziales.verdi.de/branchenpolitik/bewegung_altenpflege
Für den Bereich Altenpflege gibt es eine eigene Homepage.

http://gesundheit-soziales.verdi.de/branchenpolitik/pflegeeinrichtungen/mindestlohn
ver.di hat eine Kampagne zum Mindestlohntarif für die Pflege gestartet und diesen auch durchgesetzt.

http://gesundheit-soziales.verdi.de/branchenpolitik/bewegung_altenpflege
Auf dieser Seite werden die aktuellen Aktivitäten und Kampagnen im Sozial- und Gesundheitsbereich vorgestellt.

http://berlin.verdi.de/berufe_und_branchen/fb_03_-_gesundheit_soziale_dienste_wohlfahrt_und_kirchen/aktive-betriebsgruppen/ad_berlin
Informationen dazu, was sich im Behindertenbereich aktuell tut.

http://www.facebook.com/verdi.2.0?ref=ts&sk=wall
ver.di nutzt Facebook.

http://www.facebook.com/?ref=home#!/group.php?gid=23046816691
ver.di Deutschland – Für soziale Gerechtigkeit (Informationsplattform).

http://www.facebook.com/?ref=home#!/ver.di.Jugend
Facebookseite der ver.di-Jugend.

http://wipo.verdi.de/broschueren/solidarisch_aus_der_krise
Buchtipp: Solidarisch aus der Krise.

http://www.hundertprozentICH.de
Informationsplattform für Mitglieder.

http://www.verdi.de/kampagnen_projekte
Hier sind einige Kampagnen der ver.di angeführt wie zum Beispiel „Gerecht geht anders"
http://gerecht-geht-anders.de/
http://www.facebook.com/verdi.2.0?ref=ts&sk=wall#!/pages/Gerecht-geht-anders/130129277008829
oder auch die Forderung eines Mindestlohns von 8,50 Euro pro Stunde (auf dieser Seite wird auch das Thema Arbeitsmarktöffnung behandelt):
http://www.initiative-mindestlohn.de/themen/

Literaturhinweis

Günter Wallraff, Frank Bsirske, Franz-Josef-Möllenberg (Hg.): Leben ohne Mindestlohn – Arm wegen Arbeit. Niedriglöhner, Leiharbeiter und Aufstocker erzählen. VSA-Verlag Hamburg, ISBN 978-3-89965-447-9, 176 S., 12,80 Euro
http://www.initiative-mindestlohn.de/meldungen/dumpingloehne/buchtipp-leben-ohne-mindestlohn-arm-wegen-arbeit/

Reinhard Gratzer: ver.di Hamburg

Links

http://www.spendenparlament.de/
Das Hamburger Spendenparlament unterstützt Projekte an sozialen Brennpunkten der Hansestadt.

http://fidi.hamburg.verdi.de/
Website des ver.di-Fachbereichs 1 Finanzdienstleistungen in Hamburg.

www.orka-web.de
ORKA ist ein Kooperationspartner von ver.di Hamburg bei der Umsetzung von Organizing-Kampagnen.

Christine Payrleitner: ver.di Niederbayern

Kontakte

Stv. Landesleiterin und ver.di Bildung (Landesbezirk)
Linda Schneider

ver.di Bildungswerk
Barbara Zahn

ver.di B&B München
Frank Rehberg
Schwanthalerstr. 64
80336 München

Verdi B&B Nürnberg
Kerstin Töpfer
Kornmarkt 5–7
90402 Nürnberg

DGB Bildungswerk
Barbara Widder
Seligenthalerstr. 18
84034 Landshut

Jugendsekretär Andreas Bernauer (Ansprechpartner ADA)
DGB-Regensburg
Richard-Wagner-Str. 2
93055 Regensburg
E-Mail: *andreas.bernauer@dgb.de*

ver.di Bundesvorstand
Paula-Thiede-Ufer 10
10179 Berlin

Sabine Schwarzendorfer: ver.di München

Kontakte

Vereinte Dienstleistungsgewerkschaft
Bezirk München
Schwanthalerstr. 64
80336 München

Orhan Akman (Fachbereichssekretär)
ver.di München, Fachbereich Handel
E-Mail: *orhan.akman@verdi.de*

Georg Wäsler (Fachbereichssekretär)
ver.di München, Fachbereich Handel
E-Mail: *georg.waesler@verdi.de*

Robert Jung (Fachbereichsleiter)
Betreuungsbereich: gesetzliche Krankenversicherung, landwirtschaftliche Sozialversicherungen
E-Mail: *robert.jung@verdi.de*

Gabriele Martin (Sekretariat)
E-Mail: *gabriele.martin@verdi.de*

Karin Seifert (Fachsekretärin)
Betreuungsbereiche: Rentenversicherung, Arbeitsverwaltung, Berufsgenossenschaften, Unfallversicherungen
E-Mail: *karin.seifert@verdi.de*

Gewerkschaftshaus
Schwanthalerstraße 64
80336 München

Haus Brannenburg
Schrofenstraße 32
83098 Brannenburg

Georg Wäsler (stellv. Geschäftsführer; zuständig für Bildung und Seminare)
ver.di München
Schwanthalerstraße 64
80336 München

Link

www.sonntagsallianz-bayern.de
ver.di ist Mitglied der Allianz für den freien Sonntag.

Christoph Appé: Arbeitskammer Saarland

Kontakte

Bildungszentrum der Arbeitskammer des Saarlandes
Am Tannenwald 1
66459 Kirkel
E-Mail: *bildungszentrum@arbeitskammer.de*

Arbeitskammer des Saarlandes
Nicole Mathis (Ansprechpartnerin Weiterbildungsdatenbank)
Fritz-Dobisch-Straße 6–8
66111 Saarbrücken
E-Mail: *nicole.mathis@arbeitskammer.de*

Akademie für Arbeit und Sozialwesen des Saarlandes (AfAS)
Arbeitskammer des Saarlandes
Roman Lutz
Fritz-Dobisch-Straße 6–8
66111 Saarbrücken
E-Mail: *roman.lutz@arbeitskammer.de, astrid.baltes@arbeitskammer.de*

Haus der Beratung
Arbeitskammer des Saarlandes
Triererstraße 22
66111 Völklingen

Gemeinwesenprojekt Saarstraße
Saarstraße 25
66333 Völklingen

Verbraucherzentrale
Haus der Beratung
Triererstraße 22
66111 Völklingen

Links

http://www.arbeitskammer.de
Informationsseite der Arbeitskammer mit Infos für Mitglieder, Betriebsräte und -rätinnen sowie Personalräte und -rätinnen.

http://www.dgb.de
Homepage des Deutschen Gewerkschaftsbundes.

http://www.igmetall.de
Homepage der Industriegewerkschaft Metall.

http://www.igmetall-voelklingen.de
Homepage der Industriegewerkschaft Metall Völklingen.

http://www.verdi.de
Homepage Vereinte Dienstleistungsgewerkschaft.

http://www.igbce.de
Homepage der Industriegewerkschaft Bergbau, Energie, Chemie.

http://www.saarlernnetz.de
Die Weiterbildungsdatenbank Saar wurde unter der Federführung der Arbeitskammer des Saarlandes in Kooperation mit dem Deutschen Forschungszentrum für künstliche Intelligenz (DFKI) im Rahmen des SaarLernNetzes entwickelt.

http://www.baris-web.de
Verein zur Förderung des Zusammenlebens von Menschen deutscher und ausländischer Herkunft.

http://www.afas-saarland.de
Akademie für Arbeit und Sozialwesen des Saarlandes. Das Lehrangebot der Akademie umfasst folgende Studienschwerpunkte: Wirtschaftswissenschaften, Sozialwissenschaften und Rechtswissenschaften.

http://www.uni-saarland.de
Informatik, die Nano- und Biowissenschaften sowie Europa bestimmen das Profil der Universität.

www.bildungszentrum-kirkel.de
Homepage des Bildungszentrum der Arbeitskammer des Saarlandes.

www.vz-saar.de
Die Verbraucherzentrale des Saarlandes.

Sandro Beer: Arbeitnehmerkammer Bremen

Links

http://www.arbeitnehmerkammer.de
Hauptseite der Arbeitnehmerkammer Bremen.

http://www.wisoak.de/
Die Wirtschafts- und Sozialakademie ist eine Bildungseinrichtung der Arbeitnehmerkammer Bremen und bietet ein breites Kursangebot zur beruflichen Weiterbildung (Bildungsurlaubsgesetz: fünf Tage pro MitarbeiterIn pro Jahr).

http://www.boeckler.de/
Vorrangige Aufgabe der Hans-Böckler-Stiftung ist es, MitbestimmungspraktikerInnen bei ihrer Arbeit zu unterstützen. Die Abteilung Mitbestimmungsförderung berät in ausgewählten Gebieten. Und sie gibt Veröffentlichungen heraus. Ein Netz von Veranstaltungen, Arbeitskreisen und Beiräten dient dem Erfahrungsaustausch und der Durchführung gemeinsamer Vorhaben.

http://www.ak-sozialpolitik.de/
Seite der Politikberatung AK Bremen. Hier findet man weiters alle wichtigen Links.

http://www.soziales.bremen.de/
Seite der Verwaltung Bremen: Arbeit, Frauen, Gesundheit, Soziales, Jugend.

www.auge-netzwerk.de
Das Bremer Netzwerk Arbeit und Gesundheit ist im Oktober 2000 gegründet worden. Das Internetportal informiert über Fragen des Gesundheitsschutzes am Arbeitsplatz und der betrieblichen Gesundheitsförderung.

http://twitter.com/#!/ANK_HB
Arbeitnehmerkammer Bremen auf Twitter.

Walter Lambacher: Heimvolkshochschule Springe/Hannover

Kontakte

Gewerkschaftliche Bildung in der IG BCE:

Bezirk Hannover
Astrid Rasner
Königsworther-Platz 6
Hannover

Landesbezirk Nord
Gerald Pross
Königsworther-Platz 6
Hannover

Bundesebene beim Hauptvorstand
Markus Römer
Königsworther-Platz 6
Hannover

Gewerkschaftliche Bildung in der IG Metall:

Verwaltungsstelle Hannover
Frank Mannheim

Bezirk Niedersachsen-Sachsen-Anhalt
Carsten Maaß

Bundesebene beim Vorstand in Frankfurt
Ulrike Obermayer

Links

http://www.igbce.de/
Internetseite der Industriegewerkschaft Bergbau, Chemie, Energie (IG BCE).

http://www.igbce.de/portal/site/igbce/kampagnen_und_initiativen/
Kampagne „Gute Arbeit".

Andrea Übelhak: Deutsche Rentenversicherung München

Links

www.deutsche-rentenversicherung.de
Diese Homepage betrifft den bundesweiten Sozialversicherungsträger, und ähnlich wie in Österreich gelangt man darüber zu den regionalen Sozialversicherungsträgern, wie beispielsweise zur Deutschen Rentenversicherung – Bayern-Süd: *www.deutsche-rentenversicherung-bayernsued.de.*

www.vdk.de
Homepage des VdK (Verband der Kriegsbeschädigten), der für soziale Gerechtigkeit, für Gleichstellung und gegen soziale Benachteiligungen kämpft.

http://www.deutsche-rentenversicherung.de/sid_B3A78A32909FA8A2185C23643F4F9252.cae04/ SharedDocs/de/Navigation/Formulare_Publikationen/Info_Broschueren_node.html
Als wichtigste Literatur dienten mir die Broschüren der Deutschen Rentenversicherung. Sie stehen zu jedem Thema (z. B. Rehabilitation, Rentenberechnung, Erwerbsminderung usw.) unter dem oben genannten Link zur Verfügung.

www.rentenblicker.de
Der „Rentenblicker" erleichtert jungen Menschen den Einstieg in das Thema „Altersvorsorge".

www.altersvorsorge-macht-schule.de
Informationen und Kurse zur Altersvorsorge.

Martin Bramato: Unia Zürich

Links

http://zuerich-schaffhausen.unia.ch/
Übersicht über die regionalen Veranstaltungen und Aktivitäten der Unia Zürich-Schaffhausen. Mit dabei auch Bilder, Videos, Agenda und die regionale Beilage zur Mitgliederzeitung „Work". Die Homepage ist dreisprachig.

http://www.mindestlohn-initiative.ch/argumente/
Diese Initative in der Schweiz fordert einen gesetzlichen Mindestlohn und Gesamtarbeitsverträge mit Mindestlöhnen.

Informationsmittel

„Work"
Diese deutschsprachige Zeitung erscheint alle 14 Tage in einer Auflage von 95.000 Stück (sechsmal mit regionaler Beilage)

„Horizonte"
Publikation in Portugiesisch, Spanisch, Serbo-Kroatisch, Albanisch und Türkisch (erscheint neunmal jährlich).

Literaturhinweise

Ver.di: Organisiert euch, ISNB: 978-3-932349-25-6
Saul D. Alinsky: Call me a radical, ISBN: 978-3-88977-692-1
Peter Birke: Die Große Wut und die kleinen Schritte, ISNB:978-3-935936-86-6
Kronberger und Partner Kommunikationsberatung: Organizing, ISBN: 978-3-9-3845626-2
Michael Crosby: Power at work, ISBN: 978-3-89965-392

Präsentation der Auslandspraktika im Bildungszentrum

Brigitte Daumen und Georg Sever bei der Eröffnung des „Marktplatz Europa".

Elf KollegInnen waren bei deutschen Gewerkschaften und Arbeiterkammern.

Beatrix Eiletz erklärt die Gewerkschaftsarbeit bei ver.di.

GPA-djp-Bildungssekretär Werner Drizhal mit zwei deutschen KollegInnen beim ver.di Stand.

Interessiert und begeistert waren AK-Vizepräsident Norbert Bacher und Europabetriebsratsspezialist Wolfgang Greif.

Joachim Beerhorst vom IG-Metall-Vorstand mit Daniel Hubmann, Erika Machac und Petra Gege, die ihr Praktikum bei der IG-Metall verbrachten.

Martin Bramato erklärt die Organizing-Arbeit der Unia Zürich.

Mike Huber und Thomas Friedl beim Stand der angelsächsischen Länder.

PRO-GE-Wien Landessekretärin Beate Albert und PRO-GE-Bildungssekretär Reinhard Altenhof informieren sich über das Auslandspraktikum ihrer PRO-GEler.

Promintente Gäste aus den österreichischen und europäischen Gewerkschaften bei der Präsentation der SOZAK-Auslandspraktika.

Reinhard Gratzer, Sabine Schwarzendorfer und Christine Payrleitner bei den letzten Vorbereitungen am ver.di Stand.

Run auf die Stände des „Marktplatz Europa".

Ausblick

Während der Entstehung dieses Buches wird der 61. Lehrgang der Sozialakademie durchgeführt und die 26 StudentInnen dieses Jahrgangs planen bereits ihre Auslandsaufenthalte. Nach derzeitigem Stand ergibt sich wieder eine sehr breite Palette von Zielen und PraktikumsgeberInnen, das Projekt Auslandspraktikum scheint sich also weiter gut zu entwickeln.

Wir hoffen, mit den Auslandspraktika an der Sozialakademie einen positiven Beitrag zur Europäisierung der gewerkschaftlichen Bildung geleistet zu haben und wir denken, dass das Projekt auch einen kleinen Teil zur internationalen Kooperation von Gewerkschaften beiträgt.